セラピストの
職人技を学ぶ

催眠トランス空間論と心理療法

松木　繁 編著

遠見書房

もくじ

§1 催眠トランス空間論

1.
序　論 ……………………………………………………………… 9
　　　　　　　　　　　　　　　　　　　　松木　繁

2.
「催眠トランス空間論」構築への道筋 ………………………… 17
　　　　　　　　　　　　　　　　　　　　松木　繁

　Ⅰ　「催眠トランス空間論」を概観する　17／Ⅱ　「催眠トランス空間論」と催眠療法の治癒機制に関する一考察　23／Ⅲ　"守られた空間"として［催眠トランス空間］を考えることの臨床的意味　24

3.
「催眠トランス空間論」に至るまで──古典的・伝統的な催眠療法実践からの発展的展開………………………………………………… 29
　　　　　　　　　　　　　　　　　　　　松木　繁

　Ⅰ　催眠との出会い──後催眠暗示の不思議体験（と幼児的万能感）　29／Ⅱ　古典的・伝統的催眠における直接症状除去の劇的効果と副作用　31／Ⅲ　古典的・伝統的な催眠療法で使う直接症状除去暗示と臨床姿勢──「抵抗」という捉え方について　34／Ⅳ　行動療法と催眠の併用　37

4.
古典的・伝統的催眠療法の臨床適用の失敗事例からの学び──催眠療法の治癒機制に関する新たな視点……………………………… 40
　　　　　　　　　　　　　　　　　　　　松木　繁

　Ⅰ　35歳男性の社交不安障害事例での治療的除反応への対応の失敗からの学び　40／Ⅱ　催眠投影技法を応用したスクリーン法を実施した離人症状のClへの対応からの学び　43／Ⅲ　解離性同一性障害（DID）ケースでの解離症状への対応の失敗と学び　45

5.
「壺中の天地」と「催眠トランス空間」――壺イメージ療法との出会い……………………………………………………………………… 49
　　　　　　　　　　　　　　　　　　　　　　　　　松木　繁

　Ⅰ　壺イメージ療法との出会い　49／Ⅱ　壺イメージ法の治療構造の特徴から学んだ催眠療法の配慮と工夫について　50

6.
催眠トランス空間論――"治療の場"としてのトランス空間（「催眠トランス空間」）の構築とコミュニケーション・ツールとしての催眠現象の理解………………………………………………………… 58
　　　　　　　　　　　　　　　　　　　　　　　　　松木　繁

　Ⅰ　「催眠トランス空間論」を支える臨床観・人間観・自然観　58／Ⅱ　催眠療法における催眠誘導過程と体験の仕方の変化に関する新たな視点　61／Ⅲ　効果的な催眠臨床適用ケースにおけるCl－Th間の関係性の変化と体験様式の変化――"治療の場"としてのトランス空間（催眠トランス空間）構築の方法　62／Ⅳ　"治療の場"としてのトランス空間（催眠トランス空間）構築へ向けた効率的な誘導技法について――古典的・伝統的催眠との催眠誘導技法の違いを中心に　74／Ⅴ　コミュニケーション・ツールとしての催眠現象の臨床利用　78／Ⅵ　事例を通して見る催眠現象の意味性の理解と利用の実際1　80／Ⅶ　事例を通して見る催眠現象の意味性の理解と利用の実際2　83／Ⅷ　Thが催眠現象（催眠誘導に対するClの反応）をCl－Th間のコミュニケーション・ツールとして活用するために必要な"観察のコツ"　85

§2　催眠とその関連心理療法の職人技
　　　――時空を超えた職人の技を実感する

7.
催眠療法と壺イメージ療法――催眠から離れること，留まること… 93
　　　　　　　　　　　　　　　　　　　　　　　　　田嶌誠一

　Ⅰ　はじめに　93／Ⅱ　壺イメージ療法　94／Ⅲ　催眠療法と壺イメージ療法　101／Ⅳ　おわりに　106

8.
それは「『悩み方』の解決」から始まった …………………………… 110
児島達美

Ⅰ 序 110／Ⅱ 「言葉が心をつくる」ということ——家族療法・ブリーフセラピーの一つの系譜 112／Ⅲ 「催眠トランス空間論」をめぐって 114／Ⅳ おわりに 117

9.
トランス療法と現代催眠——自然なトランスの活用と催眠トランス空間についての考察 ………………………………………………………… 120
中島 央

Ⅰ はじめに——僕のスタンスから 120／Ⅱ エリクソン的心理療法と治療空間 121／Ⅲ 催眠トランスとトランス療法 125／Ⅳ トランス療法の実際 128／Ⅴ トランス療法の概要とトランス空間 129／Ⅵ より深い探求へ 132

10.
NLPの立場より ……………………………………………………… 136
西健太郎

Ⅰ まえがき 136／Ⅱ NLPの歴史と基本的概念 137／Ⅲ 松木催眠へのNLPの応用 141／Ⅳ ではそのようなスキルを手に入れていくためにはどのようなトレーニングを積んでいったらよいのであろうか？ 146／Ⅴ 稿を終えるにあたって 147

11.
自律訓練法の匙加減 …………………………………………………… 151
笠井 仁

Ⅰ はじめに 151／Ⅱ 自律訓練法の構成 152／Ⅲ 自律訓練法の適用 154／Ⅳ 自律訓練法とマインドフルネス 161／Ⅴ おわりに——自律訓練法と催眠トランス空間論 164

12.
トランス空間を作り，その中で主体的に振る舞う——私が心理臨床をしていく上で大切にしている8つのこと ………………………… 169
八巻 秀

はじめに：心理臨床「職人」への憧れ 169／その1：自分のその日の心身の健康状態「体調」「心調」を把握する 170／その2：クライエントとお会いする前に確認・準備できることがある 171／その3：お会いしたファーストコンタ

クトでできること　173／その4：クライエントが示すあらゆるものと「合わせ」ていく　174／その5：クライエントの発言に対して、しっかり反応・応答する　175／その6：「問題」を「関係」の中で見ていくという心がけ・振る舞いをしていく　176／その7：「解決」はクライエントとともに見出す「オーダーメイド」の精神を持つ　177／その8：臨床的な楽観的・主体的姿勢を持ち続ける　179

13. 「浸食される」ということ——フォーカシングを通して学んできたこと …………………………………………………………… 183

伊藤研一

Ⅰ　「浸食される」ということ——現時点での到達点　183／Ⅱ　「浸食される能力」を高める練習　185／Ⅲ　「浸食されている」感じから意味を汲み取る——セラピスト・フォーカシング（吉良，2010）　187／Ⅳ　おわりに——「浸食される」ということば　192

14. 臨床動作法による心理援助 …………………………………………… 196

清水良三

Ⅰ　はじめに　196／Ⅱ　臨床動作法の理論的理解　197／Ⅲ　動作コミュニケーションの視点からの自体を通した自己と他者・環境との相互作用　208／Ⅳ　おわりに　210

15. タッピングタッチをとおして知るホリスティック（全体的）ケア　214

中川一郎

Ⅰ　はじめに　214／Ⅱ　タッピングタッチの背景と開発　215／Ⅲ　タッピングタッチによる気づきと学びのプロセス　218／Ⅳ　ホリスティックケアと社会性　222／Ⅴ　おわりに　225

16. トラウマ治療における臨床催眠の役割 ……………………………… 228

仁木啓介

Ⅰ　はじめに　228／Ⅱ　臨床催眠の位置付け　228／Ⅲ　心的外傷による心の反応への理解　230／Ⅳ　臨床催眠のバリエーション　232／Ⅴ　臨床催眠の導入について　242／Ⅵ　まとめ　243

あとがき　248／さくいん　251／執筆者一覧・編著者略歴　巻末

§1 催眠トランス空間論

1. 序　論

松木　繁

　本書は，心理療法の世界でも時代の変遷とともに失われていく「臨床技術」，「職人技」を，「催眠トランス空間論」というキーワードを接点にしてその技をもつベテランたちに自由に描いてもらおうと企画したものである。

　執筆を依頼した先生方は，実のところは私の主宰する鹿児島臨床催眠研究会（以下，鹿催研）の研修大会に特別ゲストとして招聘した臨床家達である。鹿催研の研修大会は，年に1度，催眠とその関連心理療法とを比較検討し，共通点や相違点について，「催眠」をキーワードにして各々の理論的立場から心理療法について語ってもらい，かつまた，私の行う催眠デモンストレーションを実際に見てもらって，各立場からのコメントをもらったりした仲間でもある。彼らは精神科医療，身体科医療，心理臨床，ホリスティック・アプローチの世界では，その道のスペシャリストであると同時に，これまでのわが国の心理療法・精神療法の第一線を牽引してきた中心的メンバーである。

　それぞれに拠って立つ理論的立場は異なるのであるが，彼らの心理療法に対する考え方には既成の理論的立場を超えたオリジナルな発想があり，彼らとの心理臨床談義は実に興味深く私の研究意欲を触発したものである。そこでは，既成の治療構造や枠へのこだわりはなく，Clの利益に貢献すること，ニーズに応えることを主眼に置いた理論構築の試みがなされていた。時には，オリジナルさを超えて支離滅裂（？）な議論に発展したこともあったが，それはそれとして，我々の英知がまだ届かないだけのことであって，これからはその支離滅裂さが新たな心理療法のパラダイム構築に役立つなどと嘯いていたものである。

　また，彼らは，臨床技法においても自分の拠って立つべき理論に基づく技法だけにこだわるのでなく，Clのニーズに応えつつ新たな技法の工夫や効果的な技法の開発を行いながら，その奥行きを極めようと努力する仲間達であった。私に言わ

表1　研修会のテーマと講演者（その1）

番号	西暦	会	日程	時間	講師（敬称略）	テーマ	場所
0	2008	第1回研修大会	3/16	9:20～17:30	高石　昇 松木　繁 松原　慎 川嶋新二 仁木啓介 中島　央	催眠の基本と臨床を学ぶ」：当時の日本臨床催眠学会理事長である高石先生をお招きして，催眠の基本から臨床適用までを概観。講師陣は精神科医（ブリーフ学会の中島 央，EMDRの仁木 啓介，条件反射制御の川嶋 新二，心療内科医の松原 慎，臨床心理分野からと催眠適用実践の立場から松木が講師を行った）	鹿児島大学
1	2008	学ぶ会1回	5/23		松木　繁	年間5回の催眠技法練習中心の学ぶ会（講師は概ね，松木が担当）	鴨池公民館
2		2回	7/13		松木　繁		鹿児島大学
3		3回	9/26		松木　繁		山王ビル2階
4		4回	11/9		松木　繁		鹿児島大学
5		5回	12/14		松木　繁		山王ビル2階
6	2009	第2回研修大会	3/1	9:30～17:00	松木　繁 仁木啓介 中島　央 松原　慎 上手幸治	「催眠の効果的な臨床適用」～臨床適用の初歩から事例に応じた適用まで～：第1回目の内容に加え，エリクソン催眠の立場から中島 央中心の講師陣による技法研修。田嶌研の上手 幸治と私とで催眠適用の配慮と工夫についてフォロー）	鹿児島大学
7	2009	学ぶ会1回	5/22	～	松木　繁	この学ぶ会の内，年間3回は松木が担当し基本的な誘導技法の実習を指導。中島からはエリクソン催眠に関する技法研修。九州大学の荒木 登茂子からは，医療コミュニケーションの立場から催眠を語ってもらった。体感のフィードバックを利用しての技法研修。	鴨池公民館
8		2回	7/12	～	中島　央		鹿児島大学
9		3回	9/25	～	松木　繁		山王ビル2階
10		4回	11/8	～	荒木登茂子		鹿児島大学
11		5回	12/11	～	松木　繁		山王ビル2階
12		第3回研修大会	2/28	9:30～17:00	鶴　光代 笠井　仁 松木　繁	「催眠の効果的な臨床適用」～催眠療法と臨床動作法～：鶴 光代を講師に招き，催眠と臨床動作法について実践を交えた形での研修を行った。また，笠井 仁からは，タイトルには上がっていないが「自律訓練法と催眠」というタイトルで研修を行ってもらった。	鹿児島大学

表1 研修会のテーマと講演者（その2）

13	2010	学ぶ会1回	5/14	〜	松木 繁	この年の学ぶ会では会員の技法力アップを目指して、徹底した技法研修を行った。	山王ビル2階
14		2回	8/20	〜	松木 繁		山王ビル2階
15		3回	11/5	〜	松木 繁		サンエール
16		第4回研修大会	3/6	9:30〜17:00	松木 繁 松原 慎	「催眠とイメージ」〜無意識に届くコミュニケーション・ツール〜	鹿児島大学
17	2011	学ぶ会1回	5/18	〜	松木 繁	この年の学ぶ会では会員の技法力アップを目指して、徹底した技法研修を行ったが、第4回目は「家族療法と催眠」というテーマで行った。	
18		2回	7/3	〜	松木 繁		鹿児島大学
19		3回	9/30	〜	松木 繁		
20		4回	10/30	〜	加来洋一		鹿児島大学
21	2012	5回	1/20	〜	松木 繁		
22	2011	第5回研修大会	3/4	9:30〜16:30	児島達美 松木 繁	「催眠とコミュニケーション・プロセス」〜リフレクティング・プロセスの理論と体験〜	鹿児島大学
23	2012	学ぶ会1回	5/18	〜	松木 繁		サンエール
24		特別講座	7/8	〜	松木 繁	「催眠の基礎」	
25		学ぶ会2回	7/8	〜	松木 繁	がっつり催眠どっぷりトランス	鹿児島大学
26		3回	9/28	〜	松木 繁	「秋の夜長に催眠三昧」初心者〜トランスの体験／経験者〜臨床適用に向けて	サンエール
27		4回	12/2	〜	加来洋一	家族療法と催眠 Part II	
28	2013	5回	1/25	〜	松木 繁		サンエール
29	2012	第6回研修大会	3/3	9:30〜17:30	伊藤研一 清水良三 松木 繁	催眠療法における"からだの感じ"の扱い—催眠・フォーカシング・動作法の関連で—	鹿児島大学
30	2013	学ぶ会1回	5/15	18:30〜21:00	松木 繁		サンエール
31		2回	7/12		世話人のみ	自主練習	サンエール
32		3回	9/24		松木 繁		サンエール
33		4回	11/		世話人のみ	自主練習	サンエール
34	2014	5回	1/		松木 繁		サンエール
35	2013	特別研修会1	7/28	〜	松木 繁 伊藤研一	催眠療法における"からだの感じ"の扱い—催眠・フォーカシングの関連で—	鹿児島大学

表1　研修会のテーマと講演者（その3）

36	2013	特別研修会2	12/1	～	清水良三 松木　繁	催眠療法における"からだの感じ"の扱い－催眠・動作法の関連で－	総研棟2階
37	2014	第7回研修大会	3/2	～	原井宏明 岡嶋美代 松木　繁	催眠と認知行動療法－催眠とマインドフルネスによる体験の共通点と相違点－	鹿児島大学
38	2014	学ぶ会1回	5/16	18:30～21:00	松木　繁	デモ（30分）＋ビデオをみて振り返り（60分）	サンエール
39		2回	9/26		松木　繁	同上	鴨池公民館
40	2015	3回	1/23		松木　繁	同上	サンエール
41	2014	第1回ワークショップ	7/27	～	松木　繁	具体的な事例適用に学ぶ催眠療法の実際1－事例の見立てと治療計画の実際－	総研棟
42		緊急企画	12/14	～	松木　繁	催眠の基礎	中央公民館
43		第2回ワークショップ	12/14	～	松木　繁	具体的な事例適用に学ぶ催眠療法の実際2－事例の見立てと治療計画の実際－	中央公民館
44	2015	第8回研修大会	3/8	9:30～17:30	八巻　秀 松木　繁	アドラー・カウンセリングにおける早期回想法と催眠療法－催眠療法の神髄を求めて－	鹿児島大学
45	2015	学ぶ会1回	5/22	18:30～21:00	松木　繁	「"治療の場"としてのトランス空間」について－場の設定の工夫	サンエール
46		2回	9/11	～	松木　繁		サンエール
47	2016	3回	1/15	～	松木　繁		サンエール
48	2015	第1回ワークショップ	7/26	12:30～17:30	松木　繁	具体的な事例適用に学ぶ催眠療法の実際1－事例の見立てと治療計画の実際－	稲盛アカデミー
49		第2回ワークショップ	12/6	12:30～17:30	松木　繁	具体的な事例適用に学ぶ催眠療法の実際2－事例の見立てと治療計画の実際－	稲盛アカデミー
50	2016	第9回研修大会	3/6	9:30～17:30	田嶌誠一 松木　繁	壺イメージ療法と催眠療法～壺イメージ療法から学ぶ催眠療法における配慮と工夫～	鹿児島大学
51	2016	学ぶ会1回	5/16	18:30～21:00	松木　繁	「コミュニケーション・ツールとしての催眠現象の扱い方」の実習	サンエール
52		2回	5/17		松木　繁		サンエール
53		3回	5/18		松木　繁		サンエール

表1　研修会のテーマと講演者（その4）

54	2016	第1回ワークショップ	7/26	12:30～17:30	松木　繁	具体的な事例適用に学ぶ催眠療法の実際1	稲盛アカデミー
55	2016	第2回ワークショップ	12/6	12:30～17:30	松木　繁	具体的な事例適用に学ぶ催眠療法の実際―2 事例の見立てと治療計画の実際	
56	2016	第10回研修会	3/6	9:30～17:30	中川一郎 松木　繁	タッピングタッチと催眠―ホリスティック・アプローチを学ぶ	鹿児島大学

せれば，彼らは全員共通して，心理療法の「職人」なのである。明確な理論的立場を各々持ちながらも，決して既成の技法だけに甘んじず，その奥行きを極めようと努力する彼らの新たな技法開発の話は，私の「職人気質」を強く刺激し，催眠療法における私のオリジナリティ（＝「職人技」）の開発意欲を刺激したものである。本書のキーワードの一つに「職人技」という言葉を入れておきたかったのは，彼らが臨床家として拘り続けてきたものの根底にある，プロフェッショナルな臨床家としての臨床観や人間観，人生観をも執筆論文の中に組み入れて欲しいという私の願いによるものである。

　いずれにしろ，これだけの豪華な執筆陣がこの企画に賛同して頂けたことは私にとっては身に余る光栄である。また，今回の執筆陣がこの企画に賛同して執筆してくれたのには，もう一つの大きな理由がある（と推測している）。それは，本書が私の退官記念の出版物になるということであり，私の労をねぎらうという意味も含まれていることを考えると本当にありがたいことである。再度，ここに感謝の意を表しておきたい。

　さて，本書の狙いは副題に挙げた「催眠トランス空間論のつなぐもの」である。この「催眠トランス空間論」の定義付けをしない中で議論を進めるのはいささか乱暴とも思えるが，詳細は後に譲るとして，催眠が「心理療法の打ち出の小槌」と言われるゆえんは，催眠状態そのものの中に心理療法のエッセンスが多分に含まれており，それは，「催眠トランス空間」内で生じるさまざまな現象の中から発見されてきたものであるという理由によるものである。催眠状態の中で示されるClの反応には身体レベルでの表現にしても心理的なレベルでの表現にしても実にさまざまなものがあり，それを臨床的事実に沿って理論化していくことで一つの心理臨床理論が体系化されてきている。しかし，私が催眠の臨床適用を行っていると，その現象の中にはまだまだ無尽蔵に新たな発見が内包されているよう

に感じている。こうした「催眠トランス空間」内で生じるさまざまな現象の中から新たな発見を見出すためには，上記に示したような「職人気質」を持った臨床姿勢が必要なのである。この「職人気質」による拘りが心理療法の工夫や配慮を生み出し，結果として，効果的な心理療法が産み出されてくると私は考えているのである。

「職人学」（小関，2012）を提唱する小関智弘氏によれば，「職人とは，物を作る手だてを考え，そのための道具を工夫する人である」し，また，「間口のところで，ただ，手馴れてしまったら，ロボットと変わらない。ロボットと同じような働きぶりからは，どんな進歩も発見も，働く楽しさも生まれないのである」として，「職人技」の必要性を説いている。これは人の心や身体を扱う医療や臨床心理の世界でも同様であろう。現在，巷では科学的に実証可能な根拠に基づく（EBM; Evidenced-Based Medicine）心理臨床理論や技法が効果性の高い有益なものとして重宝されており，EBM を基に体系化され，パッケージ化された技法に基づいて心理療法も行われることが多くなっている。私は決して EBM に基づくパッケージ化された技法を否定するつもりはないが，実際の臨床場面では，Cl の問題や症状の背景にある心理社会的要因の複雑さ（多重性，多層性，多義性とでも表現すべきか）ゆえに，なかなかパッケージ化された技法だけでは太刀打ちできない事例にも数多く出くわすことがある（松木，2016；Ogiso K., Matsuki S. et al, 2015 ほか）。そうした際に，我々は EBM に基づき構成されたパッケージ化技法に加えて，さらに臨床的事実に基づく心理療法適用への配慮や工夫を行いつつ標準化された技法の限界を補うことをやってきている。こうした臨床実践を繰り返すことで，時には，そうした技法的工夫が新たな技法の開発に繋がるだけでなく，ターゲットとする症状に対する新たな治験データを我々に提供してくれたりもする。臨床現場でのこうした地道な努力，工夫や配慮は，長年の臨床経験に基づく勘所に頼っているところが多く，なかなか言語化して表現するのが難しい。しかし，どこかで誰かがこの難しい作業を行なわないと，心理療法，精神療法は，「間口のところで，ただ，手馴れてしまった」パターン化された表面的な技法となって，Cl の奥深い心の働きにまで届く技法とはなり得にくいのではないかと私は考えている。

私の敬愛する精神科医の神田橋條治先生は 80 歳を越えた今も眼前の患者のために効果的な新たな技法を日々産み出し続けられている。先生の技法に至っては常人レベルでの感性では追いつかないため，教えを請う側からしてみると異次元

の摩訶不思議な世界を見せられるようで，患者にとって何が効果的なのか皆目見当もつけられないことが多い。しかし，何故か眼前の患者の訴えは即座に解決したりする。余談であるが，先生はよく「邪気」という言葉で示されることがある。ある時，私なりのレベルで「邪気」というその言葉を「（気の流れの）滞りのある場所（の空気感）」と翻訳（？）して置き換え，その立ち位置で患者の姿を"観て"，"感じて"，そのまま受け入れる作業を患者とともに行っていると，先生の言葉に"誘導されるように"患者の中から自発的に変化（陪席している私にも同様の変化）が起こり，滞りがなくなって流れ始めるのが実感できたことがあった。その光景は，まるでミルトン・エリクソンが催眠誘導の中で間接暗示を駆使しながら治療を進めている姿（私は，ビデオセッションでしかエリクソンの催眠誘導を観たことはないのだが……）を彷彿させるような光景であった。この時の体験を的確な言葉にできないのがもどかしいが，精神療法の醍醐味を実感できた瞬間でもあった。

　催眠療法が効果的にClの問題解決に役立つ際の様子もこの光景に似ている。催眠誘導を行う過程で，Clとの共感的な関係性に基づく共有空間としてのトランス空間（＝「治療の場としてのトランス空間」）ができあがると，それ以降はClの自発的な解決能力（例えば，私なりの言葉で言うところの「自己支持の工夫」）がクライエントの側から自発的に示されるため，Thはその表現を尊重してClの判断に委ねるだけで問題や症状の改善が自ずと得られるのである。Thにとっての治療努力はその場を作り上げることだけであって，その後はClの主体的な解決努力を尊重し，Clに寄り添うだけなのである。神田橋先生の治療の陪席で得られた体験的な学びはそうしたことだったのかなと今は考えている。

　EBMに基づくパッケージ化された方法には，確かに汎用性の高さという利点もあるが，その分だけ個々の臨床家の凄み・醍醐味がなくなり，技法の進展が平坦になりClのニーズに応じた配慮や工夫が見いだせなくなるという不幸な点もある。平均にならされるクライエントや臨床家にとっては，こうした臨床の流れはどれだけ真に意味があるのかというと，心もとないものもあると私などは考えたくなってしまう。本来，こうした社会化への取り組みというものは，熟練した技法を広げることと同時に進めるべきものだと考えるのが良いと私は思うのだが，一方では，伝承する「熟練側」がなかなか自身の技を的確に伝えるのに覚束ないものがあるのも確かである。

　いずれにしろ，執筆依頼をした仲間に私が伝えたメッセージは，本書のタイト

ルのキーワードである「催眠トランス空間論」と「職人技」ということだけである。この依頼だけで持論を自由に展開しろという注文もはなはだ無責任ではあったが，それを物ともせず（？）執筆陣から玉稿を頂くことができた。さすが一流の「職人」だと実感し改めて感謝している。

　各学派の主張が述べられつつも，読み進む内に，各学派の共通点や相違点が整理され，繋がっていく様が実感できる内容に仕上がったと編者なりには満足している。心理療法，精神療法の"極意"とは何たるかを実感できると確信しているので，楽しみながら，自分の感性に従って読みたい項目から読まれるのがお勧めである。ただし，ブルース・リーではないが"Don't think feel your feeling"は本書を読み進める際の基本的態度かと思う。

　そうした意味も含めて，本書では，独自の持ち味を持った各執筆者から示される「職人技」が本来の臨床のあり方を伝承する絶好の機会になることを願っている。

文　献

小関智弘（2012）職人学．日経ビジネス人文庫．
松木　繁（2016）臨床実践に基づく発見と臨床催眠の工夫—パッケージ化された技法の限界を臨床適用の工夫でどのように補ってきたか．臨床催眠学，16(1); 8-13.
Ogiso, K., Matsuki, S. et al.（2015）Type 1 diabetes complicated with ncontrollable adult cyclic vomiting syndrome; Case report. Journal of Diabetes & Metabolic Disorders, 10; 14-22.

2.
「催眠トランス空間論」構築への道筋

松木　繁

I 「催眠トランス空間論」を概観する

　本書のサブタイトルに示した「催眠トランス空間論」に関しての成り立ちや，理論的根拠に関する詳細は6章に改めて行うが，ここでは，「催眠トランス空間論」に対する私の基本的な考え方を示しつつ，「催眠トランス空間論」を概観してみたい。

1）「催眠トランス空間」の基本的な考え方と発想について

　「催眠トランス空間論」は多くの読者にとって耳慣れない言葉かと思われるが，この「催眠トランス空間論」の基本的な捉え方として，先ずは，催眠誘導過程におけるClの体験について，どのような「状態」として定義づけているのかという点，そして，それらの体験を「催眠状態という『空間』内で起こる現象」として捉え，定義していることについて述べたい。この点については，催眠という「状態」をどう定義するのかの根本的な議論なしで，いきなり催眠を「空間」という概念を持ち出して来て定義しているというのは，先に結論ありきの議論でおかしいのではないかと批判を受けそうなので，先ずは，催眠誘導過程で生じているClの体験を「状態論」の枠組みで理解しようとしていることについて触れておきたい。

　催眠療法の治癒機制に関する議論は，18世紀後半にMesmer, F. A. が動物磁気説を唱えてメスメリズムをヒステリー患者に実行して以来，200年余りにわたってさまざまな議論が戦わされてきたが，現代に至ってもなお明確な結論は出されていない。特に，「状態論」－「非状態論」に関する議論はほとんど平行線のままであり，その結論は脳画像研究を含めた脳研究による生理マーカーが明確にな

る日を待つしかないようである。「状態論」においては Hilgard, E. R. による新解離理論（neo-dissociation theory）も新たに出されているが，十分な生理学的根拠は示されていない。しかし，これは，ひとえに催眠の持つ特性によるものであり，逆に言えば，催眠状態というのは，まだまだ解明されない部分が多いことを示しているのかもしれない。前章で述べたように，催眠は心理療法の「打ち出の小槌」であり，その状態の中から何が飛び出してくるのかは我々にもわかっていないところである。

　「状態論」－「非状態論」に関する議論は本書の目的ではないので，その議論の詳細については別に譲ることとして，ここでは，「催眠トランス空間論」における催眠中における Cl の状態は，「覚醒の状態とは明らかに異なる状態」，つまり，Cl は催眠誘導過程において変性意識状態（Altered State of Consciousness；ASC）を生じさせているという理解が前提としてあることを先ず示しておきたい。そして，その状態とは，「いろいろな点で睡眠に似ているが，しかも睡眠とは区別でき，被暗示性の昂進および普段と違った特殊な意識性が特徴で，その結果，覚醒に比して運動や知覚，思考などの異常性が一層容易に引き起こされるような状態」（成瀬，1960）として位置付けておきたい。

　ただ，これまでの「状態論」の理解では，その状態についての表現には Cl 側に起こっている状態の変化は示されているが（例えば，齋藤，1991；成瀬，1993；高石，1996 ほか），その状態が Cl － Th 間の関係性や Th 側の臨床的態度などによる相互作用によって影響されうるものであるという理解は少なく（例えば，高石，1988, 1997；長谷川，1997；八巻，2000；吉川，2001），そうした心理社会的要因に関する議論はもっぱら「非状態論」によって展開されている。しかしながら，私が催眠を臨床適用した際の臨床的事実としては，催眠誘導によってもたらされた Cl の体験世界は，Cl 自身の要因だけによって成り立っているのでなく，「Cl － Th 間の共感的な関係性に基づく共有空間」の中で成り立っており，その空間の中でこそ，催眠の効果的な臨床適用は行われている（松木，2003）という考え方に基づいているということを強調しておきたい。謂わば，私の提唱する「催眠トランス空間論」は「状態論」と「非状態論」とを融合させたような理論的背景を持つことになると考えても良いのである。

　こうした考え方は，近年になっての催眠の定義で，高石・大谷（2012）が，「催眠は他律的もしくは自律的な暗示により，独特でしかも多様な精神的身体的変化の惹起された状態である。先ずは単調刺激への注意集中や暗示により現実意識の

低下，没頭などの精神活動の内向化が生起する。暗示はさらに，運動，知覚，情動，思考への変化を非意図的に体験させ，その非意図性のゆえにやがて自我機能が分断され，意識の解離に至るという過程をたどる。この過程では，催眠者と被催眠者の相互的対人関係が重要となり，被催眠者の動機付け，治療同盟，催眠者の共感，自信，誘導技法などの要因が関与する。上に述べた催眠現象を利用することにより，催眠は独自に，または他の心理療法の促進法として，さまざまな心身症状を治癒に導くことが出来る」と示しているように，臨床催眠学の世界では催眠療法の治癒機制の中に「状態論」と「非状態論」とを融合させるような定義づけが定着しつつあるのだが，私が「催眠トランス空間論」を主張した頃には，なかなか受け入れられなかったものである。いずれにしろ，私が古典的・伝統的な催眠療法の枠を超えて自分なりのオリジナルな催眠療法の世界を構築する過程で最も重要視したことは，従来の古典的・伝統的な催眠療法ではあまり取り上げてこられなかった催眠療法における Cl − Th 間の共感的な関係性と相互作用を治癒機制の重要な要因として着目したことである。つまり，催眠療法の治癒機制を考えるにあたって，私は Cl 側の要因・Th 側の要因だけでなく，Cl − Th 間の関係性の要因および相互作用の要因にも枠を拡げ解明しようと考えたのである。その過程の詳細や「催眠トランス空間論」の成り立ちについては，6 章において詳細に示すこととする。

２）「催眠トランス空間論」の構想のきっかけ

「催眠トランス空間論」の基本的な考え方については上記の通りであるが，私がこの考えに至るきっかけについても少し触れておきたい。それは，私がまだ古典的・伝統的な催眠誘導技法を使っての催眠療法を行っていた頃からの臨床家としての素朴な疑問に端を発していたのである。私が「催眠トランス空間論」を提唱するに至ったのは，私が何かの新たな催眠理論を構築して，その治癒機制を理論立てて解明しようとしたものではなく，催眠の臨床適用を行った際のとてもシンプルな疑問から湧き出てきたものであることを強調しておきたい。あくまでも臨床的事実の積み重ねの中で考え始めたものなのである。その中でも特に印象に残っている事例について紹介しながら説明を加えてみたい。

それは，心因性の盲（転換性障害）と診断されて医療機関から紹介されてきた思春期男性の Cl に対して催眠療法を行っている際に，覚醒時には「文字が全く読めない」と言っていた Cl が，与えられた文書を催眠トランス下ではいとも簡単

に読み始めたという現象を見た時に浮かんだとてもシンプルな疑問に端を発している。この現象そのものが驚きであったことは言うまでもないが，それ以上に，私が興味を持ったのは，催眠状態に入っているその Cl は，「いったいどこ（の空間）にいるのだろう？」という素朴なものであった。覚醒状態での Cl にとっては，"ものが見えない"という状態（症状）が現実であり，"ものが見える"状態は非現実なはずなのだが，催眠トランス下では"ものが見える"状態が現実なのである。その様子は 1 人の人間が異なる現実を同時的に生きて体験しているように私には思えたのである。

その際の私の発想は，眼前で起こっている現象に対して医学的，臨床心理学的観点から実証的にその原因を考え，心のメカニズムを理論化して捉えようとするよりも，まるで臨床の素人のような，「眼前にいる Cl はどこに（どの空間）いるのだろう？」という疑問であった。そして，「彼の体験していることは眼前にいる自分とは異なった体験の世界（異空間）にいるのだろうか？」，「もし，異次元のような空間にいるのなら，私も同時的に（催眠状態の）彼らと同じ空間に入って同じ体験ができるのだろうか？」，「そして，（催眠状態の）彼らとコンタクトをとるために私は何をすればいいだろう？」といったものであった。

また，同じような疑問は，ある成人女性 Cl に催眠療法を適用した際に生じた自発的なイメージの報告をその Cl から受けた際にも生じた疑問である。その催眠療法過程では，Th である私が催眠誘導暗示を使ってイメージを思い浮かべるようにしたのではなく，Cl が自発的にイメージを展開させていたのである。その際，Cl は自動的に思い浮かんでくるイメージ内容を詳細に語るため，私も Cl が言葉で説明するイメージを同時的にイメージしつつ（催眠）イメージ面接を続けざるを得なくなっていた。その際に，Th である私が感じたことは，「Cl が体験しているこのイメージは，Cl－Th 間のどこに位置していて，そのイメージ内容やイメージに伴う体験を，両者でどのように扱おうとしているのだろう」というものであった。共有されている（であろう）そのイメージ内容や体験は，Cl 側だけにあるのでなく，もちろん Th 側だけにあるのでもなく，両者の中間的な地点にあって両者はそれを"程良く"共有しながらイメージ展開を進めていると考えるのが臨床的には最も妥当に思えたのである。

こうした体験を他にも続けるうちに，上記ケースと同じような発想で，催眠療法中における Cl の体験も Cl 側だけにあるのでなく，もちろん Th 側にあるのでもなく，両者の中間的な地点（「共有空間」）にあって，両者はそれを"程良く"共

有しながら，その「共有空間」の中で双方向的なやり取りが行われると考えるのが臨床的には理にかなったものではないかと考え始めたのである。この考えを基にして自分がこれまで実践してきた催眠適用事例について，効果的に臨床適用できた事例と何らかの理由でうまくいかなかった事例とを分けて，Cl － Th 間の関係性の観点から整理し直してみたのである。

　この際の観点整理の要点は，以下のようなものであった。ここに示した通り，私は Cl 側の要因・Th 側の要因だけでなく，Cl － Th 間の関係性の要因および相互作用の要因にも枠を拡げ解明しようと考えた。その点を簡潔に整理すると，

① 催眠誘導過程における Cl － Th 間の関係性のあり方（例えば，その関係性が権威的か親和的か，など）。
② 催眠誘導過程における Cl および Th の体験様式（特に体験の仕方）の変化の過程（「催眠にかけられる」，「催眠に自然にかかっている」，「催眠状態を"主体的に"受け止めている」か，など）。
③ 催眠誘導過程における Cl － Th 間における相互作用のあり方（例えば，一方向的で Th が一方的に行っているのか，それとも双方向的なやり取りで相互作用が展開しているのか，など）。
④ 催眠の臨床適用過程において，特殊な「意識状態」（催眠性トランス）があったのか（例えば，もしそれがあったとすると，それは Cl 側だけに生じている状態なのか，また，それは医学的，臨床心理学的に見てどのような状態なのか，など）。
⑤ 催眠の臨床適用過程において，特殊な「意識状態」（催眠性トランス）が生じている"場"は，「空間」という概念で捉えられるのか（例えば，Cl － Th 間の共有空間といった空間論は成り立つのか，など）。
⑥ そうした空間を支えるための Th の条件とはどういったものであろうか（例えば，Cl の催眠体験を尊重するような共感的な臨床姿勢をとる必要があるのか，ないのか，など）。
⑦ 催眠療法における"治療の場"はどこにあると考えられるのか。

等々である。
　こうしたポイントを中心にこれまでの成功事例を振り返ることによって，催眠療法の治癒機制において何が重要な要因なのかの着眼点が私の中では大きく変化

したように思う。

　この着眼点を持つことによって，催眠療法が従来から言われていたような指示的・操作的・介入的で Th 側からの一方向的な治療技法としてではなく，通常の心理療法と同じように Cl と Th との協働作業として，つまり，指示的・操作的・介入的ではなく共感的で双方向的な治療技法として考えられるようになったのである。もう少し噛み砕いて言うと，催眠療法がうまくいったケースは決して，「私が合図するとあなたの症状は良くなりますよ」とか「私の合図とともに嫌なことは皆忘れてしまいますよ」とかいったような直接的な暗示（これは明示とでもいうべきか）によって変化がもたらせられるのでないということである。しかしながら，催眠の「高圧的」で「操作的」な印象，さらには，宗教的な洗脳に近い悪しきイメージ（「催眠の夜の闇」［高石・大谷，2012］）は，巷だけでなく臨床の専門家の間ででも大きな誤解として未だにもっともらしく言われ，催眠の臨床適用が拡がらない一因となっている。これはひとえに舞台催眠で使用される催眠イメージによるものが大きいと考えられるのだが，臨床においてもそうした誤解が未だにとれないのは困ったものである。実際に催眠療法がうまくいったケースでは，Cl が Th の使う暗示を受け入れていく様子は段階的に進んで行くのであり，その過程は決して一方向的なものでなく，通常の心理療法と同じように Cl － Th 間で双方向的に進んで行くものなのである。たとえ，それが直接暗示による治療効果をもたらす技法，例えば，催眠の直接暗示によって感覚麻痺を起こすことによって鎮痛効果をもたらすような技法を使用した場合においても，同様に双方向的なやり取りの中でこそ確実な鎮痛効果が得られていることからもよくわかる。

　こうした経緯を示すために私は成功事例と失敗事例との典型事例を臨床実践の効果研究という観点でまとめ学会シンポジウム等で発表を行ってきた。成功事例に関しては，すでに，「催眠療法における"共感性"に関する一考察」（松木，2003）というタイトルの論文として学会誌に上梓していたが，失敗事例に関しては日本臨床催眠学会第 8 回大会シンポジウム（松木，2006）や日本心理臨床学会第 25 回大会自主シンポジウム（丹治・松木ほか，2006）において発表の機会を得て，「失敗事例から学ぶ」というタイトルで発表している。

　今から考えれば，こうした作業も臨床的事実に即して考えれば改めて強調するものでもなく自明の理なのだが，その当時までの催眠研究では，Cl － Th 間の関係性や相互作用を重要な要因として考察されることが少なかったため，その論文を発表した際の査読では，"共感性"の定義や"共有空間"の定義，"（トランス内

での）主体性"の定義等の曖昧さ，等々，いろいろと指摘されたものである。

Ⅱ 「催眠トランス空間論」と催眠療法の治癒機制に関する一考察

　さて，本題の「催眠トランス空間論」について6章で詳細に述べる前にもう少し概観してみたい。前節までに述べたように，「催眠トランス空間論」の構想自体は，催眠療法中の臨床的事実に即して考えてみれば改めて強調するものでもなく自明の理と考えられるのだが，その当時までの催眠研究では重要な要因として考察されることが少なかったため，私が論文において示した構想には，臨床的事実の列挙に過ぎず実証的な根拠が示されていないこと，概念規定や使用する言葉の定義の曖昧さがあること等の批判を受けた。今から考えてみると，催眠状態を"空間"ありきで私は捉えて持論を展開していたので，こうした指摘を受けたのも無理はない。しかしながら，その論文の冒頭で私が「効果的な催眠療法のあり方をめぐって」という序文の中で主張していたことは，催眠療法中に起こる臨床的事実に基づく過程をうまく表現しているので以下にあげてみることとする。

　　臨床の現場において効果的な催眠療法のあり方を考えるとき，我々臨床家が最も考えることは，問題解決のために必要とされる治療の場としての催眠状態をいかに効率的に作り出し，その状態下でクライエント（以下，Cl）が示す問題解決のためのサインをいかに手際良く見出すかである。そして，また，治療の場としての催眠状態の中でClが行う問題解決のための『適切な努力』（増井，1987）に対して，いかに我々が援助できるかを考えることである。こうした臨床上の必要性を満たす条件の検討を通して催眠療法のあり方を考えることは，結果として催眠療法の独自の治癒機制を考えるうえでも重要な意味を持つものと考えられる。…（中略）…本稿ではこのような臨床上の事実を踏まえたうえで，催眠療法を効果的に行うための必要な条件について，Cl − Th間の共感的な関係性や相互作用のあり方という観点から検討を加えてみたい。また，そうした条件下で得られた治療の場としての催眠状態の持つ特性についても触れてみたい。

　というものである。この序文で問題提起した後に，本論では「視線恐怖およびそのことが原因での不登校」を主訴とする高校生男子の事例に対し，催眠療法を適用した際の面接過程を臨床的事実に沿って見ていったのである。

そして，結論として，「効果的な催眠療法では，催眠常態下でのTh－Cl間の関係性や相互作用が尊重される中で両者の"共感性"が高まり，その結果，①催眠状態がClの問題解決にとって対決的で暴露的な空間としてではなく，共感的な関係性の中で"守られた空間"として機能すること，②同時的に，そうした共感的な関係性は催眠状態という特殊な心的状態の中でこそ，他の心理臨床技法に比していっそう得られやすいものであること，③その条件下で高められたClの主体的な活動性が自己効力感を高め，自己のあり方への変化の可能性を開き，自己治癒力を高める，ということが結論付けられた」としている。

　要するに，催眠療法の治癒機制に関する私の考えは，催眠誘導によって得られた治療の"場"としてのトランス空間（「催眠トランス空間」）をCl－Th間の共感的な関係性に基づいて構築された共有空間（「守られた空間」）として位置づけ，催眠誘導過程はその空間構築のための協働作業であり，その作業過程ではClの"主体性"を尊重する姿勢がThの必須条件であるとしているのである。そして，そうした中で築き上げられた「催眠トランス空間」内では，Clの催眠暗示への反応がコミュニケーション・ツールとして機能し，かつ，Clの主体性が大いに発揮されて，結果，Cl自身による「自己支持の工夫」が自発的活動として行われるようになると考えたのである。"治療の"場"としてのトランス空間（「催眠トランス空間」）作りとコミュニケーション・ツールとしての催眠現象の理解が催眠療法の治癒機制を考えるうえで重要になるという考えに至ったのである。

Ⅲ　"守られた空間"として［催眠トランス空間］を考えることの臨床的意味

　「催眠トランス空間論」の基本的な考えとその要点をまとめて書くと以上のようになるが，この「催眠トランス空間論」について，ある事例検討会の待ち時間に神田橋條治先生に話をした際，先生は，「"エンカウンターを妨げてしまうものを守るもの"としてこの空間を位置付けて捉えてみると面白い」（神田橋, 2017）と言われた。それは，Clの内的世界の中で混沌として未処理になっていたものが，その空間の中で「出会い，心と心が触れ合い，本音の交流ができるようになる」ための空間として位置付けて考えるのが良いのではないかと言ってもらったように感じたのである。同時に，このことは，ミルトン・エリクソンの催眠療法の特徴についてBandler, R.（1975）が「エリクソンは間接的にコミュニケーションをとることによって，抵抗問題をかなりの程度まで避けている。さらに，メッセージのどの部分に対して応答するのかについて，その（無意識レベルでの）選

択を最大限 Cl の自由に任せている。こうした形でやり取りすることによって，Cl が無意識レベルのコミュニケーションに取り組めるようにするだけでなく，同時に，意識の注意も引きつけ，それがトランス誘導や暗示のプロセスに立ち入って邪魔しないようにするのである。そこで，ようやく Cl は，より積極的かつ創造的に（ここでもまた無意識の行動レベルで）催眠ワークに参加できるのである」と示した一文にも通じるものがあるように私には感じられた。

　神田橋先生の言葉もエリクソンの催眠療法を紐解いた Bandler, R. の言葉も，私が催眠療法で得られる治療の場を，Cl − Th 間の共感的な関係性に基づく共有空間としての「守られた空間」として位置付け，その中で，互いが相互的に影響し合う中で体験の再処理過程が自発的に進み問題解決に繋がっていくのだという考えを後押ししてくれるものとして受け止めさせて頂いたものである。

　以上，私が「治療の場としてのトランス空間」（催眠トランス空間）をキー概念として催眠療法の治癒機制を定義づけてきた経過と基本的な考え方について述べた。この考え方は催眠療法の本質的な治療要因を語るにしても非常に重要と私は考えているし，また，催眠療法の醍醐味を味わうにしても重要なものである。この空間内で展開される Cl の多重的で多層的，かつ，多義的な体験の表現とその体験の自発的な再処理・再調整過程の中には心理療法・精神療法の本質的部分が集約されていると言っても過言ではないと私は考えている。

　その空間内での現象の理解は，精神分析，行動療法・認知行動療法，自律訓練法，家族療法，ブリーフセラピー，臨床動作法，等々の心理療法各学派の理論をその中に内包しており，臨床的事実としての根拠を我々に提供してくれている。「催眠は心理療法の打ち出の小槌」と言われるゆえんでもある。

　J・A・シャルコーの弟子であった S・フロイトは，催眠療法中におけるクライエントのカタルシス経験を基に自由連想法を編み出し精神分析を体系化した。このことの意味するものは，催眠状態そのものには，Cl の過去の心的外傷体験に伴う何らかの情動反応を誘発しカタルシス効果を促進させる要因が内包されていることを意味している。また，Schultz, J. H. は，催眠によるリラクセーション効果を合理的に組み立てられた生理学的訓練法として自律訓練法を開発した（佐々木，1976）。このことの意味するものは，催眠状態そのものにリラクセーション効果を促進させる要因が内包されていることを意味している。さらには，M・H・エリクソンは催眠誘導や催眠現象をコミュニケーション・ツール，制御ツールとして捉えなおし，「状態論」を超えた独自の催眠療法を発展させ，それらは，ストラテ

ジー療法や SFA（Solution Focused Approach）などのアプローチとして独自に発展を遂げることになった。このことの意味するものは，催眠状態そのものに多次元的なコミュニケーションを促進させる要因が内包されているということである。また，わが国においては，成瀬（1973）が脳性まひ児の動作改善に催眠を利用し，その過程で動作訓練を体系化し，発展的に臨床動作法として体系付けた。このことの意味するものは，催眠状態そのものの中に，麻痺を起こす状態とは異なる体験様式の変化（体験の仕方の変化）を促進させる要因が内包されていることを意味している。

　ここで挙げた幾つかの心理療法理論や技法に限らず，催眠によってもたらされる「治療の場としてのトランス空間」には，まだまだ客観化，理論化されてはいないものも含め，さまざまな可能性がその中に含まれていることは想像に難くない。脳画像研究の発展に伴い催眠状態における脳内変化が明らかになってくるに従って，さらに新たな発見が待っているに違いないというのが私の持論である。打ち出の小槌はまだまだ健在なのである。

　特に，ここ数年来の私の関心事は催眠中に自発的に生じる「カタレプシー」現象である。臨床的事実としては，Cl が催眠下で何らかの心理的・身体的な危機的状況に遭遇した際に，Th や Cl の意思に全く関係なく"自発的に"「カタレプシー」が生じ，Cl にとっての危機的状況からの回復を援助する，例えば，精神科領域においては催眠下で Cl が何らかの激しい情動を伴う除反応を起こした際に，「カタレプシー」が生じて，コントロール不能に陥っている Cl の情動反応の抑制を自発的に行ったり（松木，2009），また，心身医学領域においては，コントロール不能な激しい疼痛症状に悩む Cl が，催眠下で「カタレプシー」を起こしたりそれを解く練習を自ら行うことによって，結果として，痛みの自己コントロールを行えるようになる（松木，2016）のである。こうした現象が「治療の場としてのトランス空間」では，何故，Th や Cl の治療意図とは関係なく自発的に生じたりするのか，そうした疑問も脳研究が進むにつれていずれ解明されることであろう。

　いささか話が本題から逸れてしまったが，「"治療の場" としてのトランス空間」にはまだまだ我々の及び知れない智恵が内包されていると私自身は推測している。さらには，これまで催眠現象における Cl の反応の観察や現象の理解を通して体系化されてきた上述の心理療法理論や技法間にも，我々の智恵の及ばないレベルでの"つながり"があるのではないか，そして，もし，その繋がりを紐解くことができるようになれば，ここに新たな心理療法のパラダイム構築が可能になるの

ではないかというのが本書を企画した私の願いである．なお，本書で取り上げる心理療法各派については各々の理論的立場や技法的特性があるものと承知したうえで，私の独断で一括して「催眠とその関連心理療法」と名付けて論を展開することにさせて頂いた．

以下，「催眠トランス空間論」についての詳細を述べていくが，その前に，私の催眠との出会い，その後，臨床家として古典的・伝統的な催眠療法を積極的に実践していた頃，特に，直接症状除去を目的に，積極的に Cl に問題や症状に対しての直面を強いていた頃の様子や臨床観，さらには，結果的に，催眠療法におけるCl － Th 間の関係性の重要性を強調するきっかけとなったいくつかの失敗事例についても触れておきたい．

文　　献

Badler, R. & Grinder, J.（1975）Patterns of the Hypnotic Techniques of Milton H. Erickson, M. D. Volume 1.（浅田仁子訳（2012）ミルトンエリクソンの催眠テクニックⅠ［言語パターン編］．春秋社．）
神田橋條治（2017）第 16 回鹿児島神田橋ゼミ（公開スーパービジョン）の控室にて．
Hilgard, E. R.（1974）Toward a Neo-dissociation Theory; Multiple Cognitive Controls in Human Functioning. Perspective in Biology and Medicine, 17; 301-316.
成瀬悟策（1960）催眠．誠信書房．
成瀬悟策（1973）心理リハビリテーション―脳性マヒ児の動作と訓練．誠信書房．
成瀬悟策（1992）催眠療法を考える．誠信書房．
成瀬悟策（1993）催眠理論の再構築．催眠学研究，38(1); 1-4.
長谷川博一（1997）体験様式変容のための FCR 面接の 3 事例―クライエント中心の催眠法として．催眠学研究，42(2); 46-55.
増井武士（1987）症状に対する患者の適切な努力．心理臨床学研究，4(2); 18-34.
松木繁（2005）失敗事例から学ぶ．日本臨床催眠学会第 8 回大会学会企画シンポジウム抄録．日本臨床催眠学会．
松木繁（2008）人格障害への臨床催眠法．臨床心理学，8(5); 661-667.
松木繁（2016）壺イメージ法の心理臨床への貢献―心理臨床家の「臨床観」・「人間観」の育成という観点を中心に．In：田嶌誠一編；多面的援助アプローチの実際．金剛出版．
齋藤稔正ほか（1991）特集「変性意識状態」催眠学研究，36(2); 6-42.
佐々木雄二（1976）自律訓練法の実際―心身の健康のために．創元社．
高石昇（1988）日本催眠医学心理学会第 34 回大会シンポ「催眠と心理療法―展望と課題」．催眠学研究，33(1); 40-42.
高石昇（1996）成瀬論文「催眠理論の再構築」を読んで．催眠学研究，41(1,2); 64-65.

高石昇・大谷彰(2012)現代催眠原論―臨床・理論・検証.金剛出版.
八巻秀(2000)催眠療法を間主体的現象として考える―事例を通しての検討.催眠学研究,45(2); 1-7.
吉川悟(2001)治療抵抗を催眠現象として見立てることを利用したアプローチ―「催眠療法でないと治らない」と主張した事例.催眠学研究,46(2); 2-7.

3.
「催眠トランス空間論」に至るまで
——古典的・伝統的な催眠療法実践からの発展的展開

松木　繁

I　催眠との出会い——後催眠暗示の不思議体験（と幼児的万能感）

1）多感な時期での催眠との出会い

　私と催眠との出会いは随分早く，私がまだ高校2年生の頃であった。クラブ活動の怪我で保健室にお世話になった際に，ひょんなことから同じクラスの友人が，通常の医学的治療では全く改善されなかった潰瘍性大腸炎の症状が催眠療法で劇的に良くなったという話を聴かされたことが最初のきっかけである。その当時の私の催眠に対する印象は世間一般と同じで，「催眠は，人を眠らせて，その間に怪しいことをするもの」，「手品と同じで何か意図的な仕掛けがあって人を騙すもの」といった印象で，被支配感・被操作感が強く，催眠は人の意識をなくして自覚のない間に人を騙して洗脳してしまうという「闇の」イメージしかなかった。そのため，彼の話を聴いて，「そんな馬鹿なことがあってたまるか」，「（その友人は）騙されているに違いない」，「催眠療法なんていかにも怪しい」と思い，放っておけば良いものを，何を思ったか若気の至りで「自分がその怪しい催眠療法家と掛け合って，その怪しい治療を止めるように頼んでやる」と意気込んで，その催眠療法家（実は，この人物が私の人生を大きく変えた張本人の師匠，安本和行先生であったのだが……）に会いに行ったのである。今から思えば微笑ましくもある正義感に満ちた（？）若者の行為だったと思うのだが，この出会いが無ければ今の私の人生は違ったものになっていたであろうから，人の出会いとは不思議なものだと今さらながら思ったりもする。

　私の師匠，安本和行先生は，当時，タヌキのようなコロコロした体形で髭を生やしていたが，この珍客（筆者）に対しては怒りもせずに優しく丁寧に対応してくれた。そして，私の言い分をしっかり聴いてくれたうえで，私に，『心で起こる

体の病──その実態となおし方』（池見，1960）という本と，なぜか洗濯済みの清潔なハンカチ十数枚を渡してくれたのである。「この本の中に心身医学のことや催眠で起こる不思議な現象が科学的に書かれていること」，「ハンカチは清潔にしまっておいて夜必要な時に使いなさい」と訳のわかったような，わからないようなメッセージをくれたのである。実は，このハンカチは私の深層に深く入り込むメッセージであったのだが，そのことに気付くのは数年後になるし，私の人格形成に大きな影響を及ぼしたエピソードでもあるので，これは，もし話す機会があればどこかで話すのも良いかもしれないが今でも大切に心の中に忍ばせておきたいことでもある。いずれにしろ，一見しただけで当時の私の抱える問題や悩みを見抜かれたことだけは事実であり，今になって思うと，まるでミルトン・エリクソンのような共感性の高さと直観力とを持ち合わせた臨床家だったのだろうと思う。

併せて，近い内に医学部の学生なんかが参加する勉強会をやっていて，そこで催眠の実習もあるので興味があったら見に来るように誘われたのである。池見西次郎先生の『心で起こる体の病』の本はその当時の私にとって実に衝撃的な本で，催眠が決して怪しいものだけではなく科学的に研究されて実際の医療現場で実践されていることを初めて知ったのである。

2）初の催眠実習見学──後催眠暗示反応の不思議体験

実際の催眠実習を目の前で見学したのは，この時の勉強会で安本和行先生が医学生に実際に催眠誘導をする様子を見たのが最初である。この時の最初の催眠実習は，観念運動を使ってカタレプシーを起こさせたり，年齢退行をしたり，イメージ面接を行ったりするようなものではなく，ごく自然な医学的に利用できる催眠の方法としてリラクセーションを中心とした技法の実習であった。その当時の私としては，催眠中に急に泣きだすとか，幼い子どもになったり動物になったりすることを期待してはらはらしていたのだが，実際はそんなものではなく自然なリラックス体験を作り出す方法としての催眠技法であった。私は少しがっかりしていたのだが，その被験者が覚醒した後の行動を見た際に逆に非常に驚いたのである。後で解説してもらってわかったのだが，実は，安本先生は，被験者に覚醒暗示を与える前に（私へ催眠現象の実際を見せてやろうと思われてあえてされたのだと思うのだが……），「あなたは催眠から覚めて，私が合図をすると手を頭に持って行きます」という後催眠暗示を与えていたのである。被験者の医学生は自

分の自覚としては，リラクセーション技法を実施してもらって気持ち良かったという印象で終わったのだが，覚醒後しばらくして，安本先生が指を鳴らして合図をすると，ひょいと自分の手を頭に持って行ったのである。安本先生がなぜ手を頭に持って行ったかを被験者に聴くと，「頭が痒かったからです」と普通に応えていたが，その5分後にまた安本先生が合図をすると，また，サッと手が頭に行き，その際の被験者の応えは「最近，風呂にもゆっくり入れてなくて……」とぼそっと言ったのであるが，周りにいる者は，後催眠暗示による行動であることがわかっているので，クスクス笑ってその様子を眺めていた。そして，10分後にも合図とともに手が頭に行った際には，とうとう，その被験者は，「最近，生活が乱れていて勉強がちゃんとできていない」ことを言い始めたのである。今となっては，この催眠での被験者の反応の意味するものも十分に理解できるが，その当時は本当に驚きであった。舞台催眠のような仕掛けもないのに，後催眠暗示が被験者に遂行される現場を眼前で見たのである。

　その後は，簡単なカタレプシー練習として，両手をしっかり組んで離れなくなるというものと，親指を立ててじっと親指を眺めていると固まってしまって他の指が動かなくなるという，初心者向けのお決まりの催眠練習を実際に試してもらったりした。カタレプシーが起きて，「自分の手なのに自分の意志通りには動かなくなる」，なのに，催眠者の暗示に対しては「動かされてしまう」現象は，高校生であった私にとって不思議体験であると同時に，自分の中に「催眠をすると自分に特殊な力が付いてくる」等という，ある種の万能感のようなものが刺激されたことは否めない事実である。結果，私は理学部志望から心理系学部志望へと進路変更をすることを決意し，その後は心理学の世界にどっぷりと浸かることになったのである。しかし，今から思えば，その動機はやはり「他者の気持ちを誰よりも早く知り，誰よりも強い力で人の行動を支配したい」という気持ちが強かったのだろうと思う。余談ではあるが，催眠療法を志向する臨床家（一般人においても）の中には現在においてもこの万能感を求めてくる人が多いのも悲しい現実なのである。しかし，この時の万能感がその後の私の臨床観を形成し，結果的に権威的で操作的な催眠療法の臨床姿勢がしばらくの間，後に紹介する失敗事例と出会うまでは続くことになったのである。

Ⅱ　古典的・伝統的催眠における直接症状除去の劇的効果と副作用

　前述のような出会いの後，進路変更して心理系学部への入学を果たした私は，

学部時代から催眠療法への関心を持ち続け，結果的に安本音楽学園臨床心理研究所へ入職し，心理臨床に携わるようになった。そして，催眠療法においても古典的・伝統的な催眠療法を中心に多くの事例を行うことになったのである。もちろん，催眠療法による心理臨床ばかりを実践していたわけでなく，その当時としては珍しく，幼児期の発達検査，描画検査なども行う一方で，発達障害児，特に，自閉症児の療育および心理療法にも関わっていた。この当時，自閉症児への動作訓練（腕上げ動作訓練）が関西でも行われ始め，私も自分の受け持つ Cl を連れて動作訓練キャンプに参加したものである。この時の指導者である大阪教育大学の小西正三先生との出会いは，後に自身の催眠療法の方向性を変える際の理論的支柱となっていたように思うのでここに記しておきたい。

　さて，話を戻して私の催眠療法の実践の経緯を示していくことにする。この当時の催眠療法の考え方は，我が国における催眠療法の経過と同じように，やはり，古典的・伝統的な催眠療法の手法が中心であった。基本的には，Cl をさまざまな誘導技法（私の場合は，指導者の安本先生の誘導技法を参考に行っており，それは，もっぱら，振り子やメトロノームを使っての眼球運動を使っての誘導技法，さらに，腕開閉などの観念運動からカタレプシーを起こさせてトランスを深める誘導技法が多かった）を用いて，とにかく Cl を催眠状態に導き，そこで生じた変性意識状態を使って臨床適用暗示を使うという手法によるものが中心であった。しかし，こうした方法による催眠療法が劇的な効果を上げた印象的なケースも多々あった。私の印象に残っている事例としては，失立発作（当時の診断ではヒステリー）を訴えて屈強な男性 2 人に抱きかかえられて催眠療法を受けに来た 50 歳代の女性 Cl が，催眠状態において若い頃に行っていたダンスを再現させる暗示を与えたところ，最初は座ったままで踊っていた Cl が，急に立ち上がって踊り出した事例である。催眠誘導をしている私も驚くばかりであったが，この時の状態を後催眠暗示として定着させることによって，失立発作の症状自体は大きく改善された。また，チック症状で困っていた児童の催眠療法でも興味深い経験を行っていた。神経症的な習癖として理解されるチックなので，多くの症例でも示されているように，睡眠中にチック症状が出ることは稀である。そのため，催眠状態においてもその症状は間違いなく消失してしまうことが多い。私の担当していた事例でも同様に催眠誘導をしていくとそれまで盛んに出ていたチック症状が出なくなってしまうのである。通常は，こうした体験を積んで行くことによって Cl の不安を低減させて段階的に症状の軽減を図っていくのがオーソドックな治療方法

であるが，私は何を思ったか（多分に万能感が顔を出していたように思うのだが……），臨床適用暗示の際と覚醒暗示の際にも，「あなたは催眠から覚めても目をぱちぱちさせる癖は出なくなりますよ」という暗示を与えたのである。チック症状の場合，直接症状除去暗示をダイレクトに使ってはいけないと教えられていたにもかかわらずやってしまったのである。その際のClの反応は私が今になっても忘れないほどの体験として刻み込まれている。そのClは催眠から覚めると，確かに「目のチック」は消失したものの，「肩のチック」が覚醒後すぐに出始めたのである。症状移転する様を眼前で見せられて，私は驚くと同時に，症状に伴う身体表現の持つ意味性について改めて考え直させられた事例であった。そして，何よりも，催眠状態の中で示されるClの状態像の変化を目の当たりにしていたこの当時の経験は後の私の臨床観に強い影響を与えるものであった。

　また，この頃，最も多く催眠を適用していた事例は夜尿症と偏食の矯正（当時は偏食のある子どもにとって給食は一大事であったため，ニーズが多かった），乗り物酔いへの催眠療法である。夜尿症の催眠療法では，催眠状態の中で実際に失禁直前の膀胱の膨満感や排尿体験の様子を再現させたうえで，直接暗示によって症状除去を行うのである。例えば，催眠状態によって自室で眠っている様子を再現させたうえで，「○○ちゃんは今お家でぐっすりと眠っています。そうして，眠っていても，何だかおしっこがしたいなということが感じられています。そう，だんだんとおしっこがしたいなと感じてきました。○○ちゃんは今おしっこがしたいなとわかっていますね？…（頷き）…そう，そうしておしっこがしたいなとわかったらパッと目が開きますよ…（Clが目を開ける）…そう，ちゃんと目が開きました。不思議ですね。そう，そうしたら，○○ちゃんは起きて，今からおしっこをしに行きますよ。いいかな？…（頷き）…」といった具合に暗示を与えながら，実際にトイレに行かせて排尿させ（この際のトイレは，実際は研究所のトイレであるがClは自宅のトイレのようなつもりで排尿する），その後，また，戻ってきて催眠を続け，「そう，とっても上手にトイレでおしっこをすることができました。お部屋に戻って来たら，また，お布団の中に入ってぐっすりと眠っています。そう，とっても上手にできました。○○ちゃんはね，今日からは眠った後も今やったと同じように，おしっこがしたくなったら自分でパッと目が開いてトイレでおしっこをすることができるようになっています。自分でそうしようと思わなくも身体がちゃんと覚えてくれていてやってくれます。不思議です」といった具合に続け後催眠暗示によって定着させるという方法で行っていたのである。こうした

直接症状除去暗示は夜尿症の治療や偏食の矯正，さらには，乗り物酔いなどの治療では効果が甚大でClやその家族には喜ばれたものである。非常にシンプルな働きかけによる催眠療法であるが，催眠状態に導いたうえで行う臨床適用暗示の効果は高く，今でも十分に臨床活用の可能な方法である私は考えている。

III 古典的・伝統的な催眠療法で使う直接症状除去暗示と臨床姿勢
——「抵抗」という捉え方について

ただ，上記のような子どもへの臨床適用ばかりでなく，直接症状除去暗示は，吃音の矯正や嗜癖矯正，さらには，精神的な疾患などにも適用されていた。その当時，そうした症状への直接暗示のハンドアウトとして私が使うように指示されていたのは，『HYPNOSIS　催眠術統一講座』（二木謙三監修，仁宮武夫著）であったため，下に一例を示すような，かなりダイレクトな暗示内容で，さすがに私もこの暗示の使用については暗示内容が侵入的で多少の抵抗があり，自分なりにはアレンジして使用していたものである。その当時，催眠療法を行う治療者の臨床姿勢として，師匠からよく言われていたのが，「催眠者は（患者の不安を取り除く意味でも，）権威的であれ」であった。今，考えるとおかしな臨床観だとは思うのだが，催眠に対する万能感を持っていた当時の私にとっては，必要な言葉であったのかもしれない。さらに，Clが催眠誘導に反応しない，もしくは，指示通りの反応をしない場合の捉え方は，催眠への「抵抗」として受け止め，催眠誘導技法を極めるには，この「抵抗」に対する「抵抗処理」の技法を同時に修得することが必須だと教えられたものである。Cl － Th 間の関係性をあまり重要視していなかった時代背景のせいだとは思うのだが，今から考えるとTh優位の臨床姿勢がおかしな形で展開していたものである。こうして昔を振り返りながら執筆していると，とても面白い催眠誘導への反応を示していた中学生男子の事例を思い出してしまう。主訴は今で言うところの「不登校」で，その当時はまだ「登校拒否症」と言われ始めた頃で，臨床現場では，「学校恐怖症」という言葉さえ聞かれた時代であったが，そのClは催眠誘導の際にThである私が，「今から私が合図をするとあなたの右腕は重くなって右の方へ引っ張られていきますよ」という暗示を与えると，逆に左に傾いてしまい，それに対して，私が「そう，いいですね。先生の言ったように身体は左の方に倒れてきましたね」（「抵抗処理」の観点で，Clがもし暗示と異なる反応を示した際にも，暗示の結果として反応が出たのだという返しをするように指導されていた）と声をかけると，すぐにまた逆の反応を示して右に傾

いてくるという反応を示していたのである。軽催眠状態から深化技法を使って催眠を深めようとしていた矢先でのClの催眠暗示への反応だったためThは驚かされたが，覚醒時での意図的な反応ではなかったため，非常に興味深い反応であった。Clのこの反応は，現在の自分だと，催眠中のClの暗示への反応はCl－Th間の重要なコミュニケーション・ツールとして理解し，その反応を尊重して対応したように思うのだが，その時は催眠誘導への「抵抗」として捉えていたのである。当時の催眠誘導が実に権威的であったことを考えると，このClの反応が「健全な自己主張」として私は受け止められなかったのである。ちなみに，その当時，私がハンドアウトとして使っていた直接暗示例を幾つかあげてみたい。いかに，治療者優位の暗示の与え方であったがわかることと思う。

Ex.1　吃音事例への直接暗示例（仁宮，1970）
「あなたの子ども時代の心配が神経の緊張をきたしています。この緊張はどこかにその出口を求めるもので，ある人は緊張が頭痛になって現れ，ある人は動悸がうちます。あなたの場合は，この緊張が喉に出て筋肉の痙攣をおこしてどもるようになりました。だから，いま，催眠術で緊張を解くとどもりも自然に消えます。あなたの心は非常に静かに平和になってきました。何も心配はない。緊張が解けて，もうこれから完全にうまく話せます…（こう暗示して話させたら実際完全に話した）…それご覧なさい。緊張を解いて平和な心になるとどもりは自然に消えます。これからあなたはいつでも，どんな場合でも自分で緊張を解いて平和に静かになります，そしていつも自由に話ができます。もう，完全に自由に話せるという自信が固まって全然心配しません」

Ex.2　禁煙矯正のための直接暗示例（仁宮，1970）
「あなたは心の緊張が解けて，気がいらいらしなくなり，タバコが欲しくなくなります。私はあなたのタバコを止めようという気持ちが絶対実現するように手伝います。不安や心配がなくなって大変静かな幸福な気持ちになります。だから，あなたはもうタバコが欲しくなくなります。それは単なる癖ですが，その癖が消えました。タバコはもうあなたの用のないものになりました。タバコを見てももう何も感じません。それにタバコは百害あって一利のないものです。あなたの肺をおかし，あなたの寿命を何年も縮める危険があります。だからあなたはこの悪い癖を止めたいと思っている。それを私がすぐ止められるようにしてあげます。あ

なたが目を覚ました時には，もう煙草が欲しくなくなっています。あなたはもう煙草が欲しいという気が消えてしまっています。もう，あなたの欲望は，あなたの意志通りになります。目が覚めてから私はあなたに一本あげるからそれを試してごらんなさい。あなたはどうしても煙草を吸う気になりません。試してみても味がひどくまずく匂いも嫌でとても吸うことができません。煙草はちょうど焼けるゴムのような味と匂いがして，しかも，あんまりその嫌な味と匂いが強すぎるので，あなたはむせるでしょう。そして二度目に吸うと焼けるゴムの味がもっと強くなっていて。もっとひどくむせます。そして，もう永久にタバコは用のないものになります」

　この暗示例を見てもわかるように，直接暗示の使い方も治療者の臨床姿勢を反映しているように思える。少し極端な引用ではあるが，治療効果を高めるために基本的にはこうしたThの姿勢や態度が求められていたのである。Clの主体的な活動もThが導いていくというスタンスなのである。

　Clによっては催眠に対する誤解（過剰な期待感）によって，こうした姿勢や態度を求めるClもいたが，実際に催眠効果のあった事例では，ClとThとの共同・協働作業によって展開していることの方が多かったように思われた。そうした反省も含めて，私は同じような暗示文を参考にしながらも，少しアレンジを加えて以下のように，Cl自身が主体的に関わっていること，身体的な感覚を暗示に組み込みながら構成して使用していた。

Ex.3　神経症患者（うつ状態）への暗示例（仁宮，1970；松木改訂）

「あなたは次第，次第に幸福に感じることが<u>できるようになってきます。あなたの肉体</u>はもっと強く健康になり，そして，<u>あなたは何でもできるようになる</u>と感じられてきます。そして，それと共に自信ができてくる。自信が生まれると共に<u>あなたはどんなことにでももっと楽に直面できます</u>。そして，この自信のために，<u>あなたは今までやったことはみんなできるようになってきます。さあ，お腹の辺りに気持ちを集中してごらんなさい。お腹の底の方からまるで泉のように自信がこんこんとわいてきて，あなたは，安心した，</u>しっかりした気持ちになってきます。そして注意がよく集中します。そして，深い安定感が生まれ，そして喜びと幸福の気持ちが湧いてきます。と共にあなたは自分自身のことをあまり考えなくなります。夜はよく眠れます。一日一日とあなたは自分の心と体が強壮になっていることを感ずるでしょう。不思議です」（注：下線は松木）

さらに，Cl のリラクセーションのためのメンタルリハーサル法として安本（1978）が開発した方法により，以下のような暗示を組み立てて実施していた。この暗示の中には「海」と「空」という心理的に象徴的な意味をメタファとして組み込んだりして工夫を加えていた。興味深かったことは，愛情の授受に何らかの問題を抱えている Cl は"穏やかな海"の景色が想像できずに，「冬の日本海」などを自発的にイメージしていたことが臨床的には興味深い反応であった。

Ex.4　リラクセーションのためのメンタルリハーサル法（安本，1978）
「目の前に広く大きな海がイメージされてきます。何となく思いうかべる程度でも構いませんので想像してみて下さい…〈間〉…波もほとんど無くてとっても静かな海です…あなたは今，その海の見える海岸の砂浜のところでぼんやりと海を眺めています…海はとても広くて大きいなあ…波もほとんど無くて穏やかです…そして，心も穏やかです…〈間〉…少ーし右の方に目を移すと小さな島が見えてきます。その島の陰には白い帆を張った船が静かな波に揺られながら，気持ちよくゆらゆら浮かんでいます…（中略）…ずーっと遠くの穂に目をやると水平線が見えてきて，その水平線の彼方からあなたの頭の上いっぱいに青ーい空が拡がっています……見上げてごらんなさい……とってもいい気持ちです……その空の中には白ーい真綿のような雲がふたーつ，みっつぽかんと浮かんでいます……なんだか心が落ち着いて，つまらない心配事やいらいらしていたことも気にならなくなってきます……（後略）」

以上，その当時の催眠療法で使っていた暗示分の一例を挙げたが，いずれにしろ，暗示の構成が Th 側に置かれ，関係性を尊重した働きかけよりも操作的，指示的な内容に終始していたことがよくわかると思う。

Ⅳ　行動療法と催眠の併用

私が催眠を臨床適用し始めた頃から，催眠現象を補助的に利用する形で行動療法との併用も盛んに行われはじめ，私も系統的脱感作法やメンタルリハーサル法，時には，催眠エクスポージャー等々，盛んに行ったものである。その当時，「不安神経症」と診断されていた事例，現在の診断基準で言うところの「社交不安性障害」による外出不安や乗り物不安への適用も，不安のヒエラルキーを作成して不安の低い順番に不安場面をイメージさせて直面させ，リラクセーションによる減

感作，脱感作を行うことで不安の低減を図り，段階的に不安の克服を図り症状の改善を得ていたものである。これらの方法は，催眠誘導によって得られた変性意識状態（Altered State of onsciousness）を付加的に利用し，各々の心理療法の効果を高めるために利用する方法で，技法的には，もっぱら，直接暗示による催眠誘導暗示や臨床適用暗示を使うことが多い。行動療法と催眠との併用は，そのメカニズムの理解が合理的でClへの説明も明確であったため，Clにも理解しやすく治療意欲も高めることができ有効であった。しかしながら，その方法論は合理性，客観性に基づいたものであるがゆえに，定式化された方法，パッケージ化された方法に馴染まない事例などには，直線的に不安の低減を図る方法のみではうまくいかず手こずらされた覚えがある。例えば，不安による過緊張状態で電車に乗れなかった事例に行動療法の治療計画を立てて一駅ごとに不安を乗り越えるメニューを実践していた際に，不安のヒエラルキーに沿って一駅ごとに減感作，脱感作を行おうとしても，ある一線がどうしても越えられなかったケースなどがそうである。そこでは，直線的なヒエラルキーによって示される不安のレベルとは異なる他の心理社会的要因が含まれていて，それを催眠によって取り除こうとしたりしたものであるが，うまくいかず，時にはClに無理をさせる形で直面させてしまっていたように思う。この当時は，催眠療法における関係性の理解が少なかったため，こうした反応が出た際に私が考えたことは，Clの「治療抵抗」という捉え方でしか考えなかったものである。行動療法との併用の利点は，「イメージの鮮明性，幼児期の記憶や心的外傷記憶への容易なアクセス，論理的矛盾や曖昧さに対するトランスロジックと呼ばれる許容性の誘発，一次過程思考の増加」（高石・大谷，2012）が挙げられるが，Clの主体的な努力を援助する形で催眠が導入されない限り，Th主導の治療計画による一方向的な働きかけだけでは治療効果が得られるはずもなかったのだが，その当時は私自身のThとしての姿勢が変わっていなかったため，理解できていなかったように思う。

　いずれにしろ，私は古典的・伝統的な手法による催眠療法を続けていたのだが，その中では劇的に効果を示す事例もあると同時に，一方では，Thの治療姿勢というかClとの関係性の考慮の無さが失敗に繋がり状態を悪化させてしまった失敗事例も見られるようになった。次に，私が記憶に残っている失敗事例，これらの失敗事例は失敗のまま終わらずにThである私にさまざまな工夫を生みだすきっかけを与えてくれる事例ではあったのだが，これらを提示していくことで私の臨床姿勢の変化を垣間見ることができるもので，催眠療法を所望する後進の臨床家

には参考になると思えるので挙げてみることにする。

文　　献
池見酉次郎（1960）こころで起こる体の病―その実態と治し方．慶応通信．
二木謙三監修・仁宮武夫著（1970）HYPNOSIS　催眠術統一講座．綜合科学会．
高石昇・大谷彰（2012）現代催眠原論―臨床・理論・検証．金剛出版．

4.
古典的・伝統的催眠療法の臨床適用の失敗事例からの学び
——催眠療法の治癒機制に関する新たな視点

松木　繁

　ここに掲げる失敗事例については，すでに，幾つかの学会で発表しているものなので，その際の発表内容に加筆する形で稿を進めていきたい。なお，誤解のないように言っておきたいのは，ここに掲げる失敗事例は，何も古典的・伝統的な催眠技法を用いていたから生じたものではなく，上述のような"万能感"を持って催眠療法を行っていた当時の私の臨床姿勢の影響によるものだということを理解したうえで読み進めていってもらいたい。ただ，古典的・伝統的な催眠療法は，基本的には「状態論」に根差しており，それゆえに，催眠状態（変性意識状態）そのものを先ずは Cl の中に作り出す必要があったため，臨床姿勢はどうしても指示的で操作的にならざるを得ない側面があったことは否めない。催眠状態（変性意識状態）を臨床活用するためには Cl 中心の臨床姿勢よりは Th 優位の臨床姿勢が自然と形成されてしまうという側面があったように思う。

　また，本章では失敗事例と定義して書き進めてはいくが，どのケースもそれで中断したものではなく，その失敗経験が私に新たな臨床の知恵や工夫，時には，臨床を進めていく上での必須の配慮を教えてくれたものであるという点を考えると必ずしも失敗事例とは言い切れないことも加えておきたい。

I　35歳男性の社交不安障害事例での治療的除反応への対応の失敗からの学び

　先ずは，古典的・伝統的な催眠療法によるアプローチで，私の臨床姿勢がセラピィの展開に悪影響を与えてしまった事例を挙げたい。この事例では，症状の背景にある Cl の不安の根源が母親との分離不安に起因しているという見立てのもとで，母子関係の密着を象徴的に示すイメージ表現が出されたため，催眠中に「母

子分離」を促進する形で強行した結果，うつ状態を誘発してしまったケースである。Clの自我の耐久性をあまり考慮せずに，治療計画が進められ，催眠療法中におけるThの暗示の与え方が指示的・操作的でClの状態を考慮しない一方向的なものであった。一見，自我強化を行っているようにも思える治療展開であるが，Clとの関係性が十分には構築されていなかったため，実際は，Clを追い込む形で展開したものである。そのあり方は，当時の私の臨床姿勢がよく表れていると思うので，反省を込めて学会発表を行ったものである。この事例の経験を通して，私は問題や症状へClが直面する際には，Th側にはどのような配慮や工夫が必要なのかを学んだ。その点については，事例の概要を述べた後に示したい。

1）事例の概要

35歳，男性。社会不安性障害（当時は不安神経症）。198X年来談。主訴は外出不安。2年前に仕事で特急電車に乗った際，急性不安症状（パニック発作）が出現。以降，電車だけでなく乗り物すべてに乗れなくなったため，近医での投薬治療を受けるも効を奏さず，次第に外出が1人では全くできなくなった。家庭内にいる限りは不安症状も出なかったが，心気症的な訴えは常にあった。催眠療法を希望したため，近医からの紹介で来談。

治療は当初，行動療法（系統的脱感作法）をベースにして行った。実際的な外出訓練，電車への搭乗訓練と共に，メンタルリハーサルを積極的に行い，徐々に外出不安も軽減された。しかし，同伴者無しでの1人での外出行動に対しては抵抗が強く，治療は停滞気味となった。

治療の停滞状況の打開策を模索する中で，催眠状態での不安場面の再現とその際の感情処理を行なうことを考え実施した。不安症状の背景には家族関係（分離不安）のことも考えられたため，発症時の不安場面を想起させることで分離不安にまつわる何らかのエピソードが出るのではないかという見通しのもとで行った。不安場面の再現そのものに難儀をしたが何とか再現でき，その際に「（発症時の不安場面での）電車内に母親が（イメージとして）見えてきて，その母親と自分とが何十本もの糸で繋がれている」場面が出現した。そして，「自分でその糸を切ろうとするけど切ることができない。苦しい」と言ったため，Thである私は，「私もここで付いて見ているから，思い切ってそれらを全て切ってしまいなさい。頑張れ！」と不安感情への直面を目的に強化暗示を強めた。クライエントは10数分間，もがき苦しみ，泣きながら糸を断ち切ることを行った。

結果,覚醒後は不安の原因が判った気がして非常にすっきりしたと喜んだが,気分とは裏腹に椅子から立ち上がることができなくなったしまった。介助して立たせると,足の裏の感覚の違和感を訴えて倒れてしまった。再度,催眠に導入し足裏の感覚を取り戻すことで何とか立てて,その場はしのげたが,足裏の違和感がその後も心気的な訴えとなり続いた。また,それを理由にして外出を拒むことが続いた。

その後の治療では,外出に関するメンタルリハーサルなどは行わず,足裏の感覚を取り戻すための催眠療法を行わざるを得なくなった。催眠中にグラウンディングを利用しつつ自我強化を併せて行うようにした。自我強化を続けていく内に,Cl に変化が見られ始め,「踏みしめて立つ感じ」を実感するようになった。それと同時に外出時の不安場面に対しても,「踏みしめて立つ感じ」を感じながら呼吸を整えることで直面することができるようになった。また,家庭内での精神的な自立も伺えるようなエピソードが語られるようになった。老舗の後継者としての重圧に対する内省が語られるようになった。

2) 小　括

以上が一つ目の事例であるが,この当時の Th の臨床姿勢が良く表れた例である。その姿勢は,Cl の自我の耐久性が考慮されておらず,それ以上に,権威的で支配的,操作的で Cl の主体性,自主性が全く尊重されていないことがよくわかる。

この事例では,分離に伴う不安感情を取り除くための効果的な臨床催眠技法として除反応を活用しようと試みたのであったが,実際は除反応を起こすことによって逆に Cl の不安に対する自己コントロール感を消失させる結果になってしまい,立ち上がることができなくなるという反応を誘発してしまい,それが身体の違和感として残ってしまったのである。

この事例の経験を通して,私は,治療技法として有効だと言われている方法であってもその技法を実施するために必要な治療の場と治療関係への配慮や工夫が無い状態で不用意に実施すると,思いがけない副作用が生じる可能性があることを学んだのである。

その後,さまざまな臨床実践や効果研究が進められる中で,治療的除反応を効果的な臨床催眠技法として活用するための原則として高石・大谷(2012)が述べているように,「除反応による治療的解決は Cl の内側から起こらなければならない」。また,「束縛された感情が解放されつくすまで続けて初めて効果が得られ

る」ことが必要であり，また，彼らがPutnumの言葉を引用して，「除反応を治療的に活用するためには，ThもClも，これらの経験を自分で誘発し，また，統御し，そして処理変形させる術を身につけなければならない」と加えているように，さまざまな配慮や工夫が必要なのであるが，この当時は，そうした点からの臨床事例研究は十分になされていなかったため，こうした失敗事例が起こっていたのである。

　私自身は，この事例の失敗経験を通して，治療的除反応（に限らず，催眠療法そのものに対しても）を臨床催眠技法として有効に活用するためには，除反応が起こったとしても，それが自己コントロール感の喪失や行動化の契機にはならないことの保証や，そうした反応が起こったとしてもそれを抱える"守られた空間"としての治療空間が構築されていること，さらには，除反応に伴う激しい情動変化に対して，Cl－Th間の共感的な関係性が得られたうえでClもThも共に強い気持ちで直面し続けられることの必要性を実感して，その後の催眠療法の実施に際してはこうした観点からの配慮と工夫を行うようになったのである。

II　催眠投影技法を応用したスクリーン法を実施した離人症状のClへの対応からの学び

　次に，催眠投影技法を応用したスクリーン法を実施した事例を取り上げたい。このケースでは，スクリーン上に出現した（Thが出現させた？）イメージ体験がClの情動を強く刺激してその処理がうまくいかなくなってしまった事例である。これも先の事例同様に治療的除反応への対応に関するものではあるが，その配慮や工夫においてClの「こころの安全」を守るためのさらなる工夫が生みだされた点では私にとって意味のある事例であったのでここに挙げて紹介したい。

1）事例の概要

　事例は，21歳，女性。主訴は離人症？　198X年来談。主訴の詳細は，何をしていても実感がなく，無意欲，無気力。軽い睡眠障害。歯ぎしりが強くマウスピースをして眠る。世界がセピア色に見える。大学の精神保健センターで離人症と言われ，投薬も受けたが著効なく，就職試験が近いので早く治したいとのことで催眠療法を希望し，大学からの紹介で来談。催眠療法を希望するが誘導が難しく，当初は体感をフイードバックする形でのリラクセーションを行ったが，芳しい効果は得られなかった。「催眠にかかっているのか，かかっているふりをしている

のかわからない」という表現が面接後に語られることもあった。#15 の言語的面接で映画の話が語られたため，催眠誘導後，催眠投影法を応用した形で，スクリーン法を行うことを提案し，#15 より開始した。スクリーン法でのイメージ展開が予想以上に見られたため，出現したイメージから介入し展開させる催眠イメージ面接法を試みた。出現したイメージは幼い姉妹と母親の物語であった。スクリーンに見える姉妹の 1 人を主人公にして映画とは異なるストーリーで展開するという暗示を与えて介入。当初，Cl は淡々とイメージしているように見えていたが，その内に泣き始め，涙が止まらなくなり苦しいと訴えたため，Th はイメージを消去させる暗示を与えた。しかし，Cl はイメージを消すこともできないし，悲しさも抑えることができないと言い，感情のコントロールの困難さを訴え続けた。Th である私の経験不足もあり，十分な感情処理の対応ができずにいたため，Cl は泣き崩れたまま呆然としていた。仕方なく催眠状態から覚醒させるのが良いと判断し，無理に覚醒の手続きを行ったが，十分な覚せい状態は得られずに，逆に嘔吐様の嗚咽を繰り返していた。覚醒状態が不完全だったとの判断で，再度，軽く催眠誘導をし直した。再誘導の過程でも溢れ出る感情が治まり切らないため，Th は苦肉の策として，Cl の溢れ出る感情に対して，「その溢れ出る感情とそれに伴うからだの感じから強い影響を受けないようにするために，それらを何かで包み込めるようなものが次にイメージされてきます」と暗示した。苦肉の策で暗示した Th の思いが通じたのか，Cl はタッパウェアをイメージしたため，その中に"それらの感情やからだの感じ"を入れて蓋をするように暗示したところ，ようやく感情を治めることができた。その時は，そのタッパウェアは家の冷蔵庫の中の冷凍庫に入れておくということになった。そのことで，一応の納まりは付いたが，帰宅後にはまた不安定な状態になり近医から頓服を処方された。翌回の面接で確認したところ，冷凍していたタッパウェアが解凍されて"悲しさやそれに伴う息苦しさ"が溢れてきたのだということであった。それで，この時のイメージ面接では，もう一度，"悲しさやそれに伴う息苦しさ"を包み込みなおし，それだけでなく，包み込んだ後の感情や体の感じの確認，さらには，蓋をした後の感情や体の感じの確認を行い，最後に収納場所の検討をクライエントと相談して決めた。この時は，タッパウェアに入れて蓋をして，それをビニールテープでぐるぐる巻きにし，北極の海の底に置いた。

2）小　　括

こうした工夫は，この事例を行っていた頃，壺イメージ法のイニシャルケースのスーパービジョンを田嶌から受けていた（田嶌, 1982）ことによって生み出した工夫ではあるが，この事例検討を通して，その後，この時に行ったイメージ技法を「PACKイメージ法」（松木，1987）としてまとめ直し，それを第1回アジア催眠学会にて発表を行った（日本催眠医学心理学会第28回大会で田嶌の「壺イメージ療法」の発表を聞いた直後に，私が壺イメージ療法のイニシャルケースを実施し（松木，1987），そのスーパービジョンを受けていた）。
　この技法は，フォーカシングで言うところの「収納法」と共通する部分が多く，以降は「イメージ収納法」の枠組みで実践を続けたが，命名した"PACK"の語呂合わせが良かったためか，いろいろな臨床場面で活用されているようである。この技法の語呂合わせは今でも人気があるので，ここに記しておくことにする。

　〈PACKイメージ法〉
　P：Packing in　⇒　「包み込むこと」
　A：shock Absorbing　⇒　「和らげること」
　C：Clearing a space　⇒　「間を空けること」
　K：Keeping　⇒　「置いておくこと」

　いずれにしろ，私はこの事例での失敗経験を通して，Clの感情体験を扱う際の情動コントロールとしての安全性の確保，安全弁としての「枠」付けの工夫の必要性，スモールステップで行う臨床の意義などを痛感したのである。
　そして，それらの配慮と工夫をまとめる中で，これらの配慮や工夫は単にイメージ療法だけに留まるものではなく，催眠療法においても必須のものであることを実感し，その後，催眠を臨床適用する際の重要な配慮と工夫として考え始めたのである

Ⅲ　解離性同一性障害（DID）ケースでの解離症状への対応の失敗と学び

　最後に解離性同一性障害（DID）ケースへの催眠適用において，ある意味では「医原性（解離）症状」の出現とも受け止められる解離性人格の結晶化を誘発してしまった事例を紹介することにする。私にとっては解離性障害の2例目のケースではあったが，その当時は解離性障害に対する臨床事例研究も十分には進んでいなかったため，手探り状態での臨床適用ではあったが，この失敗経験を基にして，

催眠療法におけるCl − Th間の"共感性"の重要性，Clの主体性の尊重，双方向的な相互作用の重要性，それらを十分に活かすための「治療の場」のあり方や催眠誘導過程でのClの「観察とペーシング」のあり方等の学びが非常に大きかった事例なので紹介したい。なお，事例の経験を基にして，解離性障害のClの内的世界と催眠トランス空間との共通点などを考える好機になったことが印象的な事例であった。

1）事例の概要

21歳，女性。解離性同一性障害。199X年来談。来談時の主訴は専門学校への不登校，不眠，頭痛。近医では確定診断はされず適応障害とだけ言われた。しかし，記憶が飛ぶ，気が付くと自分の知らない所にいたり，帰宅困難になったりする，昼寝の後起きると幼児語を喋る，等の解離性障害を思わせる症状も散見された。私の知人からの紹介にて来談したが，来談時の様子から先ず専門医を紹介。そこでは，特定不能の解離性障害の疑いもあるが確定診断は経過を見ての判断ということになり，一応，投薬と併せて催眠療法を行うことを勧められ私が担当することとなった。この時点では，DIDの可能性ははっきりしなかったが，私にとっては2例目の解離性同一性障害の事例であった。初回面接時に眠気と頭痛を訴えていたため，言語的面接に加えて母親同席のもと，簡単なリラクセーションを行うことを提案し実施した。腕下降暗示にて誘導を行おうとしたが，誘導暗示に反応するよりも自分から眠ってしまったという印象で催眠状態に入った。しばらく，暗示に対する反応もなく眠り続けているように見えたため，軽く肩に触れて覚醒するように暗示を行うと目を開けて，急に幼児語で喋り始めた。幼児語の甘えた言葉でしばらく意味のわからないことを喋って再び眠り始めた。私にはこの様子が単に寝ぼけての様子なのか，解離的な反応かが判別できず対応に苦慮した。それでも覚醒しないため，再度，眠り続けるClに対して少し強い口調で覚醒暗示を続けた。すると，今度は目を開けた途端に厳しい表情でセラピストを睨み付け，激しい口調で私をなじり始めた。その様子は，最初，陰性の転移感情が私に向けられているものとも解釈できそうであったが，Cl自身に向けられていると解釈できる言葉も混ざっており，その実態がつかめずに私はさらに対応に苦慮させられた。同席していた母親から時々家でもこんな風になること，その時は納得いくまで眠らせて，起こす際には優しく対応していると機嫌が良くなり普通の感じになるのだと教えられた。それで，Clに向けて無理に覚醒させようとしたことを

謝り，もう一度好きなだけ眠ってよいこと，十分に眠ったと思えたら合図をして伝えて欲しいこと，目覚めた後に幼児語を喋りたい時や怒りの気持ちをぶつけたい時は，私に何かの方法で知らせて欲しいこと等の約束をとりつけて，再度，眠らせた。すると1分もしない内に，覚醒しても良いこと，普通の気分で目覚めることができることをきちんとした言葉で伝えてきたため，丁寧に覚醒暗示を与えて目覚めさせた。今回は気分良く覚醒したようだが，催眠中の様子については覚えている部分とそうでない部分とがあった。

しかし，Cl はそのことの意味には理解が及ばず，困った様子であった。しかし，催眠療法を受けたことはとても気持良かったので，次回もやりたいと言ったため，次回からは催眠を行う前にきちんとルールを決めて行うこと，催眠中に嫌なことがあったら，いつでも伝えて良いこと，私の方も Cl のペースをきちんと確かめながら誘導することなどを決めた。

翌回からの催眠誘導では Cl の反応やペースに対して確認を取りながら，さらには催眠中の感情の変化などに対しても注意深く観察しつつ，Cl との「関係性と相互作用」を大切にしながら誘導を行った。結果，初回面接時のような急激な交代人格の出現はなくなり，幾つかの交代人格の存在をゆっくりと語り始めた。また，交代人格が出現する際には Cl からの合図が得られるようになり，さらには初回に登場した攻撃的な交代人格（迫害者的な人格？）に対する適切な対応を指示してくれる解説者的な人格（救援者的な人格？）が出現して，治療の展開をリードしてくれた。

2）小　　括

この事例を経験した後，Putnum（1989）の翻訳書に出会い DID 患者への接し方のコツを改めて学んだ。治療の場としてのトランス空間を作り出すための催眠誘導は，誘導の過程から Cl − Th 間の共感的な関係性と相互作用を常に意識して行うこと，そのためには，「観察とペーシング」が必須条件であることを学んだ。

また，この事例を通して DID ケースのコミュニケーションの特徴から彼らの内的世界へのコンタクトを正確に受け取るために必要とする配慮や工夫は，治療の場としてのトランス空間（「催眠トランス空間」）における Cl の催眠状態での多重・多層・多義的なメッセージを受け止める際の配慮や工夫に共通するものがあることに気付かされた。例えば，彼らの「単数形（個）と複数形（集団）の混在したコミュニケーションスタイル」や「過去と現在の混在したコミュニケーションス

タイル」に対しては，Th も常に背景に存在（するであろう）他の人格を意識しながら，トーキングスルー（Putnum, 1989）を行いつつ，Cl の観察やペーシングを行い Cl へのメッセージも時には背景の人格に届くような形で複数形の表現を行ったりするという工夫が必要になったりするという点などがそうである。

　いずれにしろ，「催眠トランス空間」を介在した DID ケースとのコミュニケーション体験は，私が，後に「催眠トランス空間論」を構築する際の大きなヒントになっていることは間違いない。この点についても 6 章にて詳細を述べることとする。

文　　献

松木繁（2006）失敗事例から学ぶ．日本臨床催眠学会第 8 回大会学会企画シンポジウム発表事例抄録．日本臨床催眠学会．

Matsuki, S.（1987）Studies in imagery therapy ― "PACK Imagery Therapy" in clinical practice. 1st Asian Conference of Hypnosis, Abstract.

Putnam, F. W.（1989）Diagnosis and Treatment of Multiple Personality Disorder. Guilford.（安克昌・中井久夫（2000）多重人格性障害―その診断と治療．岩崎学術出版社．）

高石昇・大谷彰（2012）現代催眠原論―臨床・理論・検証．金剛出版．

5.
「壺中の天地」と「催眠トランス空間」
―― 壺イメージ療法との出会い

松木　繁

I　壺イメージ療法との出会い

　人生には時に自分の意思の及ばないところで起こる不思議な出会いというのがあるもので，私が「壺イメージ療法」とその考案者の田嶌誠一先生（以下，田嶌さんと呼ぶ）と出会ったのはそうした意味で数少ない稀有の出会いであったように思う。私は分析学派ではないので適切な言葉なのかわからないが，今になって思うと，こうした出会いは「共時性」や「布置」といった概念で受け止められたりするのかもしれない。しかしながら，これまでの章で示したように，私が古典的・伝統的な催眠療法を実践する中で，Clの反応に戸惑い，時には，副作用とも捉えられるような結果を生じさせ何とか新たな手立てが考えられないかと思案していた折に出会ったのが「壺イメージ療法」であり，田嶌さんであったことを考えると，出会うべくして出会ったと考えるのが最も妥当なのだろう。

　日本催眠医学心理学会第28回大会（1982）の研究発表で田嶌さんの「壺イメージ療法」の発表を聞いた時が初めての出会いであった。その学会時の発表は私には非常に印象的で，その当時の演題名は定かではないが，Clのイメージ体験に主眼を置いてイメージ面接を展開する「三角形イメージ体験法」（藤原，2001）や「こころの整理法」（増井，2007）などが発表されていたと記憶している。その頃，カタルシス法を中心とした，どちらかと言えば，操作的・侵襲的な印象の強い催眠療法を続けていた私の臨床姿勢とは異なり，Clの体験様式やCl－Th間の関係性に注目しながら臨床を展開させるという発想は私には大いに刺激的であった。そして，それ以上に私にとって衝撃的であったのは，「壺イメージ療法」の発表だった。その技法的配慮がClのこころを"安全に守る"ためにきめ細やかになされていることへの驚きは今でもよく覚えている。前章の「失敗事例から学ぶ」

のところでも触れたが、その頃の私は、催眠療法中に生じる除反応への対応に苦慮し自我の脆弱なタイプのクライエントに対して何らかの技法的工夫（たとえば、"包み込む"技法など）の必要に迫られていた時でもあったため、「壺イメージ療法」の発表を聞いた時には、こんな丁寧な技法を考え出す臨床家がいることに驚くと同時に、「壺イメージ療法」の技法的配慮から垣間見える田嶌さんの「臨床観」や「人間観」に惚れ込んで、すぐに飛びついて教えを請うことを決意したのである。その頃の私の"押しかけスーパーバイジー"的な動きのことは、§2で田嶌さんがある程度披露してくれているので、ここでは省かせてもらうが、今から考えると、膨大な枚数の手書きの手紙で事例報告を強迫的に行う私によくぞ根気よくお付き合い頂いたものである。

いずれにしろ、私が「壺イメージ療法」の技法的配慮やそれを考案した田嶌さんの「臨床観」や「人間観」を通して学んだことが、その後の私の催眠療法に強い影響を与え、その結果として、「催眠トランス空間論」を基軸にした現在の私の催眠療法が成り立っているといっても過言ではないので、その点を中心に本章では論を進めていきたい。

なお、本章での論述の多くは、これまで自身の臨床事例をあげながら専門誌上にて公刊してきている（松木，2001；松木，2010，他）ので、それらを引用しながら、「催眠トランス空間論」との関係の深い部分を中心にまとめていきたい。

II　壺イメージ法の治療構造の特徴から学んだ催眠療法の配慮と工夫について

1）ClをセラピィのCl中心に据え、Clのこころを"安全に守る"ことに専念すること

このテーマは、心理臨床家として、当然、身に付けているはずの心構えであり、今さら何をと思われるかもしれないが、実際はなかなか難しい。われわれは決して○○療法とかにこだわってClに接している訳ではないが、それでももっぱら自分たちの治療理論に即してClと接していることが多く、セラピィの中心は、決して意図的ではないにしても、Th側に置いていることが多い。特に、古典的・伝統的な催眠療法を行ってきていた私にとっては、Th側の理論的根拠やそれに基づくプロトコルによってセラピィを構成することに慣れていたため、「Clをセラピィの中心に据える」という感覚がなかなか実感としてわかり辛いものであった。その結果、「壺イメージ療法」を導入した際に、Clがいきなり、壺（イメージ）の

5.「壺中の天地」と「催眠トランス空間」

中で喘息症状を誘発しかけるといった場面に出くわしたのである。その辺りは拙著（松木, 1987）に詳しく書かれているので参照されたいのだが，一部をここで紹介すると，その頃の私の臨床スタイルが垣間見えることと思う。

〈喘息を誘発しかけた壺（第6回目での壺イメージ）内容とそれへの対応〉

　白色で丸型の人間の頭くらいの大きさで，甕のような形をした壺が5個出現。ちょっと入ってみると，①「心が穏やか」，②「何も感じない」，③「靄がかかって物凄く不安」，④「いやな感じ。気味悪くてごちゃごちゃしている」，⑤「何かとんでもない物が入っているみたい。恐ろしい」という壺が出現。その後，壺を並べ換える時になってClは壺の順番がわからなくなったと言い，様子がおかしくなった。Clはこの時点ですでに「無理をして入ろう」として不安定になっていたのであるが，Thである私はそのまま進めようとしていた。

　その時のイメージ面接中のClの言葉は，

Cl「……いやな感じがしています……全く同じ形なのでどれがどれだったかわからなくなってきました……順番が全くわかりません……［イメージは］もうできません！……今，坂の上に立っています……足と頭が引っ張られていきそう……いやな感じ……疲れています……（呼吸が乱れ，喘ぎ，苦しそうにしている）……〈もう今日はやめようか？〉……できなくはないです……」

と言い，Clは喘息様の状態になり喘ぎ始めた。しかし，喘ぎながらも，まだ頑張ろうとしている。このまま続けると喘息がひどくなるように思えたので，再度やめるよう教示したら，渋々うなずいて，クライエントは，「……それじゃ，これらの壺を坂の上から転がしてしまいたい」と言うので，Thはどう対応して良いかわからず苦肉の策で，転がしても壺が割れたりしないことを約束して壺を転がすことを行なわせた。Clは坂の上から壺を転がしたことで壺との距離がとれたためか，呼吸の乱れもなくなり楽になったため，イメージを終了したというものである。

　このように壺イメージ療法中に喘息発作を起こしかけるという展開があったのだが，この回の面接後にClは，イメージ中に「無理をしてしまう」ことについて，「イメージをやっていて壺の中のものと自分の心の中の何かとが関連していることはわかりますが，どうしても無理をしてしまうのは，それが無理だとわかっていても何かわからないけどそうするしか方法がないし，そこで引き下がるのは逃

避だし，とても無責任だと思うんです。でも，進んで行けば自滅するという予感は常にあります。ちょうど日本軍の戦争のようで『玉砕戦法』みたいなものです。引くに引けなくなっている。こんな感じは学校へ行こうとする時にも出てくるものです……（後略）」と，振り返っており，イメージがClのペースでは行われていなかったことがイメージ中の展開でよくわかったのである。

　この事例では，初期の段階で「無理をして」壺に入ったために壺（イメージ）の中で喘息発作を誘発させてしまった。このイメージ体験を通してClは，困難な場面でも良い子になって「無理をしてしまう」自分に気づくことができた。しかし，こうした心的状態がセラピィ場面でのCl-Th間にも出たことについて，田嶌さんからは，「Clは，Thからの"侵入"を防ぎ自分のペースを大切にするためには，Thに対して『注文をつける』ことも大切である」と指摘された。これまでの催眠療法での臨床姿勢が出て，Clに対して侵入的な対応をしている自分に気付かされたのである。

　この経験を通して私は，改めて，クライエントの主体的な"能力"を信じ，それをベースにして問題解決のための努力を行うことがいかに重要かを学んだ。それまで私が行ってきた催眠療法の発想では，「抵抗」，「抵抗処理」とするところを，田嶌さんはClの主体的な"能力"を尊重する形で「注文をつける能力」，「工夫する能力」と呼んだのである。

　この点での学びは，その後，私が催眠誘導を行う際に，Cl-Th間の関係性や相互作用に目を向けて，催眠誘導が一方向的で操作的にならないよう配慮することや，催眠誘導に対するClの反応には一つひとつに重要な意味があり，それをCl-Th間の重要なコミュニケーション・ツールとして活用するという考え方を持つようになったことと関係している。こうした観点は，神田橋ら（神田橋・荒木, 1976）の「自閉の利用─精神分裂病者への助力の試み」や増井（1987）の「症状に対する患者の適切な努力」とも共通の視点と考えられるが，Clに働きかける際の主体の置き方やClなりの努力のペースを尊重することの重要性を示しており，学ぶところが大きかった。

2）安全性の高い「壺イメージ療法」の治療構造から学んだこと

　私が「壺イメージ療法」から学んだ技法的な側面での重要なことは，安全性の高い治療構造とそれを支える臨床姿勢についてである。もともと，この技法の成り立ちは，「イメージの体験様式の自己コントロールを主軸とし，かつ危機的体験

が急激に進行しないような『安全弁』を備えた技法」(田嶌，1987) を志向しているのだから，この技法が Cl にとって安全性の高い技法的配慮がなされていることは言うまでもない。しかし，壺に象徴された内包的・保護的空間としての壺イメージを活用しているからその安全性が保たれているのではなく，技法全体の構成の中にその空間の安全性が守られるような工夫や配慮がなされていることが重要なのである。具体的には，「壺に入る，出る」，「蓋をする」という出入り性の活用，「壺の中にちょっと入ってみる」，「入りやすいものの順に並べかえる」などといった体験的距離のコントロールを育成する段階的な技法の構成，さらには，Cl の「性急な言語化を保留」し，「スモールステップで行うこと」などもその一例である。Cl の安全性を守るためにどれだけの細かい配慮や工夫が必要かを教えてくれた。

　こうした臨床姿勢は，効果的に催眠を臨床適用するための Th のあり方にも共通するところである。私の主張する「催眠トランス空間論」におけるトランス空間は，"壺" に象徴される内包的・保護的空間に通じるものが多いように思われる。そして，同時に，その空間が「暴露的」な空間（中井，1987）ではなく，「守られた空間」として機能することができるように，Th は Cl の安全性を守るための細かい配慮や工夫が必要なのだということを「壺イメージ療法」の技法的配慮を通して学ぶことができた。

　さらに，今，改めて考えてみると，田嶌さんが複数の壺をイメージさせたことの意義も非常に大きいことに気付く。これは何気ない発案のように思えるかもしれないが，Cl の抱える問題や症状を単一のものとして限定的に受け止めるのでなく，複数のものとして多層的に捉えようとする田嶌さんの「臨床観」，「人間観」がここでも垣間見えるのである。さりげない態度ではあるが，Cl には，「人間，いろいろあっていい」という安心感を得られるような，癒されるような心理的な "場" がそこには作られる。この "場" の感覚も私が催眠療法の治癒機制に対する考えを再構築するうえで大きな影響を与えたように思う。催眠療法における "治療の場" を Cl － Th 間の共感的な関係性に基づく共有空間（「催眠トランス空間」）として構築するという考え方もここから出発していたように思う。Cl の抱える問題や症状は，"治療の場" としてのトランス空間「催眠トランス空間」）において，多重に多層に関連し合いながらも動的に調整され解決されていくものなので，田嶌さんの提案する「性急な言語化の保留」は，Cl が問題解決を無理なく自然に行えるために重要であることを教えてもらったように思う。

こうした配慮や工夫は精神病圏も含めた重篤なケースへの催眠適用への大きなヒントになり，これまでその適用がタブー視されてきていた精神病圏を含む重篤なケースへの催眠療法の工夫への道筋を開いてくれたように思う。それらは，拙著，「人格障害への催眠療法の工夫」(松木，2008) などの中にまとめている。

3）「壺中の天地」(「壺イメージ空間」) と「催眠トランス空間」—日本的 "場" 理論と日本的感性

「壺イメージ療法」における "壺" という空間の果たす役割と私の提唱する「催眠トランス空間」の果たす役割について最後に考えてみたい。それは，この後の章で，「Cl の催眠への関わり方の変化と Th − Cl 間の共感的な関係性や相互作用の変化」と題した図の内の第 4 段階の「共感的体験としてのトランスが得られた段階」(6 章 図 2-4 参照) での "守られた空間" としての「催眠トランス空間」体験は，実は，「壺イメージ療法」で作り出される "壺中の天地" での体験との共通点が多いと私は感じているからである。「催眠トランス空間」の特徴を知るためには，「壺イメージ空間」の特徴を知るのが役立つと考えられるので，以下にそれを述べながら共通点などを明らかにしたい。"壺" という空間について論述した拙著 (松木，2016) があるので，それを引用させてもらうと，

> そもそも，Cl にとって "壺" という空間は本質的にはどのような意味を持つのであろうか。今頃になってこのテーマをあえて取り上げるのも，筆者が長年，壺イメージ法を臨床適用していて，未だに "壺" をイメージすることを嫌う Cl に出会ったことがなく，適用するたびに Cl は，たとえその中での体験が苦痛なものであっても快適なものであっても，実に興味深い体験をしたような，ある種，嬉しい驚きを持ってその様子を語ってくれるからである。これは筆者だけの経験かもしれないのだが，Cl はまさに「壺中の天地」を楽しんで実感しているように思えるのである。
> 筆者が行った不登校生徒の事例では，「星座を巡り歩くための壺が複数」出現して，彼は一つひとつの星座を巡り歩き，ある星座の壺の中での (心身両義的な意味を持つ) 体験が自分に最もフィットする場 (「こころの居場所」) であることを確信し，非常に深い安心感を得ることができたのである。それまで混沌とした中でもがいてきた経験もそれぞれの壺の中で体験し，その後に，上記の "自分に最もフィットする場" を提供してくれる壺を探し当てたのである。その

間の様子は，まさに混沌として未分化・不分離だったものが壺の中である意味を持つ体験として結実したようなそんな印象であった。壺という空間が，「主客未分化」，「自他非分離」の状態を内部に包み込む"場"（西田，1911）として機能していたように筆者には思えたのである。こうした"場"の考え方は日本的な"場"の理論（西田，1911；清水，1990；中村，2000）に通じるものがあり，こうした"場"に対して日本人は親和性が高いのではないか，だからこそ，この技法に対する違和感が少ないのではないかというのが私の考えである。清水（1990）の言葉を借りて言うならば，「生命体は『自他非分離』の"場"の中で生きていく。そして，その"場"の中では，動的秩序を自立的に形成する関係子が互いに相手に影響を与えながら互いの関係性を調和させる働きを自律的に行いながら秩序を自己形成する」として"場"を定義し，関係性調和の機能が働くことを説明している。この"場"では心身を調和させる作業がある一定の法則の下で行われ，それらは静止することなく動的に展開しているというのである。筆者は，この日本的"場"で生じる現象と同じことが"壺"の中でも起こって展開しているのではないかと推測するのである。「壺イメージ療法」のもたらす"壺"の空間は，日本的"場"の理論で示される空間の定義と共通しているように筆者には思えて仕方がない。中井（1987）は，「この治療法は『壺』でなければならなかった…（中略）…『つぼ』という言葉の連想。縁語。たとえば『つぼむ』『つぼみ』。個人的体験。それから，『壺』という象形文字の印象。そして，その音調……（後略）」として，"壺"が使われたことそのものの価値を言う。この技法は，わが国で生まれ，わが国独自の心理療法として開発されたのだが，"壺"という言葉に象徴されるさまざまな意味が付与されて，壺イメージ法という臨床の"場"を形成していると筆者は思うのである。多少，視点が異なるが，言語学から考察した日本人の対人関係の特徴は，①個人主義的な自立感ではなく関係性重視の自立感を好む，②自己の問題への直面化，明確化よりも抱える問題との"間"の重視と曖昧化を好む，③直接的・能動的な自己主張より間接的・受身的な自己主張を好む，④心身両義的・多義的な言葉による言語的表現を好む（杉坂，1971；金田一，1975ほか）といった日本人の『悩み方』（松木，1998）の特性を考えると，"壺"というイメージの醸し出す雰囲気が果たす役割は大きいと考えられるのである。壺イメージ法に対してこの視点からの考察が行われてきたことは今まであまりなかったのだが，筆者にしてみれば，日本の臨床家の臨床センスを育てていく上では必要不可欠な感性

の育成に繋がるように思える。学ぶべきところは大きいと思うのである。

　この引用でも指摘しているように,「壺イメージ療法」で得られる空間は,まさに,「壺中の天地」であり,その空間が保障されることによってClは内的世界の混沌としたものを整理し,解決のための資源・智恵を自ら導き出すのであろう。私は壺イメージ療法の臨床実践を積み重ねる中で催眠療法に対する基本的なあり方や考え方を大きく変更させていった。それは,従来からの催眠におけるトランス空間の捉え方やトランスにいたる過程でのCl－Th間の関係性の捉え方を根底から覆すことになったのである。拙著「催眠療法における"共感性"に関する一考察」(松木, 2004) は,そんな中で生まれたものである。私がClとの協働作業で作り出そうとする「"治療の場"としてのトランス空間」(「催眠トランス空間」) は,この「壺イメージ療法」で得られる空間に通じるものがあると私は確信している。

　催眠療法における治癒機制を考えるにあたって,私は,「状態論」や「体験治療論」の理論的枠組だけでなく,（安全な）"治療の場"としてのトランス空間を構造的に構築すること,そして,その"場"を支えるTh－Cl間の"共感的"な関係性とセラピストの「共感的」で「個別性・独自性を尊重する」態度,それに基づくCl－Th間の相互作用の重要性に焦点を合わせて論を展開するようになった。私にとっての「"治療の場"としてのトランス空間」(「催眠トランス空間」) は,まさに壺イメージ療法における「壺中の天地」なのである。その点については,6章で示すべきであったのかもしれないが,催眠療法中におけるClやThの体験の仕方や関係性,相互作用のあり方についての私の論点が,壺イメージ療法から強い影響を受けていることがよく理解できることと思うので,あえて,ここで説明を行うことにした。なお,この「催眠トランス空間」を催眠誘導過程で作り上げていく段階の詳細ついては6章に図（図2-1～2-4）を示しながら説明しているので参照されたい。

文　　献
藤原勝紀（2001）三角形イメージ体験法―イメージを大切にする心理臨床. 誠信書房.
神田橋篠治・荒木富士夫（1976）自閉の利用―精神分裂病者への助力の試み. 精神神経学雑誌, 78(1); 43-57.
金田一春彦（1975）日本人の言語表現. 講談社.

増井武士（1987）症状に対する患者の適切な努力．心理臨床学研究，4(2); 18-34.
増井武士（2007）こころの整理学―自分でできる心の手当て．星和書店．
松木繁（1987）壺イメージ療法を適用した登校拒否児の事例．In：田嶌誠一編著：壺イメージ療法―その生い立ちと事例研究，pp.209-237，創元社．
松木繁（1998）日本語臨床と日本人の『悩み方』．心理臨床学研究，16(3); 266-277.
松木繁（2001）開業心理臨床から見た壺イメージ法とフォーカシング．In：伊藤研一・阿世賀浩一郎編：治療者にとってのフォーカシング．至文堂，pp.134-143.
松木繁（2004）催眠療法における"共感性"に関する一考察．催眠学研究，47-2; 6-11.
松木繁（2008）人格障害への臨床催眠法．臨床心理学，8(5); 661-667.
松木繁（2010）臨床家のためのこの1冊「壺イメージ療法―その生い立ちと事例研究」．臨床心理学，10(1)；159-162.
松木繁（2016）壺イメージ法の心理臨床への貢献―心理臨床家の「臨床観」・「人間観」の育成という観点を中心に．In：田嶌誠一編：多面的援助アプローチの実際．金剛出版．
中井久夫（1987）「壺イメージ療法」について．In：田嶌誠一編著：壺イメージ療法―その生い立ちと事例研究．創元社，pp.309-317,
中村雄二郎（2000）共通感覚論．岩波現代文庫．
西田幾多郎（1911）善の研究．弘道館．(2012) 岩波出版復刻版，岩波書店．
清水博（1990）生命を捉えなおす――生きている状態とは何か．中公新書．
杉坂元（1971）日本人の論理構造．講談社．
田嶌誠一編著（1987）壺イメージ療法―その生い立ちと事例研究．創元社．

6.
催眠トランス空間論
―― "治療の場" としてのトランス空間（「催眠トランス空間」）の構築とコミュニケーション・ツールとしての催眠現象の理解

松木　繁

I 「催眠トランス空間論」を支える臨床観・人間観・自然観

　「催眠トランス空間論」の具体的な技法やその考え方を述べる前にしっかりと強調しておきたいのが，この論を支える臨床観・人間観・自然観である。前章までに何度も繰り返してきているが，「催眠トランス空間」を支えているものは，「Cl - Th 間の共感的な関係性に基づく共有空間」であり，「Cl - Th 間で協働する双方向的な相互作用の"場"の構築」である。そこには，すでに，催眠療法が Th 側からの一方向的な働きかけによるものでなく，Cl の自主性や主体性を尊重する Th の臨床態度によって支えられたうえでの Cl との協働作業によって成り立っているのだという私の臨床観が基本に据えられている。こうした臨床観は基本的には私自身の人間観に加えて，前章で詳しく述べたように壺イメージ療法の臨床経験で培われ育成されたことが大きいように思うが，いずれにしろ，Cl の "より良く生きようとする力" を信じ，それを Th である自分が傍にいて支え，主体的に問題解決を図る Cl との道行きを Th である自分も共にする，そんな臨床姿勢によって私の催眠誘導技法や臨床適用技法は成り立っているのである。

　ずっと以前に福岡臨床催眠研究会の研修における中島央先生との対談で，中島先生は，私の催眠療法が Cl との関係性重視でかつ間接的表現の多いことなどを根拠に，「ジャパンオリジナル催眠」（中島，2010）と名付けると同時に，「愛の催眠」と名付けて呼んだことがある。その時は気恥ずかしい気持ちで聴いていたのだが，中島先生は私の人間観の中に強く根付いている人間愛を見抜いておられたのかもしれない。

　余談ではあるが，「催眠療法における "共感性" に関する一考察」（2003）の論

文が上梓された頃，私は日本心理臨床学会のワークショップなどで催眠研修をしていた時などに恥ずかしげもなく，「私は催眠をやればやるほどロージャリアンになります」などと嘯いていたものである。しかし，催眠療法中も「無条件の肯定的関心」をClに向け続けていることや，催眠療法中においても「リフレクション」の重要性を感じ，Clと共にやり取りをしながら"守られた空間"としてのトランス空間作りを行っている様を見る限り，その言葉も今は真実味を帯びて感じられてくる。

さらに，自然観という点についてであるが，これも前章での壺イメージ療法での「壺中の天地」との比較で日本的"場"の理論との共通点について述べたところであるが，「催眠トランス空間」で得られる感覚は人にとって最も自然に自分らしくいられる空間なのだという感覚を自分が持っていることと無関係ではないと思っている。これも壺イメージ療法での臨床体験と無関係ではないと思うのだが，自身の生い立ちとの関係がより深いように感じている。

壺イメージ療法との関連で言うと，前章では触れなかったのであるが，田嶌(2000)が健常者に適用したケースでの「光の体験」，「胎児体験」でも，福留(2000)が強迫神経症者へ適用したケースでの「胎児のように丸くなって眠る」という体験でも，また私がうつ病者に適用したケースでの「野原の中で大地と一つになっていくような」という体験でも，イメージ後には多少の言語化はされるものの，イメージ中はほとんど体験していることについて語られることはなく，「ただひたすら十分に味わう」ことが続いていく。

私の事例では，こうした体験よりもさらに深い（と，思える）レベルでの自己への気づきがなされていった例がある。終結が近付いた頃からの壺イメージでクライエントはたった一つの壺の中で「深い所へ沈むように」入っていき，ただひたすら「何も無い感じ」を十分に味わうことを（時にはそれが30分にも及んだことがある）続けた。その後何回か同様の体験を続けた後，とうとう「（壺の中にいながら）壺と外との境界が消えている」と表現し始め，壺という安全弁も無い中で，沈黙のまま，語られることの無い体験を十分に味わっといった過程が進んだ。その時，傍らにいた私までもが非常に安定した体験（「このままの自分でいい」と思える体験）を行うことができたことは印象的であった。まさに「あるがまま」の心境に至っていたとも感じられた。もちろん，こうした体験を経たクライエントは，「あるがままの自分を受け止めて認め，主体的に生きる力」を回復していったものと考えられる。安全弁をすでに必要としなくなったクライエントと

セラピストとの間で，治療的相互作用が非言語的に進んでいった事例である。

　これは，壺イメージ療法でのClの体験ではあるが，催眠療法においてもほぼ同じような感覚がある過程を経て得られていく。壺という安全な保護膜の代わりにCl – Th間の共感的な関係性による"守られた空間"としてのトランス空間（「催眠トランス空間」）が得られれば，上記ケースでのClの体験と同じような「何も感じない」，「何もない感じ」という感覚が得られるのである。この感覚が日本的"場"理論における「自他非分離」，「（自然の中での）動的調和」，「関係性調和」を説く清水（1990）の世界観・自然観に通じるものと私は感じているし，私の主張する「催眠トランス空間」の目指すものである。この観点から突き詰めていくと，私の行う催眠療法はある意味ではホリスティックなアプローチと言えるのかもしれない。

　こうした自然に対する感覚を私が無条件に受け入れているのは，私の幼児の頃の体験に根差しているのかもしれない。私は乳幼児期を熊本県の南阿蘇の地獄温泉というところで育っており，また，京都へ転居後の小学校入学以降も大学を卒業するまでの間は毎年夏休みの1カ月間は，阿蘇の山の中で過ごしてきていた。海抜900 mほどの高地で，その頃は湯治場やキャンプ場として栄え，夏にはキャンプファイヤーや修験者たちの「火渡り」の行などで賑わったものである。そこには広い野原があり，私は天気の良い昼間や真っ暗闇の夜には兄弟で野原に出かけ，そこに寝ん転がり天空を見渡していたものである。昼間の空をじっと眺めていると，どこまでも続く青空の中に自分が吸い込まれていくような錯覚に陥り，夜の闇では満点の空から降り注ぐ星と自分とが一体化したような錯覚に陥って，不思議な体験感覚と同時に，ただただその状態を受け入れてボーッとして心地良く過ごしていたものである。今，考えれば，この「天地融合」感覚は，自然発生的なトランスによってもたらされたものと考えられるのだが，もちろん，その当時はそうした理解は無く，理屈抜きにその感覚を楽しんでいただけである。それと同じような感覚が「催眠トランス空間」では得られるのである。この空間の中では，本来，人間が持っている根源的な感覚が目覚め，その中でこそ，Clにとっての「自己支持の工夫」が生みだされるものだと考えている。

　「催眠トランス空間論」の具体的な技法の紹介の前に，それを支える臨床観・人間観・自然観に触れてみた。

Ⅱ 催眠療法における催眠誘導過程と体験の仕方の変化に関する新たな視点

　これまでの章では，催眠療法の治癒機制に関する私の独自の視点である「催眠トランス空間論」について，どのような過程を経てこの考えができあがってきたのかを，自身の催眠療法の臨床実践を振り返りながら示してきた。私はもともと古典的・伝統的な催眠誘導技法やその技法を支える臨床姿勢を重要視してきたし，その立ち位置で催眠の臨床適用を行っていた。そうした私が古典的・伝統的な催眠療法の枠を超えて催眠療法の治癒機制に関する自分なりのオリジナルな考えを持つようになってきた過程については，「壺イメージ療法」での臨床実践体験が大きく影響していることも含め，前章までで説明してきた通りであるが，ここでは，「催眠トランス空間論」について具体的に示すことにする。

　前述したように，私が「催眠トランス空間論」の構築過程で最も重要視したことは，従来の古典的・伝統的な催眠療法研究ではあまり取り上げてこられなかった催眠療法における Cl － Th 間の共感的な関係性と相互作用を治癒機制の重要な要因として着目したことである。この着眼点を持つことによって，催眠療法への理解が従来から言われていたような指示的・操作的・介入的で Th 側からの一方向的な治療技法としてではなく，通常の心理療法と同じように Cl と Th との協働作業として，つまり，指示的・操作的・介入的ではなく共感的で双方向的な治療技法として考えられるようになったのである。

　こうした視点を基にして，催眠療法が効果的と検証されたケースの実際を振り返って検討してみると，催眠療法への導入段階から誘導段階，深化段階へと至る催眠誘導過程においても，また，臨床適用過程においても，Cl － Th 間の共感的な関係性や相互作用のあり方が重要な役割を果たしていることが明らかになってきた。こうした事実は，臨床上では当然のことのように思えるのだが，これまで十分な議論や考察は行われてきていなかったのである。

　繰り返しになるが，治療の"場"としてのトランス空間（「催眠トランス空間」）作りとコミュニケーション・ツールとしての催眠現象の理解が催眠療法の治癒機制を考えるうえで重要になるというのが私の持論である。したがって，催眠誘導過程はその空間構築のための協働作業であり，その作業過程では Cl の"主体性"を尊重する姿勢が Th の必須条件である。そして，そうした過程を経て築き上げられた「催眠トランス空間」内では，Cl の催眠暗示への反応がコミュニケーショ

表2　催眠を臨床適用するにあたって

1.	催眠療法を行う Th は，そもそも何のために催眠状態という非日常的な状態を作る必要があるのか？
2.	その状態の中で，Th は催眠を使って Cl に対して何を働きかけようとしているのか，その現象を通して何を治療に利用しようとしているのか？　Cl の心身の働きの内，どこに，どのように影響を与えようとしているのだろうか？
3.	催眠誘導に対する Cl の反応は，Cl の病像，催眠感受性，動機づけ etc. によって千差万別であることに思いを馳せることができているであろうか？
4.	催眠を通した Cl への働きかけは Th からの一方向的なものではなく，心理療法に最も重要なエッセンス，例えば，Cl − Th 間の「関係性」や「相互作用」が治療効果に強く関係していることに十分に思いが馳せられているであろうか？

ン・ツールとして機能し，かつ，Cl の主体性が大いに発揮されて，結果，Cl 自身による「自己支持の工夫」が自発的活動として行われるようになる。

　したがって，催眠療法における Th は，一方向的に Cl を操作して Th 主導の治療（催眠療法）を行うのでなく，あくまでも Cl の主体的な活動を尊重し，その活動が活性化されるような"治療の場"の提供者であり続けることに専念するのが重要であると考えているのである。

III　効果的な催眠臨床適用ケースにおける Cl − Th 間の関係性の変化と体験様式の変化——"治療の場"としてのトランス空間（催眠トランス空間）構築の方法

　こうした考えが私の中により強く実感できたのは，催眠を臨床適用して効果が認められた事例を細かく振り返ってみた際に，催眠の治癒機制にとって何が重要であるのかを臨床家としての観点から問題意識を持って見直したことによる。こうした問いかけは，私が古典的・伝統的な催眠療法を実践しつつも，催眠療法を行う Th は，そもそも何のために催眠状態という非日常的な状態を作る必要があるのか，そして，その状態の中で Th は「（言語）暗示」を使って Cl に対して何を働きかけようとしているのか，その働きかけは Th からの一方向的なものなのかどうか等々，の疑問を持ち続けていたことによるものである（表2参照）。

　この疑問について，私は拙著（松木，2003）の冒頭で次のように問題提起をしている。「臨床の現場において効果的な催眠療法のあり方を考えるとき，我々臨床家が最も考えることは，問題解決のために必要とされる治療の場としての催眠状態をいかに効率的に作り出し，その状態下でクライエント（以下，Cl）が示

適応領域	対象疾患名		
	適用性あり ⇒⇒⇒⇒⇒⇒⇒⇒⇒⇒ 適用性少ない		
精神病領域			統合失調症 躁うつ病 器質的脳疾患 人格障害
神経症領域	不安 恐怖（パニック） 悪癖（喫煙など生活習慣）	解離, PTSD 転換性障害	抑うつ神経症 自傷 物質依存
心身症領域	摂食障害, 喘息, 消化器疾患（IBS, 潰瘍） 皮膚疾患（蕁麻疹, 湿疹, 疣）	筋ジストニア （斜頸, チック, 書痙）	
身体疾患領域	頭痛（偏頭痛）, 高血圧 ペインコントロール 吃逆	リウマチ 癌性疼痛 疼痛, 血友病 産婦人科領域 （陣痛, オルガスムス障害）	

図1　催眠療法の適応疾患別分類（高石，2004；一部改変）

す問題解決のためのサインをいかに手際良く見出すかである。そして，また，治療の場としての催眠状態の中でClが行う問題解決のための『適切な努力』（増井，1987）に対して，いかに我々が援助できるかを考えることである。こうした臨床上の必要性を満たす条件の検討を通して催眠療法のあり方を考えることは，結果として催眠療法の独自の治癒機制を考えるうえでも重要な意味を持つものと考えられる」としている。さらに，「効果的な催眠療法のケースの実際を振り返って検討してみると，治療の場としての催眠状態を作り出す催眠誘導過程においても，また，そうした状態そのものの中においてもTh－Cl間の共感的な関係性や相互作用のあり方が重要な役割を果たしていることに気づかされる」と続けている。

　ここで強調しているように，催眠が効果的に臨床適用される必須の条件として，私はTh－Cl間の関係性と相互作用が重要であることを示した。かつ，また，その関係性や相互作用が得られた際のClの状態，特に，Thからの催眠誘導に対するClの「反応の仕方－体験様式（体験の仕方）」の変化も臨床的には重要な意味を持つことを示したのである。

　その過程を的確に示せるように4段階に分けて図示（図2-1～2-4）し，催眠

誘導によってもたらされる「催眠トランス空間」が"治療の場"として，どのように機能しているかを示した。

以下に，全体の流れがわかりやすいように4段階の全てを俯瞰できる図2を65ページに示すので，それを参照しながら，各段階の図に関する詳細な説明を見ていきたい。なお，図中の「hyp.」と書かれた部分は，「催眠トランス空間」を象徴的に表しているとして捉え，理論展開を見てもらいたい。また，矢印で示した部分は双方向的な相互作用を示し，細い線の矢印（→）はClおよびThの「催眠トランス空間」へ関わりを深めていく相互作用を象徴的に表し，太い幅の矢印（⇨）はCl－Th間の双方向的な相互作用の様子を象徴的な形で表現したものである。

以下，「Clの催眠への関わり方の変化とTh－Cl間の共感的な関係性や相互作用の変化」について説明を行っていきたい。先ず，「共有体験としてのトランスが得られない段階でのTh－Cl間の関係性」と題した第1段階の図から見てみよう。

第1段階として示した図2-1の状態は，Cl－Th間の共感的な関係性がまだ十分にはできあがっていないため，Cl－Th間の共有体験としての「催眠トランス空間」が得られていない状態である。この段階でのClの被催眠体験は，自分という主体の外界で起こっている状態の変化として被動的に体験されていると推測されるため，「催眠トランス空間」での（心的）相互作用は起こらず，クライエント自身の「体験の仕方の変化」も促進されにくい状態と考えられる。また，ClとThとの関係性という観点から言うと，"（催眠に）かける－かけられる"といった操作－被操作，支配－被支配といった関係性になっていると推測される。そのため，このような関係性のもとで行われた催眠誘導で得られた催眠状態では，Clの主体的で自由な心的活動も抑制されてしまい不随意感が中心になり，臨床効果の高い空間としては機能しないと推測されるのである。

さらに，この時の様子を拙著（2003）の事例におけるClの被催眠体験を見直すことで具体的に見てみよう。この事例のClの言葉を借りて言うならば，この段階でのClの被催眠体験は，Clの内面での葛藤が被催眠体験にも反映されて，「《何とか早く催眠にかけられたい》反面で《かけられたくない》」という強い葛藤が示されて，「《先生の言葉で腕が動かされている感じ》（#1）」という被動感として象徴的に言語表現されている。また，一方で，この時のTh側の催眠への「関わり方」に焦点を合わせて考えてみると，そこではClが示す不安感，焦燥感に対して，当初，"何とか早く催眠にかけなければいけない"という切迫感をThは感じ，結果として権威的で威光的な「関わり方」を行わざるを得なかった。こうした関

6. 催眠トランス空間論

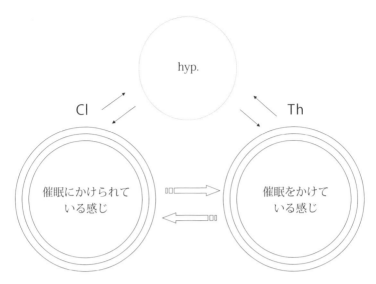

第1段階　共有体験としてのトランスが得られない段階でのTh−Cl間の関係性

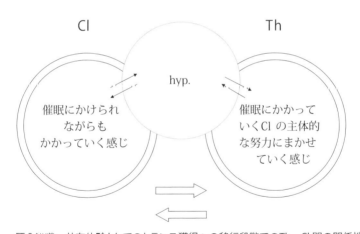

第2段階　共有体験としてのトランス獲得への移行段階でのTh−Cl間の関係性

図2　Clの催眠への関わり方の変化とTh−Cl間の共感的な関係性や相互作用の変化（左上＝図2-1，左下＝図2-2，右上＝図2-3，右下＝図2-4）

◎治療の場としてのトランス空間が得られるまでの段階
第1段階（図2-1）：共有体験としてのトランスが得られない段階でのTh − Cl間の関係性。Clの被催眠体験は「催眠にかけられている感じ」
第2段階（図2-2）：共有体験としてのトランス獲得への移行段階でのTh − Cl間の関係性。Clの被催眠体験は「催眠にかけられながらもかかっていく感じ」

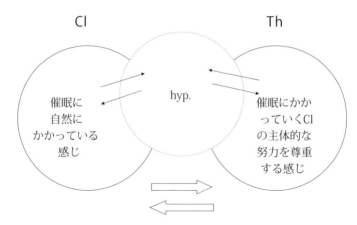

第3段階　安定した共有体験としてのトランスが得られた段階でのTh−Cl間の関係性

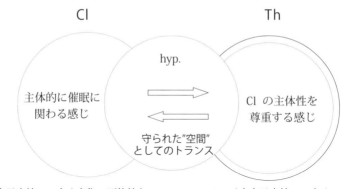

第4段階　共感的体験としてのトランスが得られた段階でのTh−Cl間の関係性
図2（その2）

◎治療の場としてのトランス空間が得られるまでの段階
第3段階（図2-3）：安定した共有体験としてのトランスが得られた段階でのTh − Cl間の関係性。Clの被催眠体験は「催眠に自然にかかっている感じ」
第4段階（図2-4）：共感的体験としてのトランスが得られた段階でのTh − Cl間の関係性。Clの被催眠体験は「主体的に催眠に関わる感じ」

係性でのやり取りでは Cl － Th 間は対立的な関係性が生じてしまう。したがって，こうした Cl － Th 間の対立的な関係性の中で得られた催眠状態の特徴は，Cl にとって自分という主体の外界で起こっている状態の変化として体験されているものと推測されるのである（図 2-1 参照）。

　この状態下では Cl は問題や症状に対して対立的，対決的な心的構え（「外界志向的構え」[田嶌，1987]）で向き合っていることが予想され，決して治療的なものとは考えられなかった。したがって，このような対立的な関係性の中で得られた催眠状態は，Th － Cl 間の共感的な関係性や相互作用が得られにくく，治療の場として機能しがたいものとなり，Cl の体験様式の変化を促すものとはなりにくいと考えられるのである。この状態や関係性の問題を解消しないで催眠誘導を進めていった際には，さまざまな催眠による副作用（例えば，医原性の症状の誘発など）を招きかねないと推測されるのである。催眠による副作用が生じる際の Cl － Th 間の関係性や Cl の状態像を象徴的に示した図を図 3 として後に示しているので参照されたい。

　それに対し，催眠療法がうまくいったときの「催眠トランス空間」は，その関係性や体験様式において様相を異なったものになっている。それを象徴的な図で示したのが図 2-2 から図 2-4 までに示したものである。具体的に見ていくと，第 2 段階以降では，「共有体験としてのトランス獲得への移行段階での Th － Cl 間の関係性」と題した図 2-2，そして，「安定した共有体験としてのトランスが得られた段階での Th － Cl 間の関係性」と題した図 2-3 へと段階的に移行し，最終的には，「共感的体験としてのトランスが得られた段階での Th － Cl 間の関係性」と題した第 4 段階での図 2-4 になっている。

　この過程においては，Cl － Th 間の関係性やその間の双方向的な相互作用，さらには，催眠誘導過程での Cl の体験様式（体験の仕方）の変化，および，催眠誘導過程における Th の体験様式（体験の仕方）の変化や催眠に臨む治療姿勢に大きな差が生じているのがわかる。その際の Cl および Th 各々の（心的）相互作用は，催眠状態における体験の相互作用として動的に展開し始め，この相互作用そのものが「"治療の場"としてのトランス空間」（「催眠トランス空間」）として効果的に機能し始めることがわかるのである。本書のタイトル「催眠トランス空間論」の中心を為す概念は，この「"治療の場"としてのトランス空間」を指して言っているのである。

　この「"治療の場"としてのトランス空間」（「催眠トランス空間」）が構築され

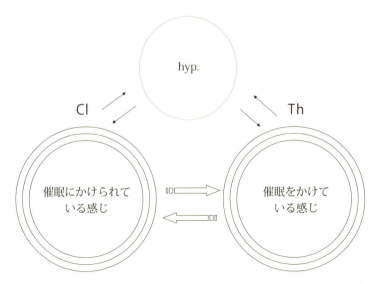

第1段階　共有体験としてのトランスが得られない段階でのTh−Cl間の関係性

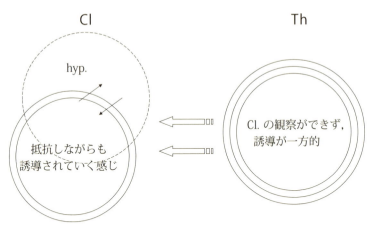

第2段階　共有体験が得られず，Th−Cl間の関係性が支配−被支配の関係へ移行する段階
治療抵抗，不快感，残遺症状⇒抵抗処理（cf.抵抗処理における関係性の修復）

図3　臨床効果の得にくい催眠療法でのTh − Cl間の関係性や相互作用の変化

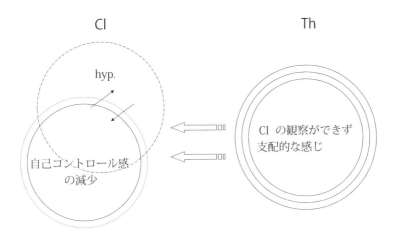

第3段階　Th−Cl間の関係性は支配−被支配関係として形成され，
相互作用が起きにくくなる段階
抵抗としての症状や否定的感情が引き出される可能性が増す

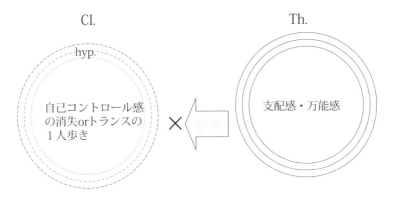

第4段階　Th−Cl間の関係性が支配−被支配関係となり，
Th−Cl間は依存関係として形成される段階，または関係性が絶たれた状態。
トラウマの再体験や解離的な症状などのさまざまな副作用の出現。
もしくは，トランスの一人歩き

図3　その2

古典的・伝統的スタイルによる催眠療法の流れ

※古典的・伝統的な誘導技法を使った催眠療法では，催眠誘導後の変性意識状態（ASC）を活用して直接的に臨床適用するスタイルが多かった。
⇒状態的特性の利用…直接症状除去，直接的自我強化法，行動療法との併用（系統的脱感作法，メンタルリハーサル法 etc.）

Cl－Th 間の関係性を尊重するスタイルの催眠療法の流れ（松木メソッド）

臨床結果の得られた催眠療法では，催眠誘導のプロセスから Cl－Th 間の関係的特性や相互作用を活用しながら臨床的介入が行われており，結果として，良質の「治療の場としてのトランス空間」（松木，2003）が得られている。

図4　催眠法の進化

る過程については，拙著（2003）の考察部分に詳細に書いているので，ここではそれを引用しつつ加筆する形で説明を加えることにする。なお，具体的な事例の展開に関しては拙著をご覧頂きたい。図は本書に書き下ろしたものである。

　拙著での事例では，#1 での Cl とのやり取りでは，Cl － Th 間の関係性が上手く構築されないこと，また，体験過程を促進させるような相互作用が得られないことを感じたため，私は #2 から介入の工夫を行っている。具体的には，この事例での Cl の内的な葛藤が誘因となって示された催眠への「関わり方」に対して Th は共感的に対応しつつも，その「関わり方」の変化を狙った働きかけ（具体的には，催眠療法への導入段階・誘導段階・深化段階・臨床段階・覚醒段階の各段階において臨床的介入を行いつつ各誘導過程を促進させる働きかけ［図4参照］）を行うことで，共感的な関係性に支えられた催眠誘導を行い Cl － Th 間の共有空間を確実に作り出すというものであった。

　経過でも示したように技法的には Cl － Th 間の共感的な関係性や相互作用を活

用する中で，Cl の催眠への「関わり方」やその変化に焦点を合わせた催眠誘導を行ったものだが，結果としてはトランス確認を行いながら段階的に解離を進め「意識の分離現象」(Nash, M. R., 2001) を狙った働きかけとなっている。具体的には #2, #3 での《腕が勝手に動く感じ》，《腕が自然に動き始めた》，《催眠に自然にかかっていく感じ》という Cl の表現に示されるように次第に催眠誘導への「関わり方」が主体的な印象を持つものへと変化している。催眠への「関わり方」の変化が主体的な印象を持つに従って，「意識の分離現象」が確実に進み，深い催眠状態が得られていることは興味深いものであった。

また，一方では，この時の Th 側の「関わり方」にも変化が見られ Cl の主体性に任せていくという心的な構えが特徴的になっている（図 2-2, 図 2-3 を参照）。

こうした対応は Cl の「内的体験に応じて生ずる術者との対人的関係が重要」(Zeig, K., 1984) として Cl の個別性や独自性を尊重して利用する点や，そのための暗示として Cl の状態の変化に即した形で許容語（permissive words）を使う点などエリクソン催眠の中で言われる個別性の尊重や利用アプローチ（O'Hanlon, W. H., 1992）などに通ずるものがあるのかもしれないが，ここではエリクソン催眠を意識して行ったものではなく，あくまでも，Th － Cl 間の共感的な関係性や相互作用を尊重しながら Cl の体験の仕方の変化を起こすために行ったものであった。

こうした状態で得られた催眠状態は図 2-1 上で示された状態とは明らかに異なり，Th － Cl 間で共有する場として催眠状態が存在し，催眠状態そのものが Cl にとってはもはや外界で起こっているものとしてではなく，自分の精神内界で起こっている状態として受け止められていると考えられた。そのことを示すように #3 では自己回復の契機となる自発的なイメージが出現し，また，#6 でも「内界志向的な構え」(田嶌，1987) を形成しつつある Cl の内的状態を示す自発的なイメージが出現している。

この頃から催眠状態は，Cl の問題解決にとって対決的で，自らの心的防衛をはぎ取り不安に再直面させるような暴露的な空間ではなく，Th との共感的な関係性や相互作用に支えられた「安心，安全の場」，「守られた空間」として機能し始めたと考えられる。Cl が失いかけていた安心感や安全感を取り戻すことができたのは，この「守られた空間」が保障されたからであろう。

こうした治療の場としての催眠状態ができるに従い，その後の催眠誘導は簡易なものとなり，Cl の催眠への「関わり方」は能動的，主体的なものとなった。同

時に自己への向き合い方も主体的となり,「自己志向的な構え」(田嶌, 1987) も明確なものとなった。経過でも示したが,そうした変化が得られるに伴って Cl の「意識の分離現象」がいっそう進み(例えば,《自分が自分でない感じなのに自分の思いははっきりしている》など),深い催眠状態が得られていることも興味深い。

　催眠療法における治癒機制に関する論考の中で,成瀬(1992)が「体験の仕方,体験様式の変化」を治療的変化の重要性として強調していることが肯ける結果であった。しかも,こうした体験様式の変化を促進させる要因としての Th－Cl 間の共感的な関係性や相互作用は他の心理療法に比べて,催眠状態を利用しているためか非常に効果的に現れ,その内容も密度の濃いものとなっているという臨床的事実も重要である。さらには,こうした体験様式の変化は Cl にだけ起こっているのではなく,Th 自身にも起こっているということが本事例では示された。

　この事実をさらに詳しく図式的に示そうと試みたものが図 2-4 である。この図の状態での Th－Cl 間に起こっている共感的な関係性や相互作用の様は(治療者としての観察自我を持ちつつも),Cl ばかりでなく Th も軽い催眠状態に入り,一部,Cl と催眠状態を共有して,その部分に向けて Th の「自我が開かれている」(図 2-4 の Th 側の点線部分で示した)状態ではなかっただろうかと考えられる。

　図 2-4 で示された,この時の Th の状態こそが図 2-3 から図 2-4 への Cl の体験様式の変化を促したものだと私は考えている。そこでは,「Cl の主体的な努力を尊重する」という Th の関わり方から,「Cl の主体性そのものを尊重している」という関わり方へと変化している。この時の Th－Cl 間の関係性は,まさに主体－客体という二元論的な関係性を越えて一体化した状態に限りなく近づいた状態であったように思えた。こうした催眠状態下での関係性や相互作用の様を単に"共感的"と表現することが適切かどうかは一考の余地はあるが,現在のところ私自身もそれを的確に指し示す言葉を見出していない。

　いずれにしろ,催眠状態を共有しているというこの状態の中での Th－Cl 間の共感的な作業は,「患者の遊ぶ領域と治療者の遊ぶ領域という二つの遊ぶ領域の中で精神療法は行われる」という Winnicott, D. W.(1971)の示した Th－Cl 間の相互作用による一つの創造的仕事としての面接を Cl と共に行っていたとも感じられるし,Stern, D. N.(1985)の言う「情動調律」のような作業を Th が行っていたのかもしれない。また,まさに,「(催眠状態の中での)関与しながらの観察」(Sullivan, H. S., 1953)を Th が行っていたのかもしれない。

　こうした状態は八巻(2000)も「間主体的トランス空間」の創出による「間主

体的現象」として示したように，明らかな臨床の事実でありながら催眠理論に基づく実証的な検証ができないことが私としては心苦しい。しかし，こうした条件下で相互的に作り出された催眠状態であるがゆえに，非常にスムースにこうした治療の場と治療関係が得られたものだと私は考えている。

　いずれにしろ，催眠状態でのTh－Cl間の共感的な関係性や相互作用の働きに支えられてClは問題解決のために必要な主体的で適切な努力を見出している。経過でも示したように，#15の催眠状態中に示されたイメージは問題解決のための象徴的なイメージであり，そのイメージをClが自己治癒力として発展的に活用していったことが本事例での良好な結果を作ったものと考えられる。具体的には，#16～#19に行った両価的な感情の統合に関する治療的なアプローチに関しても，また，#20以後の視線恐怖症状に伴う不安感の脱感作に関しても#15での象徴的なイメージを一つの比喩として活用したものである。これらはTh－Cl間の共感的な関係性や相互作用に支えられた治療の場としての催眠状態で作り出されたイメージであったからこそ，Clにとって自己支持の工夫や自己治癒のための工夫を生み出す力を持つものとなったのではないかと考えられる。そうした意味では催眠状態では，エリクソンの言う「無意識」の力として「人の奥深くにある知恵を持った自己」(Zeig, K., 1984)が活性化し自己治癒力を高めることができるのであろう。

　以上，拙著の考察を引用しながら，催眠療法の治癒機制におけるTh－Cl間の共感的な関係性や相互作用の働きについて示した。引用したこの考察でも述べたように，効果的な催眠療法の治癒の過程では催眠誘導過程においても，治療の場としての催眠状態の中における臨床適用段階においても，くどいようであるが，Th－Cl間の共感的な関係性や相互作用の働きが重要な役割を持っていることを強調しておきたい。そして，こうして得られた治療の場としての催眠状態（「催眠トランス空間」）は，

①治療の場としての催眠状態（「催眠トランス空間」）は，Clの問題解決にとって対決的で暴露的な空間としてではなく，Th－Cl間の共感的な関係性や相互作用の中で"守られた空間"として機能すること。
②同時にそうした共感的な関係性や相互作用は催眠状態という特殊な心的な状態の中でこそ，他の心理療法に比べていっそう得られやすいものであること。
③治療の場としての催眠状態（「催眠トランス空間」）で高められたClの主体的

な活動性が自己効力感を高め，自己のあり方の変化への可能性を開き Cl の自己治癒力を高めること。

として結論付けている。「催眠トランス空間論」の最重要点である。

Ⅳ "治療の場" としてのトランス空間（催眠トランス空間）構築へ向けた効率的な誘導技法について——古典的・伝統的催眠との催眠誘導技法の違いを中心に

これまで「催眠トランス空間」の状態の特徴やその空間構築の臨床的意味について述べたが，ここでは，「催眠トランス空間」がより臨床的に意味のあるものとして効果的に機能するための誘導技法の工夫について述べることにする。簡単には２で説明を行ってはいるが，ここでは古典的・伝統的な催眠誘導技法との催眠誘導に対する根本的な考え方の違いを明確に示しながら具体的に説明したい。

技法的には Cl − Th 間の共感的な関係性や相互作用を活用する中で，Cl の催眠への「関わり方」やその変化に焦点を合わせた催眠誘導を行うだけのものなのだが，この工夫を行うことによって，「催眠トランス空間」は「良質のトランス空間」となり，効果性の高い催眠療法を行ことができるようになるのである。具体的には，催眠誘導過程の各段階（導入段階・誘導段階・深化段階・臨床適用段階・覚醒段階）において，Cl との双方向的なやり取りを行ってトランス確認を行いながら段階的に誘導をするという技法的な工夫である。その結果として，段階的に解離を進め「意識の分離現象」（Nash, M. R., 2001）を狙った働きかけをおこなうことになる。その過程を従来の誘導技法との違いを分かりやすするために図４の２つの図を比較しながら説明することにする（図４を参照）。

図４の最初の図は，これまで古典的・伝統的な催眠療法で一般的に考えられてきた催眠誘導過程・臨床適用過程を表したものである。もちろん，個々の事例によって多少の違いはあってもおおむね，催眠誘導過程において Cl を催眠状態（変性意識状態）に持っていき，その状態下で臨床適用暗示を行うという流れで行うのが通常の催眠療法の標準的技法である。つまり，催眠誘導過程ではもっぱら Cl を催眠状態に持っていくことが主眼にあり，催眠誘導暗示も催眠状態を深めることを第一目的とした暗示が使われてきた。そのため，前節で示したように Th からの一方向的な誘導暗示が，事例によっては多少の工夫がされているものの基本的な流れは同じであった。

これに対して、2つ目の図に示したのが、前節で示してきた Cl − Th 間の関係性や双方向的な相互作用を意識した催眠誘導過程とその流れである。各段階において「臨床的介入」と示したのでわかるかと思うが、この催眠誘導方法では、導入段階からそれぞれの段階に至るまでが全て臨床的介入になっており、催眠誘導過程の各段階（導入段階・誘導段階・深化段階・臨床適用段階・覚醒段階）において、Cl との双方向的なやり取りを行ってトランス確認を行いながら段階的に誘導をするという技法的な工夫になっている。これらの誘導技法の違いは具体的にはわかりにくいと推測されるので、以下に観念運動を使った誘導技法（腕下降・腕開閉）の暗示例を使って示してみよう。

Ex.1-1　古典的・伝統的な方法による観念運動（腕下降）の暗示例

被験者の手が頭の少し斜め上にいくくらいに片方の腕（利き腕が良い）をまっすぐにあげるように教示。そして、その手の方を見るように指示。そして、掌に重たい物（Ex.「電話帳」、「本」）が載ったと思うように教示する。

《暗示文》

「"今から私が合図をすると、あなたの腕はだんだんと重たくなってきます、いいですか…〈合図〉…ほーら、だんだん重い感じがしてきました。ほーら、だんだん、だんだん、重たく感じてきました…掌に載った本の重さを感じて、あなたは腕に注意すればするほどどんどん重たーくなってきています…（しばらく間）…掌から指先にかけて重くなってきたのをあなたは感じられています」

〈腕が下降してきたら〉

「"そして、腕がだんだん重たくなっていくにしたがって、腕はゆっくりゆっくりと下へ降りてきているのがわかります。だんだん、下へ降りてくる、ゆっくりと深〜く静かに降りてきます。そして、腕が下へ降りるにしたがって深い十分なリラックス状態が得られてきます。さらに重たい感じは全身に拡がってきて、もう、全身であなたは深い十分なリラックス状態が得られているのに気づいています」

〈重感、温感、弛緩感が得られたら、覚醒の手続きを行う〉

〈被験者に十分なトランス体験が得られた様子を観察して…〉

《暗示文》

「…もう十分にリラックスできたと感じられて、もう催眠からさめても良いなと思えたら、（右）手を軽く挙げて）教えて下さい。〈その合図を確認したうえで…〉

「それでは，今から私がゆっくりと5つ数えていきますので，それにあわせてゆっくりと息を吸っていってください。1つ目から，だんだんと大きく吸っていき，最後の5つ目では思いっきりいっぱい吸います。そこで十分に吸いきったところで，とても気持ちよく目が開いて催眠から覚めることができます。

いいですか。ひとーつ，息を吸って，ホーラ，とても気持ち良くなってきました。じゃあ，ゆっくり吐いて。次に　，ふたーつ，少し大きく息を吸います。息を吸いながら，どんどんと体も軽く，おでこの辺りも涼しく感じられてきました…。みーつ，…（中略。同じ要領で）」

最後の5つ目まで息を合わせながら最後に大きく息を吸ったところで，「ハイ！目を開けて下さい」と言い，覚醒の手続きを行う。〈しっかり覚醒させるための，消去動作を行い終了〉

Ex.1-2　関係性を重視した観念運動（腕下降）の暗示例……Clの反応に沿った方法による腕下降

暗示

被験者の手が頭の少し上にいくくらいに片方の腕（どちらの腕が良いかを問いかけたり，観察しながら…）をあげるように教示。そして，その手の方を見るように指示。凝視法と腕下降法とを合わせた方法で行うと観察が行いやすい。

《暗示文》

「"それじゃ，そのまま，人差し指か中指のどちらでもかまいません，どちらかの指をじーっと見つめてください。実際に見つめていても，目を閉じて自分の指をイメージしていても構いません。じーっと見ているとその指に注意が向いて，その内に少しずつ腕が下へ降りていく感じがしてくるのがわかりますね…〈Clの頷きを確認〉…腕のどの辺りから重たく感じてくるのかをよーく感じてみてください…〈Clの腕・指等の様子を観察。特に，カタレプシーの表れている部分を中心にトランス確認をしつつペーシングする〉…その内に，だんだんと，他の指とかが見えにくくなってきて，腕全体がだんだん重い感じがしてきますよ。ほーら，指先に注意すればするほど腕はどんどん重たーくなってきています…（重たくなってくる感じがわかりますね）…ほーら，だんだん，だんだん重たーくなってきています。重ーくなってくる間，指先に気持ちを向けていてください」

〈腕が下降してきたら，観察とペーシングを続けながら…〉

「"腕がだんだん重たくなっていくにしたがって，ゆっくりゆっくりと下へ降り

てきているのがわかりますね。腕が下へ降りるにしたがって深い十分なリラックス状態が得られてきます。だんだん，下へ降りてくる，ゆっくりと深ーく静かに降りてきます，そして，下へ完全についてしまうと，とっても気持ちよくてリラックスした感じが十分に感じられてきました」

〈重感，温感，弛緩感が得られたら，覚醒の手続きを行う〉

Ex.2-1 古典的・伝統的な方法による観念運動（腕開閉）の暗示例

催眠者は被験者の正面に立つ。被験者を少し浅めに座らせて両腕を持ち，今から行う腕の開閉の誘導を行いやすいように事前練習のようにまっすぐに伸ばした腕を左右に動かす。そして，肩幅ほど開いた場所で静止させて手を離し……。

〈暗示文〉

「では，今から腕の開閉の誘導を行います。私がハイ！　と合図をするとあなたの腕はだんだんとくっついていきます。いいですか，ハイ！…〈しばらくくっつく様子を見ながら〉…そう，だんだんと腕がくっついていくのがわかります。自分で動かそうと思わなくてもどんどんとくっついていきます。ほーら，くっついていきますね！…〈ここでくっつく様子が見られなかったら，被験者の手の甲付近に自分の手を近づけながら〉…ほーら，まだまだくっついていく，どんどんくっついていきます！」と声をかけて被験者の手の甲に自分の手がくっつきそうなくらい近づけていく〉

Ex.2-2 関係性を重視した観念運動（腕開閉）の暗示例……Clの反応に沿った方法による腕開

閉暗示

催眠者は被験者の横に座り，被験者を無理の無い，ゆったりとした姿勢で座らせる。緊張した様子やこわばった感じがあるときは少し肩の力を抜いてもらいリラックスしてもらう。準備が整ったら，腕を軽く挙げて無理の無い姿勢で肩幅ほど開いてもらう。腕はまっすぐに伸ばしておく必要は無い。

〈暗示文〉

「では，今から腕の開閉の誘導を行います。ちょうど，あなたの手の平と手の平の間くらいの空間をじっと見ていて下さい。…〈しばらく腕や手指の運動反応を観察する〉…そう。だんだんと両手が真ん中に引かれていくようにくっついていくのがわかりますね？…どんなふうにくっつくのかな？　と思ってみていると

徐々にくっついていくかんじあがわかります。…そう，指の方が先に引っ張られていくのがわかりますね…（後略）…」

　両手がくっつくのを観察し，観察の結果で催眠者が感じた感じを丁寧にフィードバックして被験者に伝え返す。十分な観察に基づいたフィードバックを行うことで被験者はうなずきが増し，そうした方法でトランス確認を行いながら徐々に腕のくっつく感じを促進させていく。決して無理強いしないで被験者の反応のペースに合わせて誘導を続けていく。

〈以下，省略〉

　以上，具体的に暗示文を紹介したが，ここでの暗示は催眠療法過程の中の誘導段階での暗示例であり，こうした誘導技法を使いながら次の段階へと進めていくのである。ここで示したように，双方向的な暗示によって催眠反応が展開していくとClは自分が催眠状態に入っていく様子を確認しながら（トランス確認）深まっていくというプロセスを手繰っていくのがわかると思う。この過程が効果的な催眠療法においては非常に重要なのであるが，それがなぜ重要なのかについては前節の拙著論文で考察した通りである。

V　コミュニケーション・ツールとしての催眠現象の臨床利用

　これまで，"治療の場"としてのトランス空間をいかにして臨床的に効果性の高い空間として構築するか」について詳細に述べてきたが，催眠を効果性の高い心理臨床技法として有効にするために，「催眠現象（催眠誘導に対するClの反応）をいかにして臨床的に効果の高いコミュニケーション・ツールとして利用できるか」という点について述べていきたい。

　"治療の場"としてのトランス空間（「催眠トランス空間」）が，Cl − Th 間の共感的な関係性によって支えられ，その関係性の中で双方向的なやり取りのもとで相互作用が展開されているのだから，その中では何らかの Cl − Th 間のコミュニケーションも行われていると考えられる。それゆえに，催眠現象を効果性の高いコミュニケーション・ツールとして臨床利用することは，Clの"無意識"から発せられる主体的な解決努力への共感的な理解を深め援助するという観点からも催眠療法を行う上では重要なことになる。

　こうした考えを私が強調するようになったのは，Thが同じ誘導暗示を使っていても，その暗示に対するClの反応は，各々のClによって，また，同じClであっ

てもその時の心身の状態によって異なっており，さまざまな様相を呈することを私は臨床的事実として見続けてきているからである。

　例えば，わかりやすい例で言うならば，観念運動の腕下降暗示，「腕に気持ちを集めていると，だんだんと腕が重たくなって下に降りてきますよ」を与えた際に，あるClは腕に気持ちを集中させるに従ってスムースに腕が降りてくるし，また，あるClは集中すればするほど腕がそこに留まったままになりカタレプシーを起こしたように固まってしまう場合もある。中には驚くことに，下へ降りてくるはずの腕が意に反して（？）降りるどころか上に行ってしまう場合もある。観念運動がわかりやすいので一例を出したが，それ以外にも，リラクセーション暗示を与えた際に，多くのClはリラックス暗示を受け入れるに従って身体的には副交感神経系優位になって自然と呼吸も深く大きくなっていくのだが，あるタイプのCl，例えば，パニック発作を起こしやすいタイプのClの初期段階での催眠誘導においては，そのリッラックス暗示が逆に交感神経系の興奮を誘発して，呼吸が浅くなって息苦しさを訴える場合もあるのである。

　つまり，催眠誘導に対するClの反応は，身体的にも心理的にも実に特徴的で独自性に富んだものであり，また，その表現方法もClによってさまざまなのである。このことは明らかな臨床的事実なのだが，未だ実証的研究が追い付かないため臨床での議論にまで発展していない。しかし，日々，臨床において催眠を活用していると，Clが催眠誘導過程で示す反応にはそれぞれ意味を含んでいると考えるのが妥当な場合が多い。

　繰り返しになるが，催眠誘導暗示に対してのClの反応は，運動反応（Ex. 不随意運動，カタレプシー），情動反応（Ex. 悲しみ，怒り），自律神経系の反応（Ex. 呼吸の変化，体温の変化），知覚的な反応（Ex. 痒み，痛み），イメージによる反応（Ex. 視覚的・体感的イメージ），等々のいろいろな方法でなされる。そして，それらの反応は"多重的に"，"多層的に"影響し合いながら同時的に表現されることもある。そして，その反応のひとつひとつには，Clの抱える問題や症状にまつわる"意味性"が示されていたり，そのClの問題や症状に対するコーピングスタイルや，時には，そのClの生き様そのものに関係する意味性が含まれている場合もある。それゆえに，Thは催眠誘導の過程で示されるそうした現象の意味性を理解し，Clが自発的に示す解決のための主体的な努力として尊重し共感的態度を持って受け止め援助することが，催眠現象の利用ということになる（松木，2012）。

　この点については明らかな臨床的事実でありながら，文字に起こして伝えるの

が非常に難しいので，幾つかの臨床事例の様子を例に挙げながら説明を行っていきたい。なお，ここで挙げる例はこれまで幾つかの論文で示したり，学会主催の研修会で説明したりしているものである。また，これから紹介する事例での Cl の反応を見る際には，以下の原則を前提にして Cl の反応を連想するとわかりやすい。

1）催眠誘導に対する Cl の反応は，Cl-Th 間の重要なコミュニケーション・ツールであるという捉え方。
2）催眠誘導に対する Cl の反応は，個別的で独自性に富んだものであるという捉え方。そして，Cl の反応には何らかの意味性が含まれており，それゆえ，その反応の意味性の理解は Cl の内面理解に役立つこと。
3）催眠誘導に対する Cl の反応は，時には Cl の日常における彼らのコーピングスタイルを表していることが多い。
4）催眠誘導に対する Cl の反応は，"多重的"，"多層的"であるという捉え方。この"多重性"，"多層性"の理解が，Cl の内面理解に対する「文脈」（コンテクスト）的理解を助けるということ。

以上である。では，以下に，具体的な事例で催眠誘導過程の一部（松木，2009）を示してみよう。

VI 事例を通して見る催眠現象の意味性の理解と利用の実際 1

事例 1 腕下降暗示に対する反応例（Cl の「語り」と症状の心身両義的意味）

1．事例の概要

ケースは 30 歳代男性。主訴は社会不安性障害に伴う吃音様症状。この事例の発症の背景には，会社内の人間関係と仕事上の行き詰まりによるストレスが推測された。

2．催眠面接の実際と催眠現象の利用の実際

1）催眠誘導中に示された Cl の反応

「腕下降」暗示に対する Cl の反応は，右斜め上に挙げた腕が最初なかなか降りて来ず，その内にカタレプシーを起こし始めて軽く震えながら，"少し降りては引っかかって止まり"，一呼吸 置いて動き始めて，再び，"少し降りては引っかかっては止まる"という反応を繰り返した。催眠誘導中のこの反応を丁寧に観察すると，右腕のカタレプシーを起こしている際には同時に喉の辺りにもカタレプ

シーが現れており，呼吸に合わせて2つの反応が連動して動くという現象が見られた。

2）その反応から連想された意味性とその利用

「腕がスムースに降りない」というカタレプシー現象から連想できる意味性は，例えば，リラックスすること（力を抜くこと）への葛藤，（怒りによって上げた）腕を降ろすことへの葛藤，（仕事の能力が落ちるという意味での）腕が落ちる（降りる）ことへの葛藤，（周囲の期待に応えられない）自分自身への葛藤，等である。また，同時に現れていた喉の辺りのカタレプシー現象（唾を呑み込む際の引っかかり等によって示されていた）に関しては，息苦しさ，（指示されたことが）うまく通らない，自分から話す（離す・分離）ことへの葛藤，等である。

こうした連想を通してThは，Clの苦慮感に対して思いを馳せながら，"腕がスムースに降りない感じと喉のひっかかる感じが少し似た感じがあることにあなたは気付いていますね"そして，Clの反応を観察しながら，"腕がスムースに降りてくる感じも，あなたはうまく感じることができていますね"と間接的な暗示を続け，Clが催眠現象で示した問題解決のためのサインを利用して，解決の努力のための方策を誘導暗示に含ませたのである。その際の催眠誘導の実際を紹介すると，

〈軽いトランス下で，「腕下降」暗示に対して右腕のカタレプシーを起こしているClに向かってThは…以下のようにClの反応を確認しながら〉

Th:「今，腕が震えながらも少し降りては引っかかって止まり，また動いて，降りながらも引っかかって止まるという動きをしているのは感じられるよね？」

Cl:「…（軽く頷きながら）…はい…」

Th:「じゃあ，その止まったり降りたりする腕の感じに少し気持ちを向けてくれるかな？」

Cl:「…（軽く頷きながら）…はい…」

Th:「どう？　どんな感じ？」

Cl:「うーん…何ていうか…〈少しの間〉…いやな感じ…」

Th:「…止まったり降りたりが？…」

Cl:「…はい…（腕はカタレプシーを起こしたまま，小刻みに震え同じ動作を続けている）…（その内に，深呼吸し始めて）ちょっと息が…」

Th:「…息がしにくい感じ？」

Cl:「はい…この感じ…」

Th：「…どんな感じ？」

Cl：「…〈少しの間〉…うーん…何だか喉が引っかかる感じと似ているような…引っかかり…〈少しの間〉…また，少し楽に…（呼吸が少し落ち着きつつある）…」

Th：「そう…腕の降りにくい感じと息がしにくくなる感じが似ているような？…息がしにくくなったり，また楽になったり…？」

Cl：「はい。そんな感じです…〈少しの間〉…ああ，腕が少し楽なような…（と，応えつつ腕の方は徐々に降りつつある。それに応じるように，Clはゆっくりと息を吸い呼吸がさらに楽になりだしている）…」

Th：「今，腕はどう？」

Cl：「はい。少し楽になって動き出しました」

Th：「腕が楽に降り出す感じはうまくつかめているようですね？」

Cl：「はい。少し楽になって引っかからなくなってきたというか…変な感じです」

Th：「腕が引っかからずに下り始めると，気持ちも楽な感じ？」

Cl：「そうですね…」

Th：「じゃあ，もう，この腕もゆっくりと楽に降りる感じを自分でうまくつかめたのをよーく味わってみて下さい…」

Cl：「はい…そうですね…楽な感じ…（と，言いつつ腕は自然に膝まで降りて，そのまま閉眼。深いトランス体験）…」

Th：「そう，そのまま目を閉じて楽〜にしましょう。今，味わった，少し変だけど，楽になった感じ，楽にすることができた感じ…自分の体が自然にしてくれた感じ…そんなことを感じながら，ゆっくりと楽に呼吸しながら，少しずつ深ーい，リラックスした感じを味わっていきましょう…」

Cl：「…（Clはゆったりとした感じでトランスを楽しんでいる）」

Th：「今，とても楽な感じを味わっています…腕の力が程よく抜けてゆっくりと楽に降りてきた感じ…十分に味わってみて下さい…」

Cl：「…（無言で頷きながらトランスを楽しんでいる）」

Th：「…今日，あなたは自分にとって，とっても大切なことに気付くことができました。この感じは自分でした感じがしないくらい自然にできたことです…でも，あなたの体がしっかりと覚えてくれているのでいつでもどこでも思い出すことはできます。普段，忘れていても，何か必要な場面では不思議と

思い出すことができます…〈間〉…じゃあ，そのまま，楽な感じを十分に味わってみて下さい。もう，十分味わえて良いなと思ったら合図をして下さい」
（後略）

　以上のようなやり取りで催眠誘導を進め，次第に Cl の安心できる"守りの空間"としての「催眠トランス空間」が作り上げられたのである。

　しかし，ここで重要なことは，こうした催眠誘導の中で示された心理社会的要因を象徴する反応に対する分析や解釈は行わないことである。あくまでも，催眠中に示された反応を反応のまま，トランス下でその反応への対処行動をとれるように援助しつつ進めることなのである。重要なことは，Cl が催眠誘導過程で示す反応は，Th の「語り」としては表出されないものの，今，まさに「語り」（言葉）になろうとしかけている「（Th すらも）はっきりとは観察できない現在進行中の Cl の体験」（Bandler, 2012）を Th にメッセージとして伝えているという理解をすることである。

　と同時に，催眠誘導過程での反応は Cl にとっては，「体験の再処理過程」であることを理解しておくことも重要である。したがって，それを Th が意味づけたりするのでなく，Cl の中でその「体験の再処理」が主体的に意味づけられていく過程が大事なのだと私は考えている。実際，このケースの場合も，過緊張に伴う吃音状態の意味するものが，職場での人間関係だけでなく家族関係の象徴でもあったことが，「語り」として面接中に表現されたのは症状が緩和された後なのである。

　同様のことは他の事例でも見られるので，もう一事例簡単に紹介したい。

Ⅶ　事例を通して見る催眠現象の意味性の理解と利用の実際 2

事例 2

1．事例の概要

　40 歳代女性。主訴は，若年性パーキンソン症候群で大学病院の主治医からの紹介。X−5 年 12 月頃から右半身（上肢，下肢）運動障害が出現。持続するとのことで，大学病院神経内科とＡ病院とで通院治療を行ってきた。不随意運動を主徴とする疾患で四肢に緩徐に進行している。抗パーキンソン病薬と抗てんかん剤を併用し，対症療法を行っている，との主治医からの情報提供があった。初回面接での，硬直・震顫症状に対する Cl の「語り」は，「腕を回すとカキン，コキ

ンって感じがするし，いつも引っ掛かりがある感じ」，「右腕の硬直を緩めようとすると，左肩が極端にあがり，左右のバランスが取れない」，「右腕の血流が悪く，右手が氷のように冷たい」，「右手の硬直で掌がうまく返せない」であった。（下線は筆者）

　初回面接時には，硬直により右手の平は膝にぴったりとは付き難い様子であったがリラクセーション体験が得られるにつれ，徐々に硬直感が緩和されて手のひらが膝に付くようになった。同時に，Cl は「右の手が（硬直で）ぎゅっとなっていないし，手のひらが温かくなってくる感じがします」と言ったのに対して，Th はその様子を見て，Cl の右手の温かさを確認しつつ「手が温かくてじわーっとしてきて，血が通う感じがいいですね」と返し，身体感覚を通して実際的に「温かさ」を実感させつつ，同時に，心理的な意味で「血が通う（職場での人間関係）」を連想させる暗示を使って対応した。また，第2回目の面接では，事前の言語面接で，「右手の硬直が強いため，フライパンをひっくり返す動作がなかなかできずイライラした」，「手のひらを返す（反す）のができないんですよね」と言っていたため，催眠面接では，リラクセーション体験を催眠下で行い右手の硬直が緩和できるように誘導を行った。すると，催眠状態では硬直が緩和し右手の平も伸びて膝にぴったりと付くことも確認できた。それで，Th は「手のひらが膝に違和感なくぴったりくっついている」のを感じさせて確認の暗示を与えたうえで，「手のひらが楽に開くようになり，徐々に手のひらを返すことができている」ことを確認しながら催眠状態を深めていったのである。（下線は筆者）

　下線を付して示したように，この Cl にとっては，「（パーキンソン症状による硬直での）『手の冷たさ』，『血流の悪さ』」，「手のひらを返せない」等の自分の症状への「語り」は，身体レベルでの訴えであると同時に，心理社会的要因を象徴する反応，例えば，「血が通わない冷たい（人間関係）」や「手のひらを返す（反発する）ことができない」等の反応でもあった。先のケースでも同じであるが，重要なことは，心理社会的要因を象徴する反応が Cl から示されていたとしても，それを心理社会的要因として Th が限定して「言語化」してしまうのでなく，あくまでも催眠誘導に対する Cl の反応としてそのまま扱い，しかも，その解決，例えば，「手のひらが楽に返せる」ようになることを催眠状態下での反応として行うことなのである。そうすると，結果として，心理社会的要因の解決への道筋が自らの努力として言語的な「語り」となって表現されるようになるのである。催眠現象として表現されたものは催眠状態の中で解決されるべきものであり，それが，

催眠現象(催眠誘導に対するClの反応)をいかにして臨床的に効果の高いコミュニケーション・ツールとして利用する"コツ"でもある。

Ⅷ　Thが催眠現象(催眠誘導に対するClの反応)を Cl－Th間のコミュニケーション・ツールとして 活用するために必要な"観察のコツ"

最後に，Thが催眠現象(催眠誘導に対するClの反応)をCl－Th間のコミュニケーション・ツールとして活用するために必要な"観察のコツ"について触れておきたい。なお，詳細については，別途，発刊予定の『無意識に届くコミュニケーション・ツールを使う―催眠とイメージの心理臨床』(仮題)にて示すので，ここでは大まかな概要のみの簡潔な説明になることを了解頂きたい。

1)催眠誘導過程におけるClの観察と観察に基づく調整の"コツ"──技法的な側面から

①観察とペーシングのあり方

「観察とペーシング」は催眠療法においては必須の技法的アイテムであるが，その際の"コツ"として重要なのは，眼前のClは有機的で統一的であることを理解して，動的モデルとして観察を行うことである。催眠誘導過程におけるClの行動観察で重要なのは，催眠暗示に対するClの反応の一つ一つがばらばらに起こっているのでなく，「内的には動的統一性を，外的には活動性を持っている」ことを意識しながら，観察とペーシングを行うことなのである。したがって，外側からの観察ではなく，Clの内側から発せられる反応への適切な対応が重要になるのである。

ただ，この点については，かなり詳細な説明が必要になるので，細かい点については，5章Ⅱの3)「『壺中の天地』(壺イメージ空間)」と『催眠トランス空間』─日本的"場"理論と日本的感性」のところで，日本的"場"理論との関連で説明を行っているので参照されたい。

②キャリブレーション

催眠療法の技法研修会などで，私は「観察とペーシング」の"コツ"について説明を行う際に，効果的な催眠療法を行うために必要な観察は，Thが外側からの観察において客観的に説明のできるような観察を行うのでなく，Clの内側で起こっている体験を描写できるような観察の必要性を説いてきており，時には，それ

を「内からの観察」と表現したり,「関与しながらの観察」と表現したりしてきたが, 伝えるのが非常に難しいことを実感している。そこで, 最近はナオミ・フェイル Feil, N.（2001）の考案したバリデーションからの言葉を引用させてもらって,「キャリブレーション」（感情を観察し, 一致させる）という言葉で説明を行うようにしている。それは, 催眠療法の中では,「Cl の心身の活動に焦点を合わせて, Cl の心身の状態と Th である自分の心身の状態を一致させながら観察・ペーシングを行う」とでも言うのだろうか。そんな観察の態度が重要である。

　Feil, N. の行うバリデーション・ワークのビデオを観る限り, その手法は催眠誘導過程で私が行う Cl との関わり方に共通するものがあり, 彼女が認知症患者の立場に立って, その感情に寄り添う形で, かつ, 認知症患者の, 表面上は観察できないが現在進行中の体験を描写する形で共感を深めている姿に, 私は感動し, こうした姿勢で Cl の観察やペーシングを行うことは催眠誘導技法においても重要であると研修会などでも強調するようになった。ちょうどエリクソンのことを,「エリクソンは自らを高機能のバイオフィードバック装置に仕立てている…（中略）…そして, しばしば Cl の話し方の調子や統語法, テンポを利用し, 自分の姿勢や呼吸数, しぐさを調整して Cl のそれに合わせようとする」と述べた Bandler, R.（1975）の言葉通り, そうした姿勢が必要なのである。余談だが, Feil, N. はエリクソン財団での研修を受けた経験を持ち NLP などにも精通していたと娘の Vicki, d.K.R. 先生から直接聴いて私は納得した次第である。

　③リフレクション
　この言葉も私が催眠療法の技法研修会などで, 観察とペーシングの際に意識しておくことが重要だとして説明を行っている技法上の"コツ"の一つである。非指示的カウンセリングにおける「応答」という概念であるが, 私がこの言葉を使う際はフォーカシングにおける「応答」を意識して使っており, リフレクションによって Cl の体験過程が促進されるような対応の仕方を強調して説明している。催眠誘導過程における Cl の反応について催眠状態下で応答する場合のペーシングの際に特に重要で, 私は,「Cl の心身の活動を過去や（未来の）出来事と照らし合わせながら, その意味にまで思いを馳せてみながらペーシングすること」という意味合いで使っている。

　④語られない言葉への注目
　催眠現象（催眠誘導に対する Cl の反応）を Cl － Th 間のコミュニケーション・ツールとして活用するために必要な, 催眠前の事前面接での観察に必要なことと

して，語られない言葉への注目ということを研修会などで強調している。それは，Clの「語り」を聴く際に重要なことは，語られる言葉に傾聴しつつも，「語られない言葉」にも思いを馳せてみることは，催眠誘導過程においてClが示す反応の多くは，この「語られない言葉」に象徴的に示された内容が含まれることが多いからである。

神田橋（2011）がミルトン・エリクソンの言葉として言っているように，「意識化されたものは魔力を持ち得ないとの精神分析の知恵は，意識下への暗示が力を持つという事実」を物語っているのであって，それゆえに，「催眠トランス空間」において扱うべきはClに意識されていない，つまり，「語られない言葉」で象徴されるものが多いと考えられるからである。

⑤フラクタル

これも催眠療法を効果的に行う際に重要な技法的アイテムである。「催眠トランス空間」内では，Clの体験が"多重的"で"多層的"な様相を呈しながら起こっていることについては，先の章で示した通りであるが，このClの表現する"多重的"で"多層的"メッセージを的確に掴み，コミュニケーション・ツールとして活用するためには，ThはClの示す反応をフラクタルに受け止める必要がある。フラクタルは自己相似性という意味である。「部分」が「全体」を表わし，「全体」が「部分」を表わし，相似形の連続を形作っている様を表している。これを催眠療法の観点で言うと，催眠におけるClの反応（例えば，観念運動での動き）は，眼前で反応しているClの現実を表現しているし，また，「精神内界でのありよう」を象徴的に示しているし，また「身体内でのありよう」とも象徴的に関係しているということになる。また，「眼前のCl像」は「家で（または学校，会社）生活しているCl像」とパラレルに関係し影響し合い，それらは全て相似的に理解されるという意味なのである。上記Ⅶで示したパーキンソン病の事例において，「血が通う」という言葉が実際の身体的な表現であると同時に人間関係のことを象徴的に表していることがその例である。

⑥アフォーダンス

アフォーダンスは空間の操作的意味を表す心理学用語である。これも，催眠誘導過程におけるClの反応を"動的に"見る際に重要になるし，また，Thが催眠誘導を進める際の言葉かけにも大きく関係しているものである。催眠誘導過程において，間接暗示を有効に使うためには，「観察できない現在進行中のClの体験を描写する」ことが重要になるのだが，そのためには，指示指標の無いフレーズ，

例えば,「ある感覚が……」といったような曖昧表現などを使うと,その言葉刺激に誘発されて,Clは自分にとっての必要なもの(「ある感覚」に刺激されて)を導き出すことが多いことを理解するために研修で使い説明を加えている。

　以上,非常に簡潔に催眠現象をCl − Th間のコミュニケーション・ツールとして活用する際の"コツ"を述べたが,前述のようにClとのコミュニケーション・ツールの活用については別途,詳細に説明をすることにする。

文　献

Badler, R. & Grinder, J.（1975）Patterns of the Hypnotic Techniques of Milton H. Erickson, M. D. Volume 1.（浅田仁子訳（2012）ミルトンエリクソンの催眠テクニックⅠ［言語パターン編］．春秋社．）
Feil, N.（1983）V/F Validation the Feil Method. Ecompasses Fantasy.（藤沢嘉勝ほか訳（2001）バリデーション―認知症の人との超コミュニケーション法．筒井書房．）
福留瑠美（2000）イメージ体験が繋ぐからだと主体の世界．心理臨床学研究, 18(3); 276-287.
長谷川博一（1997）体験様式変容のためのFCR面接の３事例―クライエント中心の催眠法として．催眠学研究, 42(2); 46-55.
笠原嘉編（1984）精神病と神経症．みすず書房．
神田橋條治（2011）技を育む―精神医学の知と技．中山書店．
河野良和（1992）心理療法における体験治療論．現代のエスプリ別冊：臨床動作法の理論と治療．至文堂, pp.32-42.
増井武士（1987）症状に対する患者の適切な努力．心理臨床学研究, 4(2); 18-34.
松木繁（1991）『悩み』の解決と『悩み方』の解決―『悩み方』の解決に焦点を合わせた二つの事例とその考察．心理臨床学研究, 9(2); 4-16.
松木繁（2004）催眠療法における"共感性"に関する一考察．催眠学研究, 47-2; 6-11.
松木繁（2005）催眠の効果的な臨床適用における治療関係のあり方をめぐって―治療の場としてトランスが機能するための幾つかの条件．臨床催眠学研究, 6(1); 22-26.
松木繁（2005）失敗例から学ぶ．日本臨床催眠学会第７回大会シンポジウム発表から．
松木繁（2007）諸分野における臨床催眠の応用―心理療法の立場から．日本臨床催眠学会第９回大会シンポジウム発表から．
松木繁（2008）人格障害への臨床催眠法．臨床心理学, 8(5); 661-667.
Nash, M. R.（笠井仁・徳田英次訳, 2001）催眠現象の神話と真実．日経サイエンス, 10月号; 68-75.

成瀬悟策（1992）催眠療法を考える．誠信書房．
成瀬悟策（1993）催眠理論の再構築．催眠学研究，38(1); 1-4.
成田善弘（1988）対人恐怖症—最近の見解．現代精神医学体系　88-A．中山書店．
O'Hanlon, W. H. & Martin, M. (1992) Solution-oriented Hypnosis: An Ericksonian Approach. New York; Norton.（宮田敬一監訳・津川秀夫訳（2001）ミルトン・エリクソンの催眠療法入門．金剛出版．）
大野清志ほか（1984）日本催眠医学心理学会第30回大会シンポ「催眠療法におけるリラクセーション」．催眠学研究，29(1, 2); 48-61.
齋藤稔正ほか（1991）特集「変性意識状態」．催眠学研究, 36(2); 6-42.
Stern, D. N.（小此木啓吾・丸田俊彦監訳，1990）乳児の対人世界Ⅰ，Ⅱ．岩崎学術出版社．
Sullivan, H. S.（中井久夫訳，1990）精神医学は対人関係論である．みすず書房．
高石昇（1988）日本催眠医学心理学会第34回大会シンポ「催眠と心理療法—展望と課題」．催眠学研究，33(1); 40-42.
高石昇（1996）成瀬論文「催眠理論の再構築」を読んで．催眠学研究, 41(1,2); 64-65.
高石昇（2005）催眠はいかなる臨床場面でどのように適用されるか．臨床催眠学，6(1); 5-14.
田嶌誠一（1987）壺イメージ療法—その生い立ちと事例研究．創元社．
田嶌誠一（2000）壺イメージ法の健常者への適用．心理臨床学研究，18(1); 1-12.
Winnicott, D. W.（橋本雅雄訳，1979）遊ぶことと現実．岩崎学術出版社．
八巻秀（2000）催眠療法を間主体的現象として考える—事例を通しての検討．催眠学研究, 45(2); 1-7.
吉川悟（2001）治療抵抗を催眠現象として見立てることを利用したアプローチ—「催眠療法でないと治らない」と主張した事例．催眠学研究, 46(2); 2-7.
Zeig, K.（成瀬悟策監訳・宮田敬一訳，1984）ミルトン・エリクソンの心理療法セミナー．星和書店．

§2　催眠とその関連心理療法の職人技——時空を超えた職人の技を実感する

はじめに

　§1では，私の主張する「催眠トランス空間論」について，その成り立ちや影響を受けた師匠たちのことも含め，自伝風につらつらと書き綴ってきてしまったが，§2は，いよいよ催眠と関連のある（と私が考えている）関連心理療法の「職人」達から頂いた玉稿を基に，心理療法に対する彼らの独自の視点や臨床適用に際しての工夫や配慮について話を展開していきたいと思う。

　先の序文でも書いたように，心理療法の世界でも時代の変遷とともに心理療法の「職人技」のようなものは，どちらかと言うと「職人」の自己満足のように見られ，敬遠されがちになってきているように思う。そして，一般的に汎用性の高い「臨床技術」が，EBMに基づく考え方を基礎に益々拡がりを見せてきている。この§2の企画は，そうした時代の流れに逆らう訳ではないが，もう一度，心理療法とは何ぞや，というところから，その技をもつベテランたちに自由に，アートとして，思い切ってキャンバスに描いてもらおうと企画したものである。

　執筆を依頼した先生方は，実のところは筆者の主宰する鹿児島臨床催眠研究会（以下，鹿催研）の研修大会に特別ゲストとして招聘した臨床家達である。序論で書いたように，彼らとは，「催眠」をキーワードにして彼らの行う心理療法と催眠との違いや共通点について語り合った仲間達である。一流のプロフェッショナルばかりの仲間達なので，どの順番で，彼らから頂いた玉稿を並べるのが読者にとって関心が深められるのか，しかも，論理性の繋がりを持たせることができるのかを考えつつ並べさせてもらおうとしたが，どの論文も興味深く奥の深い内容ばかりなので，その配置は大変悩ましいものとなった。しかし，どの先生方も，その道のスペシャリストで「職人」なので，各学派の主張が述べられつつも，読み進む内に，各学派の共通点や相違点が整理され，繋がっていく様が実感できる内容には仕上がったと思う。

　心理療法，精神療法の"極意"とは何たるかを実感できると確信しているので，是非，アートとして読み進んで頂けることを願っている。（松木　繁）

7.
催眠療法と壺イメージ療法
　　　　　　　　──催眠から離れること，留まること

田嶌誠一

I　はじめに

1）松木さんとの出会い

　松木さんと私の出会いと経験はちょっとない，臨床心理の世界では極めて珍しいことではないだろうか。いろいろな点で稀有のことではないかと思う。

　本稿を書くにあたって調べてみたところ，それは1982年，東京で開催された第28回日本催眠医学心理学会でのことである。私は九州大学の博士課程を終わって，いわゆるオーバードクターという時期であった。この学会で，「壺イメージ療法」という私が考案した技法について初めて学会発表をしたところ，終了後に私と同じような年頃の男性がわざわざ名刺を持って挨拶に来られた。礼儀正しく，まじめな印象が残った。それが，松木さんである。

　余談だが，この発表は師の成瀬悟策先生からの命令でいわばしぶしぶやったものである。たぶん，当時この学会の理事長であった成瀬先生がこの大会での演題をふやすために命令されたものと思われた。学問の世界とは，そして縁とは面白いもので，そういうことがなければ当時はこの学会に普段は参加していなかった私と松木さんとが知り合うことは多分なかったであろう。

　松木さんの名刺には所属が「安本音楽学園臨床心理研究所」とあった。そこで，催眠を駆使して，臨床実践に取り組まれているとのことであった。

2）寄り切られてスーパーヴィジョンへ

　学会が終わり九州に戻ってまもなく，思いがけず松木さんから私の許に手紙が届いた。5，6枚の便せんに小さな字でびっしりとケースの経過が書いてあり，壺イメージ療法を不登校（登校拒否）の子に適用したところ，手ごたえはあったが，

「壺を覗いているうちに持病の喘息発作が出そうになった」というようなことであった。この技法の考案者でもあり，発表した責任を感じつつ，あわてて速達で返事を返した。私ならどう対応するかということを具体的に書いて，とりあえず責任を果たし，これで終わったやれやれといったところである。

ところが，またすぐに手紙が来た。今度はもっと枚数が多くなり，その後のセッションのやり取りがやはり小さい字で克明に書かれていて，末尾に「またご指導，よろしくお願い致します」とあった。かくして，いわば松木さんに「寄り切られる」ような形で，手紙によるSVをさせられるハメになったのである。なお，このことについては，松木（2016）にも触れられている。

とはいえ，私自身がまだオーバードクターで，今になって数えてみれば31歳だったのだから，今にして思うと冷や汗もののSVであった。

このくらいの年齢というのは，ある程度の臨床経験を積み，たいていはいわば「生意気ざかり」である。一方で自信のなさと不安を抱えつつも，強気で血気さかんといったところであり，少なくとも私はそうだったと思う。驚くべきは，松木さんの学ぶ姿勢である。これまた今になって数えてみれば，私よりわずか2歳下なので，ほとんど同年代にもかかわらず，よく私から学ぼうとされたものだと思う。なによりも松木さんのその姿勢がこうしたやり取りを可能にしたものと思う。

それは1年以上続いたように思う。まだワープロが普及していなかった頃で，双方とも手書きで，その総量はびっくりするほどの量になった。当時はすでに2, 3の仲間に壺イメージ療法を教えたことはあったが，あとにも先にもこんなにこまやかに指導をしたことはない。

それほどまでにこまやかに指導する経験は，私を大いに育ててくれたと同時に私自身が大いに励まされる経験でもあった。

私から見たそのSVについては後に述べることとして，まずは壺イメージ療法の概要を述べることとしたい。

II　壺イメージ療法

1) イメージ療法

イメージとは，ごく大雑把にいえば人が心の中に抱く絵のようなものをいい，視覚的なものに限らず五感それぞれにまたはそれらの統合されたものとして存在する同様のものをいう。そして，イメージ技法とは閉眼状況下で視覚的イメージを浮かべ，そのような内的イメージを経験してもらうやり方をいう。また，イメー

ジ療法とは，広義にはクライエントの内的イメージを何らかの手法で膨らませ体験させる作業を治療の中心とするものをいい，狭義にはその作業をイメージ技法を用いて行なうものをいう。

ひとくちにイメージ療法といってもいろいろあり，そこで用いられる技法も多彩である。フリー・イメージ法あり，指定イメージ法ありで，それぞれに工夫を凝らした特徴ある技法を用いている。また，よって立つ立場，理論も精神分析や行動療法の影響を強く受けたものから，独自のイメージ理論によるものまでさまざまである。

これらの療法のうち，例えば精神分析の立場によるものと行動療法の立場によるもの，あるいはフリー・イメージ法による療法と指定イメージ法による療法とでは全く異なる治癒原理によるものと思われがちであるが，実はそうではない。それぞれの療法が主張する理論の違いにもかかわらず，成功例についていえばそれらの諸療法は大筋では共通した治癒原理によるものと考えられる。

イメージ療法が首尾よく進むと，クライエントのイメージは生き生きと動きだし，治癒に至るイメージ体験の流れが生起する。このようなイメージの動きはクライエントが意識的積極的につくりあげたものではなく，イメージ界に受容的探索的な心的構え（田嶌，1989）を向けることで自然に生じる「イメージの自律的運動」（藤岡，1974）である。指定イメージ法による場合でも，その人固有の内的イメージを活性化させようとする面を多分に含んでおり，指定イメージの枠内ではあるが同様のことが起っているものと考えられる。したがって，いずれの立場や技法によるにせよ，クライエントの内的イメージを引き出しかつそれに対して受容的構えをとりつづけることで生起するイメージ体験過程が共通の治癒原理であるといえよう。

さらにいえば，通常の心理療法においてもそれが成功裡にすすんだ場合には同様の過程が生起しているものと考えられる。つまり，このようなイメージ体験過程は心理療法のエッセンスともいうべきものであるといえよう。

2）イメージ療法の要諦

イメージ療法の要諦は，以下の3点だと私は考えている。

①内的イメージを引き出す
②そのイメージを味わう，または距離をとる

③それを「安全弁」に留意しつつ進める

なお，この3番目の「安全弁に留意しつつ進める」については後述するが，壺イメージ法の視点から考えたものである。

3）壺イメージ療法の着想の視点：体験様式と安全弁
1．イメージ療法の治療過程
　私がほとんどのイメージ療法に共通していると考えている治癒過程を述べてみよう。
　イメージ療法が首尾よくすすむと，フリー・イメージ法とそれに準じた方法による場合には，出現するイメージの内容が変化する。そこではさまざまなイメージが出現するが，次第に本人の問題・症状とつながるコア・イメージ（中核的イメージ）とでもいうべきものへと収束していく。そのプロセスで起こる特徴的なことのひとつは，本人に了解できない象徴的イメージ——例えば，鬼，化け物，後向きの人物など——が出現し，それが後には本人に了解可能なイメージ——例えば，父親とか母親など——へとしばしば変化するということである。そして，それらの解釈についてはこれまで精神分析やユング心理学が多大の貢献をしてきており，例えば「父殺し」，「母殺し」，あるいは「影の統合」などといった具合にさまざまなテーマで理解される。しかし，初心者に見落とされやすいのは，それらの視覚的イメージがどのように体験（または想起）されているかということである。ひとくちにイメージが浮かぶ（または浮かべる）といっても，同一のイメージ内容でも，さまざまな浮かび方，浮かべ方がある。
　この「どのようにイメージが体験されているか」という側面を，私は「イメージの体験様式」（田嶌，1987）と呼んだ。そして，その点に注目して，成功したイメージ療法のプロセスをみてみると，イメージ内容が変化していくのみならず，以下に述べるように，「イメージの体験様式」もまた一定の法則で変化しているのである。いや，むしろ（例えば「父殺し」といった）ある特定のテーマが治療的に十分に展開しうるためには，そのような体験様式の変化が必要なのであるといえよう。そして，このような体験様式の変化こそが，ほとんどのイメージ療法に共通したものである。たとえば，行動療法の系統的脱感作法などもこのような視点から理解できる。

①イメージ拒否・イメージ拘束：自分のイメージ界に注意を向けること自体に

拒否的であったり，またそうでなくともイメージ界がそれまでの日常生活の制約を受けた習慣的運動様式に強く拘束されている場合，イメージが全く浮かばなかったり，浮かんでも断片的でしかもパッと消えてしまうことがある。

②イメージ観察：イメージが一応浮かぶようにはなったものの，例えば「白い花」とか「川原」といった具合にニュートラルなイメージでまだ本人と関わりはうすく，イメージと自分との間に「体験的距離」があり，そのイメージを傍観的にただ眺めている。

③イメージ直面：例えば，怖い「父親」とか「化け物」のイメージに耐えて対峙しているような場合である。ある程度その場面に没入しはじめて，何らかの感情が体験されはじめているもののまだ「イメージの自律的な動き」に充分には身をまかせきらず，イメージと自分との間にある種の「無理」がある。そのような無理はいろいろな形でイメージ内容に反映されることがある。イメージの一部が不鮮明になったり，場面が唐突に別のものへ飛んだりする。また，この局面ではさまざまな身体反応や身体症状が出現しやすい。

④イメージ体験：イメージ場面の中に没入し，自分とイメージの間に体験的距離がほとんどなくなっている状態で，体をまきこんだ五感に開かれた全体的体験である。この局面では，例えば「父殺し」といった激しいドラマが展開したり，「深いさみしさ」などそれまで全く感じられなかった感情や十分には感じられなかった感情が体験されるようになったりする。「化け物が実は母親だった」というような気づきもしばしば起こる。また，本人の悩みや問題が象徴的表現レベルでの解決が示されそれを契機に日常での症状，問題の消失または軽減に至ることがある。例えば，険しい崖をやっとの思いでよじ登れたことがその人の恐怖症が改善する契機となったりする。

⑤イメージ吟味：イメージ療法中に得られたイメージ体験について，それらを言語的に把握したり，位置づけたり，相互に関連づけたりといった具合にさまざまな吟味を行うことをいう。その意味は，言語ないし概念レベルとイメージレベルとをつなぐ作業であるといえようし，またイメージの流れの「かじとり」の役割を有しているようである。これはイメージ中にも，またイメージ後の面接においても生起する。最近では，この様式は，「イメージ吟味」でも悪くはないが，「イメージ・モニター」とでも呼ぶ方がより適切かもしれないと考えている。

⑥イメージ受容：あるテーマに関するイメージが「生起」や「呪縛力」を失い，

それにまつわる感情をゆったり受けとめられるようになったり，また新たに生起した positive な感情を受容できるようになる。

イメージ技法の多くのものが，イメージの内容ではなくイメージの体験の仕方（体験様式）が重要であり，このイメージの体験様式の変化ということを共通の治癒要因としており，それは主体がイメージ界へ受容的探索的な心的構えを向けることで生み出されるものであるという論にたどりついた（田嶌，1987）。したがって，イメージの体験様式に注目し，それに働きかけることを主軸とする技法が考案されれば，イメージ療法がより有効な技法となるのではないかと考えた。

イメージ技法は時に大変有効である反面，イメージは時に甚だ危険なものとなることがあるといわれている。すなわち，イメージは強力な治療力を有していると同時に，不用意かつ強引な利用を行なえば，それを受け止める本人の側にその準備が整わぬうちに危機的イメージ（体験）を急激にもたらしてしまうことがある。

以上のような観点から，イメージの体験様式のコントロールを技法の主軸とし，かつ危機的体験が急激に進行しすぎないような「安全弁」を備えた技法が考案されるならば，従来より重篤なケースも含む広範囲のケースに対して，より安全でより効果的な治療を行なうことができるのではないかと考えた。

なお，このようなことは何もイメージ療法だけに特有な問題なのではなく，フォーカシング，夢分析等の「非言語的」療法でも同様であろう（さらにいえば，かなり重篤な人たちになると，通常の「言語的」面接でも事情はそれほど大きく異なるものではない）。したがって，この点についてうまい工夫ができれば，「非言語的」諸療法をより重篤な患者にも適用できるものにするために必要な修正のひとつのモデルを提供しうるものであろう。

2．患者さんから教わったこと

そういうふうに考えてはいたが，ではそのためには具体的にはどのようにすればいいのかなかなかいい知恵が浮かばないでいた。しかし，患者さんとはすごいもので，私がいくら頭をひねってもわからなかったことを，いとも簡単に教えてくれたのである。

教えてくれたのは，精神科医によって心因反応と診断された若い男性の患者さんであった。彼はあることがきっかけで，精神科に入院となっていたが，私とイメージ面接を開始した頃は不眠と軽い被害感を訴えていた。フリー・イメージによる面接を行なったところ，彼はイメージに非常に関心を示し，数回目の面接で

のイメージ・セッションでは、「洞くつの中に、手前から奥へとたくさんの壺が並んでいる」というイメージが出現した。

彼の説明によれば、入口近くの壺の中には整理されたものが入っており、奥の方の壺の中には未整理なものが入っているとのことだった。最初のうちは、〈壺の中から何か出てくるかもしれない〉と教示していたが、ある時ふと思いついて、〈手前の方から順に、壺の中に入ってみようか〉と提案したところ、それまでとはかなり異なる反応が得られた。壺の中では、視覚的イメージはそれまでにくらべかなり少なくなり、それに代わって「ゆったりした感じ」、「胸の嫌な感じ」、「腕のざわざわした感じ」などの身体感覚的な体験がよく感じられたのである。また、彼は最初は入口近くの壺に入れたものの、奥のほうの壺の中には入ることができなかった。しかし、イメージ・セッションを重ねるにつれて、次第に奥のほうの壺にも入れるようになり、その中で「眠れない時の感じ」を経験し、その後不眠は消失した。さらに、それから数回後のイメージ面接では、それまで感じたことのないようなひどい怒りを体験した。この頃から彼は日常生活では被害感をほとんど感じなくなったという。そして、その後の面接では壺の中で「非難される感じ」、「襲われそうな気持ち」などを体験した後、その壺はもう開ける必要はないと述べ、しっかりと蓋をして、しまいこんだ。

このイメージ面接では、次の3点が注目される。第1に、壺は患者さんが直接ある体験にさらされることを防ぐ安全弁または保護膜として機能していたということ。第2に、フリー・イメージにくらべ、患者さんは壺のなかでは身体経験や感情をより感じたということ。第3に、彼にとって苦痛の少ない順に並んでいたということである。

つまり、この患者さんは私がかねてから考えていながら、うまくできないでいた治療をフリー・イメージの中ではからずも見せてくれたことになる。あとは、他の患者さんにもそういう治療ができやすいように技法の手続きがつくれるかどうかである。そこで、先述の発想をもとにして、壺のイメージまたは壺のような容器のイメージを安全弁として活用した技法──「壺イメージ法」を考案した。

4）手続きと治癒過程

壺イメージ法の標準的手続きは以下の通りである。①手続きの概要の説明、②リラックスする、③壺が浮かんでくるのを待つ、④壺の中にちょっと入ってみる→順番をつける、⑤壺の中の感じを充分に感じて味わう、⑥壺の外へ出て、蓋を

する，⑦次の壺に入る。要するに，心の中のことが入っているいくつかの壺または壺状の容れ物を浮かべ，次にその中に入って，中の感じを味わい，そして壺の外へ出て蓋をするということをそれぞれの壺ごとに順次試みるというものである。

　典型的には最初は入れなかった壺に入れるようになり，壺の中でなんらかの非言語的体験をしたり，壺への出入りが容易になったり，蓋をしてじょうずにしまっておけるようになったりすることで症状・問題が消失または軽減する。時には壺に入ることなく，じょうずにしまっておくだけで症状・問題が消失または軽減することもある。

　壺の中で，クライエントはしばしば，彼らの症状や問題そのものを体験する。たとえば，恐怖症状を持つ人は，恐怖感情を生き生きと体験し身体症状を訴える人がそれを壺の中で体験するといった具合である。本法のねらいのひとつは，この壺の中での感じを，「逃げ腰」でなく，なるべくそれが起こっていくままにゆったりと，充分に感じることであり，そのような心的構えが形成され維持されると，その結果，壺の中で次の３つのタイプの変化が生じる。第１に，これまで気づかなかった感情や身体的体験に気づくようになる。第２に，壺の中での不快または苦痛な体験が消失したり，軽減したりする。第３に，壺の中での体験の意味が本人に了解できるようになる。また，壺の外でも変化が起ることがある。たとえば，１個の壺がいくつかに分化したり，逆に複数の壺がひとつに統合されたり，新たな壺が出現したりする。壺の中や外でのこれらの変化に伴って，問題や症状は消失または軽減する。

　壺または壺様の容れ物というイメージを用いる利点のひとつは，たとえ本人にとって危機的なイメージが壺の中に含まれていようとも，その中に入らぬ限りは壺が本人がそれに直接さらされることを防ぐことができるので，危機的イメージ体験に直接さらされることを防ぐ安全弁として機能し，しかも，「壺に入る，出る」「蓋をする」などといった形でイメージの体験のしかた（体験様式）を取り扱いやすいように基本的手続きが構成されているのが大きな特徴である。

　また，壺ないし容器の中では，フリー・イメージにくらべ深いイメージが出現しやすい傾向があり，「枠」という点では中井久夫の枠づけ法（中井，1974）と類似した面がある。また，壺の中では「ドロドロしたもの」などの液状のものをはじめとする無定形のイメージが出現しやすく，「冷たい」，「暖かい」といった感覚的なもの，身体的なものが体験されやすい傾向があり（田嶌，1987），その手続きや生じる現象についてジェンドリンのフォーカシングと共通したものが多い

という指摘があり（吉良・村山，1983；増井，1984），その関連が注目されている。さらに，容器という点ではビオンの容器モデルとの関連が指摘されることもある。

　この方法はさらに幾人かの臨床家に実践されるようになり，松木繁，冨永良喜，伊藤研一，栗山一八の事例論文が田嶌編著（1987）に，福留留美，中島暢美，松下幸治の論文が田嶌編著（2016a）に収められている。また，それ以外にもいくつかの論文が発表されている（福留，1991, 2000, 2016；中島，2004, 2006；松木，1987, 2001 ほか）

　また，壺イメージ療法を英文で発表しようということで，国際イメージ学会の機関誌である*Journal of Mental Imagery*に成瀬先生との連名で，投稿した。それが掲載され（Tajima, S. & Naruse, G., 1987），後にそれが米国のイメージ療法のハンドブック *"Handbook of Therapeutic Imagery Technique"*（2002）に収録された。この本は，わが国でも成瀬悟策先生の監訳で翻訳された（『イメージ療法ハンドブック』誠信書房，2003）。私は，この時 "Tsubo Imagery Psychotherapy" の章の訳を担当することとなった。自分の書いた英文の訳を担当するという珍しい経験をした。

5）壺イメージ法と描画法

　壺イメージ法は安全弁を備えた技法であるが，そのためかえって壺の中ではより深いイメージが出現する傾向がある。「安全弁は暴露弁である」と言えよう。そのため使い方次第では，侵襲性が高いものとなる。そのため，もっと侵襲性が低い技法として，描画法と組み合わせた技法が考案された。ひとつは，「壺イメージ描画法」（田嶌，1994, 2011a）であり，いまひとつはフォーカシングと壺イメージ法と描画法を組み合わせた横山体真考案の「こころの壺」（蒲生，1998 [2016]）である。初期や初心者には，いきなり壺イメージ法をもちいるのではなく，まずはこれらの方法を実施してみることを推奨している。

　また，さらなる詳細は，田嶌（1987, 2003, 2011a）を，具体的教示例等については田嶌（2016a）を参照していただきたい。

III　催眠療法と壺イメージ療法

1）松木さんのセンスと実力

　壺イメージ療法については，その概要はおおよそ以上のようなものである。

冒頭で述べたように，壺イメージ療法の事例を通して手紙でSVをいくらも年の違わない松木さん相手にやるハメになったわけだが，手紙に書かれたセッションの記録は松木さんのセンスと実力を感じさせるものであった。壺イメージ法は手続きは簡単だが，実際の運用にはこまやかな配慮と技術が必要である。学会での私の発表はわずか10分か15分といったものであり，通常はそれをたった1回聞いただけで使いこなせるものでは到底ない。にもかかわらず，松木さんが手ごたえのある反応を引き出していたのには感心した。事例のやり取りからみて，とてもよく勉強されていて，初心者の域ではなく，いくつもの事例を経験してこられたものと思われた。

　松木さんはすでに催眠療法のひとつのスタイルを身につけていたのである。その一方で，私のSVを求めてきたのは，その限界も感じつつあり，松木さんの中に「生まれたがっているもの」があったからであろう。私の役割は，松木さんのこれまでのスタイルに新たなレパートリーを提示することであったと思う。

2）壺イメージ療法が提示したもの

　その重要なひとつはクライエントの「安全弁という視点を大事にしつつ主体の活動を引き出す」ということである。催眠状態への導入にあたっては通常は暗示を使うので，導入後にもイメージのやり取りでもつい暗示的にリードしていく傾向が身に着きやすいのである。むろん，それが無条件に不適切であるわけでは決してないが，もっと主体の活動を大事にする関わりをより主要なレパートリーとすることを私としてはお勧めしたいところであった。

　ただし，注意すべきは，スーパーヴァイジーである松木さんに対して，私が「安全弁という視点を大事にしつつ主体の活動を引き出す」という姿勢を持つように心がけることである。私としてはできるだけその点に留意したつもりだが，果してどうだっただろうか。

　クライエントの「安全弁という視点を大事にしつつ主体の活動を引き出す」ということについて，その一部について，もう少し具体的に述べてみよう。

　イメージの中で，クライエントが何らかの危機的場面や障害にぶつかることもある。彼らは危機的イメージに対して驚くほどステレオタイプな反応しかできない。そういう場合，セラピストがなにか助けとなるものが出てくると教示するなどして，リードする傾向があるようである。例えば，深呼吸をさせたり，武器等の手助けとなるものを探してみるように勧めたり，それが出てくると暗示するこ

ともある。あるいは，「〜になりますよ」「〜してください」とか「〜してみましょう」などと指示的ないし暗示的に対応することが圧倒的に多い。

また，危機場面というほどのことはないにしても，セラピストがどう反応したらよいか迷う場面はしばしば起こる。そういう場合も同様である。

こうした傾向は，催眠療法に留まるものではなく，欧米のイメージ療法やゲシュタルト療法などでも，多少の違いはあれ当時は基本的には同様であった。なお，意外に思われるかもしれないが，ジェンドリンのフォーカシングでも当時はこのような点については同様であった（だだし，ある時期から——私の理解では，だいぶ後になってアン・ワイザーの出現の頃から——変わってきたように思う）。

私もかつてはそういう対応が多かったが，次第に私は，安全弁に配慮しつつ基本的にはそれを切り抜けるための工夫をあれこれ話し合いながら進めることを基本とするようになった。すなわち，「工夫する能力」（田嶌，1987）を育成するように心がけるのである。それを基本としつつ，従来の指示的・暗示的対応を補助的に使うようになったのである。

3）催眠療法から壺イメージ法へ：「トランス」から「心的構え」へ

そうした方向でのSVで，松木さんの壺イメージ療法の習得は急速に進んだ。その事例は壺イメージ法がなければなかなか改善が難しかったであろうと思われる。1年以上にわたるSVでずいぶんと面接が深まり，状態も改善した。そうした成果は，後に事例研究として報告された（松木，1987b）。さらに松木さんはその事例だけでなく，壺イメージ法を臨床でずいぶんと活用して成果をあげ，そのいくつかは論文としてまとめられている。

うれしかったのは，このやり取りを通して，松木さんから「壺イメージ療法が身についたのはむろんだか，それだけでなく自分の心理療法全体が変わった」というような感想が述べられたことである。それこそが，壺イメージ療法がほんとうに身についたサインなのだと思う。実は，こうした感想は後にもう一人の臨床家からも聞いたことがあるが，ひとつの技法を真に習得するというのはそういうことなのだろうと思う。

さらにうれしかったのは，松木さんが壺イメージ法を習得しつつも独自の道を歩まれたことである。ストレスマネジメント教育での成果などもそのひとつであろうが，なんといっても松木さんと私との違いは催眠ないし催眠療法との関わり方であろう。

私は九州大学教育学部の学部生の頃から催眠現象に魅了され，成瀬悟策先生主宰の催眠研究会（「木曜研究会」と呼ばれていた）に参加させていただき，世話係（マネージャー）を約8年間も務めた。

　催眠現象に魅了された私は，しかし心理療法の臨床実践では次第に催眠導入手続きを使わなくなった。特に催眠導入手続きをしなくとも，いきなりイメージセッションへの導入から入っても，その生き生きとした臨場感は変わらないように思われた。日本催眠医学心理学会にも，シンポジウムなどの依頼がある時以外は，ほとんど参加しなくなった。私は催眠から離れたのである。

　私は催眠から離れた，面接の中で催眠導入手続きを使わなくなった，と述べた。しかし，ここでいう催眠導入手続きとは，ミルトン・エリクソン風の催眠がわが国に入ってくる前のことであり，その後のエリクソン風のトランスという視点からからは「古典的催眠（導入手続き）を使わなくなった」と表現されるかもしれない。エリクソン風の催眠ではトランスは従来よりもはるかに幅広く捉えられているからである。

　私のイメージ療法や壺イメージ療法の臨床では，催眠からの影響は私の中に目立たない形で生きているように思う。たとえば，ふだんより声を低くし，被面接者のテンポよりややゆっくりしたテンポでしかも小声でささやくように語りかけるように心がけている。また，表情・呼吸・身体のわずかな動きに注意し，体験を味わいやすいように，沈黙を大事にするように心がけている（田嶌，2000 [2011a]）。逆に，集団での実習では，語りかけるテンポを速くして，体験に浸りすぎないように配慮するなどしている。こういった配慮は催眠や催眠療法を潜ってきていなければ，少なくとも私には生れなかったものであると自分では考えている。

　そのような形で私のイメージ療法ないし壺イメージ療法には催眠からの影響は残っているし，それを現代の催眠臨床の観点からは，トランスと関係づけて私の臨床を見ることも可能かもしれない。しかし，少なくとも私自身は催眠から離れたと考えている。それは，いわば「催眠療法からイメージ療法・壺イメージ療法へ」という展開であるが，もっと踏み込んで見れば，私としては，催眠やトランスという視点よりも，受容的探索的構え，内界志向的構え，自己志向的構えなど「心的構え」や「体験様式」という主体の活動という視点で見ていく方がしっくりとくると考えているのである。「催眠から離れた」と述べたが，より正確にいえば，催眠やトランスの有用性を否定しているわけではなく，催眠やトランスも「心的構え」のあり方のひとつとして捉えるのが臨床的には有用であると考えているのである。

そして，以下に述べるその後の私の心理臨床の展開もそうした視点とつながっていったものである。

4）「体験様式」と「安全弁」という視点の展開

催眠やトランスという視点から離れる一方で，「心的構え」に加え，「体験様式」（体験の仕方）と「安全弁」（または安心・安全）という視点はその後も，私の臨床のキーワードであり続けた。

私が壺イメージ療法を考案したのは精神科臨床や外来相談室での臨床経験からであったが，壺イメージ療法の考案後，私は学生相談やスクールカウンセリングに従事するようになり，そこでは本人自身が相談意欲のない事例に関わることが大変多くなった。とりわけ支援が必要な人ほどしばしば自発的には相談に来ないものだと思った。壺イメージ療法が役立つ事例は比較的少なかった。

あらゆる臨床技法は，万能ではない。あらゆる対象に有効な臨床技法はありえない。しばしば忘れられることだが，どんな技法も一定の条件下で有効であるに過ぎない（田嶌, 2002［2009］）。たとえば，密室でのカウンセリングや壺イメージ法も含め外来相談室などで有効な臨床技法――それらの内面をもっぱら扱う関わりを「内面探究型アプローチ」と私は呼んだ――にはざっと考えてみても最低でも，次の3つの条件が必要である。①本人または周囲の誰かが困っていること，②日にちと時間の約束をおおよそ守れること，③お金が払えること。しかし，スクールカウンセリングや学生相談などではこのような条件が成立しないことが多い。

そこで，さまざまなネットワークを活用して，その人を支えつつ自助努力を引き出すという形の臨床実践，すなわち「ネットワーク活用型アプローチ」（田嶌, 2009, 2016b）を行うようになった。さらには，その後児童養護施設の暴力問題に関わるようになり，個々の暴力に対応するだけでなく，施設全体に機能するシステムを児童相談所・学校・地域など外部も入れて対応する仕組み（システム）を創って対応する「システム形成型アプローチ」を実践するようになった（田嶌, 2009, 2011b, 2016a）。そこでは，内面の安心・安全と体験様式や心的構えだけでなく，生活場面での現実の対人関係やシステムにおける安心・安全と体験様式，心的構えが重要となった。

かくして，私はますます催眠からは遠ざかっていったわけだがしかし，松木さんは壺イメージ療法を習得した後も催眠から離れることなく，その臨床実践を続けてこられた。私が催眠から離れることで壺イメージ療法が生まれたのか，ある

いは壺イメージ療法が生まれたことで催眠から離れたということなのか定かではない。いずれにしてもそういう壺イメージ療法の影響を受けた松木さんは，しかし催眠に留まってこられた。そして，日本催眠医学心理学会や日本臨床催眠学会などで活躍し，さらにはいくつもの論文を書いてこられた。松木さんのこれまでの蓄積と壺イメージ療法とが出会い，しかし催眠に留まることで，さらに新たなものが生まれてきたのである。松木さんの退職記念（？）の本書もそれに連なるものであろうし，私としてもどういう本が出来上がるのか楽しみである。

Ⅳ　おわりに

　私は2017年3月に九州大学を定年退職した。退職にあたって自分が成したことにある程度は満足感を感じつつも，辿りつけなかった地平にも思いを馳せた（田嶌，2016ab）。ここまではやったという安堵感とここまでしかできなかったというさみしさを味わった。しかし，学問の素適さは，その人に閉じたものでは決してないということであると思う。私の学問も私で終わらないと思うことで慰められている。

　私の学問は師の成瀬悟策先生はむろんのこと，他の学派の先生方，さらには多くの先輩や仲間の影響を受けながら展開してきたものである。そして，私が考案した壺イメージ療法からの影響を受けつつも，松木さんなりのものが生まれ，さらには松木さんの影響が私の教え子たちにも及んで展開しようとしている兆しがあるのもうれしいことである。

　こういうことは学問だけに限られたことでは決してないだろうが，学問の醍醐味であることは確かである。「個に閉じないという生の性質」が，学問の世界ではとりわけ鮮やかに感じることができやすいように，私には思われる。

文　　献
藤岡喜愛（1974）イメージと人間―精神人類学の視野．日本放送出版協会．
福留留美（1991）壺イメージを適用した吃音治療過程―イメージ技法についての若干の考察．心理臨床学研究，9(3); 56-69.
福留留美（2000）イメージ体験が繋ぐからだと主体の世界．心理臨床学研究，18(3); 267-287.
福留留美（2016）実践イメージ療法入門―箱庭・描画・イメージ技法の実際．金剛出版．
蒲生紀子（1998）こころの整理応急法としての「こころの壺」について．人間性心理学研究，16(2); 159-169.（所収：田嶌誠一編著（2016a）現実に介入しつつ心に関わる―展開編．金剛出版，pp.147-159.）

吉良安之・村山正治（1983）わが国におけるフォーカシング研究の歩みと今後の展望．九州大学教育学部紀要，27(2); 47-54.
増井武士（1984）"壺"イメージ療法．In：村上正治ほか著：フォーカシングの理論と実際．福村出版，pp.133-138.
松木繁（1987a）壺イメージ療法を適用した登校拒否児の事例．In：田嶌誠一編著：壺イメージ療法―その生い立ちと事例研究．創元社，pp.209-237.
松木繁（1987b）"壺"イメージ療法のケースから．フォーカシング・フォーラム，4-1.
松木繁（2001）開業心理臨床から見た壺イメージ法とフォーカシング．In：伊藤研一・阿世賀浩一郎編：治療者にとってのフォーカシング．至文堂，pp.134-143.
松木繁（2016）壺イメージ法の心理臨床への貢献―心理臨床家の「臨床観」・「人間観」の育成という観点を中心に．In：田嶌誠一編：現実に介入しつつ心に関わる―展開編．金剛出版，pp.87-94.
中井久夫（1974）枠づけ法覚え書．芸術療法，5; 15-19.
中島暢美（2004）壺イメージとしての夢を語る過程―トラウマの治癒．心理臨床学研究，22(2); 117-127.
中島暢美（2006）就職活動ができない男子学生への壺イメージ療法についての一考察．心理臨床学研究，24(2); 166-176.
中島暢美（2016）トラウマの心理療法としての壺イメージ法．In：田嶌誠一編著：現実に介入しつつ心に関わる―展開編．金剛出版，pp.109-116.
田嶌誠一編著・成瀬悟策監修（1987）壺イメージ療法―その生いたちと事例研究．創元社．
田嶌誠一（1989）壺イメージ法．In：河合隼雄・水島恵一・村瀬孝雄編：臨床心理学体系第9巻 心理療法3．金子書房，pp.223-241.
田嶌誠一（1994）壺イメージ描画法．九州大学教育学部紀要，39(1); 63-68.
田嶌誠一編著（2003）臨床心理面接技法2（臨床心理学全書第9巻）．誠信書房．
田嶌誠一（2009）現実に介入しつつ心に関わる―多面的援助アプローチと臨床の知恵．金剛出版．
田嶌誠一（2011a）心の営みとしての病むこと―イメージの心理臨床．岩波書店．
田嶌誠一（2011b）児童福祉施設における暴力問題の理解と対応．金剛出版．
田嶌誠一編著（2016a）現実に介入しつつ心に関わる―展開編．金剛出版．
田嶌誠一（2016b）その場で関わる心理臨床―多面的体験支援アプローチ．遠見書房．
Tajima, S. & Naruse, G. (1987) "Tsubo" imagery therapy. Journal of Mental Imagery, 11(1); 105-118.
Tajima, S. & Naruse, G. (2002) Tsubo imagery psychotherapy (Chapter 19). In: Sheikh, A. A. (ed.): Handbook of Therapeutic Imagery Techniques. NY; Baywood Pub., pp.225-237.（成瀬悟策監訳・田嶌誠一訳（2003）壺イメージ療法．イメージ療法ハンドブック．誠信書房．）

リフレクション☆乡松木　繁

　先ず，筆頭に挙げねばならないのは，やはり，私の「催眠トランス空間論」の構築に最も強い影響のあった田嶌誠一先生の壺イメージ療法であろう。先にも書いたように，壺イメージ療法とその考案者である田嶌先生との出会いと，その後の1年半に及ぶ押しかけスーパーバイジー経験は，言葉にして語りつくせない程の学びを私に与えてくれた。それは，単に壺イメージ療法という単なる技法の修得というレベルではなく，心理療法そのものへの向き合い方に影響を与え，それを受けて私の心理療法全体が大きく変わったのである。

　その証の第一弾が，拙著『「悩み」の解決と「悩み方」の解決』（1991）に集約されている。その論文の書き出しは，今から考えると随分生意気な書き出しであったが，より効果的な援助の方法を巡って，「治療理論に即して，外側から原因追求的に彼らの精神内界へ深く立ち入ることよりも」，「Cl に対する援助の方法や工夫は，Cl の『実感的なもの』に対する Th の正確な共感のなかで考えられるべき」であると強調し，「心理療法は，Th が Cl の『悩みの内容』の解決の援助をするというよりも，Th が Cl の『悩み方』の変換やそのための工夫に対する援助をするもの」と断定して書いたりした。挙句には，「セラピィを進めるにあたって，Th がすぐさま Cl の『悩みの内容』に焦点を合わせるのでなく，まず Cl の問題や症状への『関わり方』や『悩み方』に焦点を合わせ，そして Cl が『悩みの内容』をよりうまく解決できるような『より上手な悩み方』の工夫を Th も Cl とともに考えるという治療的介入」が重要で，それを実践したことを論文化したと書いている。伝統的な心理療法理論を軽視するようなこの書きぶりは当時の査読者を大いに刺激したようで，論文審査では，絶賛する査読結果と，こき下ろす査読結果とで割れて，当時の編集委員長の故 村瀬孝雄先生を大いに困らせたようである。上梓された後の後日談として村瀬先生からお聴きした際には笑い話として済ませたのであるが，これだけのことを思い切って書けたのは，壺イメージ療法で体験したことが絶対の自信になっていたように思う。セラピィの中心を Cl に置くこと，Cl のリソースを信じること，体験様式に注目すること，そして何よりも心理療法は Cl と Th との協働作業であることを，その頃から確信できていたように思う。

　そして，第2弾が「催眠療法における"共感性"に関する一考察」である。その書き出しも，また，随分生意気なもので，「臨床の現場において効果的な催眠療法のあり方を考えるとき，我々臨床家が最も考えることは，問題解決のために必

要とされる治療の場としての催眠状態をいかに効率的に作り出し、その状態下でクライエント（以下、Cl）が示す問題解決のためのサインをいかに手際良く見出すかである。そして、また、治療の場としての催眠状態の中でClが行う問題解決のための『適切な努力』（増井、1987）に対して、いかに我々が援助できるかを考えることである。こうした臨床上の必要性を満たす条件の検討を通して催眠療法のあり方を考えることは、結果として催眠療法の独自の治癒機制を考えるうえでも重要な意味を持つものと考えられる」という書き出しである。この論文を書いた時点で、すでに、催眠状態を単なる静止的に受け止めるのでなく、動的調和を図る"治療の場"として定義し、その場の中でのコミュニケーション・ツールとして催眠状態を捉え直し、催眠療法の治癒規制を考え直そうという提案のような論文を書いたのである。

　壺イメージ療法で得た実践経験を催眠療法にまで発展させて、その実践をやり続ける中で得たこの確信は私の催眠療法をも大きく変えて、結果、今回の「催眠トランス空間論」の構築へとまとまってきたように思う。田嶌先生は、壺イメージ療法を「内面探求型アプローチ」として、その後はそれをより発展的に「ネットワーク活用型アプローチ」、さらには「システム型アプローチ」へと展開し技を極められたのだが、私は催眠療法に留まって催眠の技を極める道を進んだのである。「現実に介入しつつ心に関わる」という方法論と「心（内的世界のリソース）に介入しつつ現実（システム）に関わる」という方法論とで相互補完的に心理療法に貢献しているのでは、という風に勝手な判断をするとお叱りを受けるだろうか。

　いずれにしろ、田嶌先生も言うように2歳しか年齢差はなかったにも関わらず、私が食らいつくように執拗にスーパービジョンで教えを請い続けたのは、私の「職人気質」によるものだし、それに対して真正面から付き合い続けてくれたのは田嶌先生の「職人気質」によるものだと思っている。感謝の意味を込めて記しておきたい。

文　献

松木繁（1991）『悩み』の解決と『悩み方』の解決—『悩み方』の解決に焦点を合わせた二つの事例とその考察．心理臨床学研究, 9 (2); 4-16.
松木繁（2004）催眠療法における"共感性"に関する一考察．催眠学研究, 47-2; 6-11.
田嶌誠一（2009）現実に介入しつつ心に関わる—多面的援助アプローチと臨床の知恵．金剛出版．

8.
それは「『悩み方』の解決」から始まった

児島 達美

Ⅰ 序

　今，手元に，30年近くも前，松木先生から謹呈された論文別刷がある。それは「『悩み』の解決と『悩み方』の解決──『悩み方』の解決に焦点を合わせた二つの事例とその考察」（松木，1991）と題するものである。今回，本書への寄稿依頼を受けた時，私の頭の中に真っ先に浮かんできたのがこの論文であり，もう一度読みたくなって本棚の奥から見つけたのであった。読み直しながら，松木先生と初めて出会った頃のことを思い出している。この論文の元になっているのは，前年の1990年9月に開催された日本心理臨床学会第9回大会での事例発表である。私も，この大会に参加して大会抄録集をバラバラとめくっていた折，このタイトルが目に入り，直観的にこれは面白いと感じて発表を聞いたのであった。はたして，私の直観に狂いはなかった。事例への臨床催眠をベースにした丁寧な関わり方に感心するとともに，考察において，この「悩み方」へのアプローチを代表的な心理療法各派──認知行動療法，論理療法，エリクソンの催眠療法，フォーカシング，そして精神分析等──を取り上げて比較検討した論考はなかなかのものであった。以下の一節に，当時の松木先生の自らの心理臨床の方向性が示されている。

　「心理療法におけるThの役割について改めて考えてみると，その役割とはClの『悩みの内容』の解決の援助のためにあるというよりも，Clが自分の抱える問題や症状に対してどう関わり，また悩んでいるかという『関わり方』や『悩み方』の変換やそのための工夫に対する援助のためにある，と考えたほうがより適切である」（p.5）

一方，私の方は，1980年代なかば日本に紹介され始めた家族療法の，特に，Baeteson, G. とそのグループが提示した認識論および相互コミュニケーション論の影響から，問題や症状の原因をCl個人あるいは家族成員のあり方に帰する心理臨床モデルとその方法に疑念を感じ始めていた。そうした中で構想してきたアイディアを「心理療法における『問題の外在化』および治療関係における『三項構造化』について」（児島，1990）と題して論文にまとめたが，まさに，この年に松木先生とその臨床実践に出会ったわけである。さらに興味深かったのは，松木先生も私もそれぞれの論文の中で，重要な先行研究の一つとして取り上げていたのが増井武士先生（1987）の「症状に対する患者の適切な努力——心理臨床の常識への2, 3の問いかけ」と題する論文であった。折角の機会なので，この論文の中から私が引用した部分を再録してみる。

　「……患者が自らの症状に困っている時，〈そんな時どうしていますか？〉と確認すると，各自がそれなりの，時には必死の努力を払っているのが容易に判明する。…（中略）…こうした患者の努力が明確になればなるほど，症状とは，ある理論的水準から想定された何か不足の状態とか失敗（例えば，防衛の失敗）などではなく，むしろすでに，その患者なりにある努力をともなって，時には，営々と営まれ続けてきた心の営みであり，それは場合によれば，少しでも生きようとするあがきであるともいえる」(p.19)

　さらに，松木先生に大きな影響を与え，自らも実践されたという本書執筆者の一人である田嶌誠一先生の「壺イメージ療法」については，当時の私も「問題の外在化」と相通じるものがあることを感じていた。
　という次第で，発表後，会場の外で彼をつかまえて私の感想を伝え，また私のアイディアについても話したところいっぺんに盛り上がり，要は，お互い，まだ駆け出しながら，当時の（今でもあまり変わらないか）心理臨床における，家族療法風言い回しでいけば，ドミナントストーリーに対する違和感を共有し合ったのであった。その後，年に数回，学会等で顔を合わせる程度とはなったが，その度に，何か懐かしい感じの方が強く，真面目にお互いの臨床について語るよりもバカ話に終始していたように記憶している。そのためか，実のところ，松木先生がどのような経緯で催眠療法に近づいていかれたか，といったことについても，も

しかしたらご本人から聞いたかもしれないが，これまたほとんど記憶がないのである。

2005年，松木先生が関西から九州の鹿児島大学に赴任して来られてからは，先生が主催する催眠関連の学会や研究会にも呼んでいただくようになった。いつの研究会であったか考えてみると，最初に出会ってから随分と時が経たところで初めて，松木先生の催眠のデモンストレーションを直接見せてもらい，一方，私の方は「治療的会話」と称してライブ・コンサルテーションを披露しお互いにコメントし合う機会に恵まれることになった。

こうして，今回，ほぼ30年近い時を経て，再び，新たな松木先生の「催眠トランス空間論」に出会うことになったわけである。おそらく「『悩み方』の解決」においてご自身の心理臨床における基本的なスタンスを確立された松木先生は，その後，それを催眠療法そのものの改善（と呼んでよいのかわからないが）に向けて取り組んでこられたのだろうと推察する。ついでながら，私の方はというと，松木先生と同様のスタンスは持ち続けながらも，その後は，あちらこちらと拡散するばかりである。

II 「言葉が心をつくる」ということ
——家族療法・ブリーフセラピーの一つの系譜

私の心理臨床家としての歩みは，たまたまとはいえ，1980年代半ば日本に紹介され始めた家族療法・ブリーフセラピーとの出会い，そしてその後の動きと軌を一にしている。ところが，家族療法の現在まで動きをみてみると，それは，一心理療法としての枠をすでに超えて変貌し続けてきており，何をもって家族療法というか，となるともはや一筋縄ではいかない（児島，2017）。このように言うと，怪訝な向きもあるかもしれない。その詳細についてはここでは割愛するが，あえて，その流れをひとことで表すとすれば，「治療対象としての家族から，治療資源としての家族へ」ということになろう。したがって，個人か家族かに関わらず，治療関係あるいは治療場面それ自体をどう捉えるか，さらに言えば，心理療法あるいはセラピストの専門性とは何か，ということに対するセンシティヴィティーをセラピストに常に要求するようになってきているのが，現在の家族療法の大きな特徴といえるかもしれない。そして，これと連動して，冒頭でも触れたように家族療法における相互コミュニケーション論の伝統を引き継ぎつつ，登場してきたのが「ナラティヴ・セラピー」あるいは「ナラティヴ・アプローチ」と称され

るものである。それは，人々の間で交わされる言語そのものが，それぞれの人々のアイデンティティを形成すると共に，良くも悪くも治療的現実を構成する，という視点である。

　良い機会なので，この「ナラティヴ（narrative）」なるものについてひとこと付け加えておきたい。日本語では「物語」と訳されるのだが，実はこの訳語が誤解を生みやすい。「物語」というと，どうしても「○○物語」というようにすでに語られてある形を成したもの，と受け取られがちである。もちろん，「ナラティヴ」にはその意味もあり，例えば，人類の偉大な遺産としての神話や民話などの内に秘められた豊潤な意味の世界に個人の心の世界を仮託することもすばらしい。しかし，もう一つの「もの語り」における「語る」という行為性にもっと注目する必要がある（もちろん，沈黙もまた語る行為である）。行為ゆえに，それはすでに「何かあるいは誰かに対して」ということが，ある文脈を伴って孕まれているのである。つまり，「語る」行為にはそれを「聞き取る」ものを必要とし，その「聞き取り」が「語り」をさらに広げ（あるいは狭め），まさに，例えば，クライエントが語った「自己物語」は，セラピストの「聞き取り・聞き直し」を通して，「語り直され」，そこからあらたな「自己物語」が生みだされてゆく，というような「語る＝聞く」のダイナミックな相互作用としての「ナラティヴ」という観点が，セラピーの実践場面においては求められる。そしてもう一つ重要なのは，この「語り」は，たしかにその語り手個人の"単声"に他ならないが，しかし，それは同時に，過去から現在に至るまでのさまざまな人々の声が響きあう"多声"の結節点としての性質をも帯びているということ，さらに，クライエントが語る自己物語には，その社会におけるドミナントな人間観が，いわば無意識のうちに影響しているのだ，という認識である。

　一方，ブリーフセラピーについては，家族療法と歴史的にも関連が深く，かつ，特にミルトン・エリクソンの独自の催眠療法に基づくセラピーからの影響は双方に渡っている。本書では，中島央先生がエリクソンのセラピーについては論じられるので，その詳細はそちらに譲るとして，ここで一つ触れておきたいのは，ブリーフセラピーの内でもエリクソンのセラピーのエッセンスを取り入れながら発展した「解決志向アプローチ」の基本となっている「質問が現実をつくる」というテーゼについてである。セラピストがクライエントに何か質問をする，という時，それはほとんどセラピーにとって必要な情報を得ようとする目的で行われるものだと考えられている。ところが，セラピストがどのような，あるいは，どの

ように質問をするか，ということが，必要な情報収集と共に，実は，同時に，「共感性」なるものを育み，クライエントの自発性を引き出すものにもなる（あるいはその逆）ということについては案外理解されていない。この後者の点に関してセラピー実践を通じて実証してみせたのが「解決志向アプローチ」の功績である。このことは「指示的か非指示的か」というダイコトミーに長らく捕らわれてきている日本の心理臨床の伝統に一石を投じたものともいえる。したがって，今でも金科玉条のごとく言われる「共感性」なるものは，クライエントあるいはセラピストの内にすでにあるものというよりも，相互行為としてのコミュニケーションそのものによって作り出されるものである，という視点は，私にとってのブリーフセラピーの一つの精神であろうと考えている。

「言葉が心をつくる」ということ。これが，私が家族療法・ブリーフセラピーの系譜から学んできたことの一つである。

III 「催眠トランス空間論」をめぐって

以上のような私の立場から，松木先生の催眠療法における一つの到達点とも考えられる「催眠トランス空間論」について，その最新論文である「治療の場としてのトランス空間論とコミュニケーション・ツールとしての催眠現象」（松木，2013）を読み解いてみようと思う。ちなみに，私自身，催眠療法そのものを用いた経験はないが，わずかながら催眠療法と縁の深い自律訓練法の経験から，「受動的注意集中（passive concentration）」と呼ばれる自分の身体各部に注意を向ける際の心的態度がもつ独特の意義には大いに関心をもった[注1]。さらに，通例の言語面接のプロセスでも，セラピスト側の質問や応答の仕方によって，類催眠状態と呼んでいいような現象が出現し，それが，クライエント・家族の自発的な変化を産む重要な契機になる，ということについてもあらかじめ触れておこうと思う[注2]。

さて，この「催眠トランス空間論」へと連なる問題意識として，松木先生は，次のように述べておられる。

注1）これは文字通りパラドックスである。注意集中といえば能動的な心的態度である。ところが，それを受動的にやれ，というのである。最初に私がこの言葉に出会った時は，「なんだ，これは禅の公案か」と頭をひねったものである。しかし，実際には，このパラドックス性こそが自らの身体感覚あるいは身体意識現象のいわば無意識的レベルを活性化するという事実は，私にとって大きな発見であり，その結果，逆に，セルフコントロールなる言葉の怪しさを意識するようにもなった。

「催眠療法を行うThは，そもそも何のために催眠療法という非日常的な状態を作る必要があるのか，そして，その状態の中でThは『言語（暗示）』を使ってClに対して何を働きかけようとしているのか，その働きかけはThからの一方向的なものなのかどうか等々，の問いかけです。実を言うと，こうした問いかけは，私自身が長年抱えてきたテーマでもありました」（p.145）

たしかに，催眠療法には，他の心理療法に比較しても，その治療関係におけるセラピスト側の主導性の強さは際立っている。要するに「催眠にかける―かけられる」という関係事態なしには，そもそも催眠療法は成立しないからである。それに対して，松木先生は，実践の中で効果が高いと判断されたケースの治療機制を再検討した結果，「そこで起こっている（催眠）現象は決して一方向な直線的なものではなく，双方向的で円環的なものであることがよくわかってくる」と結論づけられ，「ある意味で，"多重的に"，"多層的に"展開している（催眠）現象を"動的モデル"によって捉え直すことができるできると言い換えてもよいのではないか」（p.144）と提案されている。

この議論は，実は，昨今のあらゆる心理療法がThとCl間の双方向性あるいは協働性を強調する流れと軌を一にしているように思われるが，あえて，こういう言い方を許してもらえるならば，"催眠療法も，ついにそこまできたか"という感すらしないわけではない。最近の心理療法におけるThとCl間の階層性をフラットなものにしようとする動きは，Clの主体性を重視した"人間的な"心理療法ということで大いに歓迎すべき事態のようである。しかし，おそらく，そのような誤解はないとは思うが，心理療法を社会的サービスとして位置づけるのであれば，実は，治療関係における専門家と非専門家間の階層性をゼロにすることは不可能であり，むしろ，それがなければ，Thとしての責任性も曖昧なものになってしまう。おっと，要らぬ老婆心の発言となってしまった。

老婆心ついでに，先ほども指摘したところだが，われわれは相変わらず「指示的か，非指示的か」という二律背反の枠組みで心理療法を捉えがちであり，その

注2）例えば，「ジョイニング」と呼ばれる家族療法に特徴的な治療関係の作り方をベースに，ナラティヴ・セラピーでの「外在化質問法」や「影響相対化質問法」，解決志向アプローチの「コーピング・クエスチョン」や「ミラクル・クエスチョン」，黒沢（2008）による「タイムマシン・クエスチョン」などがあり，そして，これらの質問法に共通する構造として「円環性」「仮定性」が挙げられる。

結果，実は，心理療法場面で生じている臨床的事実を見落としがちとなる。結論を言えば，どの学派であれ基本的には"指示的"なのである。要は，専門家としてのThの"指示"行為がClのニーズに沿ったものとなっているかどうか，ということなのであり，かつ，その"指示"行為の妥当性は，常にその折のCl側の反応に依存しているということに他ならない。そして，心理療法各派の中でも最も指示的で，かつTh側からの一方向性が高いと考えられる催眠療法こそ，実は，最もClの反応に対する微細な観察に基づいての，あらたな"指示"行為との普段の往還がなされるのだと思う。それゆえに，松木先生の言葉をもう一度借りれば，「そこで起こっている（催眠）現象は決して一方向な直線的なものではなく，双方向的で円環的なものであることがよくわかってくる」のではないか。より言うならば，Thの指示性のうちに非指示性が，あるいは，Thの能動性のうちに受動性がすでに孕まれているという，心理療法の治療関係における隠された逆説的事態をどれほど活かし得るか，という点にこそ，おそらくClの"主体的変化"の核があるのではないか。

　そうは言っても，そのプロセスをどのように記述できるか，となるとこれは大変厄介な話である。松木先生は，「Clの催眠への『関わり方』の変化とTh－Cl間の共感的な関係性や相互作用の変化」と題する4段階モデルを示すことで挑戦されたわけだが，とりわけ，「Clの催眠への『関わり方』の変化」（p.147）という表現には大変興味をそそられた。想像するに，これまでは，おそらく大半の催眠療法家にとって，もちろん，そうでない私も，実際には，Thが導入したトランス状態にClがどの程度入っているかどうかが問題なのであるから，まさか，いかにもClが催眠に対して主体的であるかのような，このような表現は生まれてこないだろう。ここのところがミソである。そしてより具体的には，例えば，第2段階（共有体験としてのトランス獲得への移行段階でのTh-Cl関係性）の項では，Clの状態を「催眠にかけられながらもかかっていく感じ」，一方のThの状態を「催眠にかかっていくClの主体的な努力にまかせていく感じ」（傍点は筆者による）と記述しておられる。これはあくまで記述文なのだが，それ自体がすでにClへの暗示としてのメッセージにもなり得る。まさに，私は，Clが目の前にいることを想定しながら，このメッセージを実際に口に出してみた。

　"○○さんは，私からの催眠にかけられながらも，ご自身でもかかってみようという感じがおありかもしれません。もし，○○さんにそのようなご努力が少

しでもおありだとすれば，私の内に，○○さんのご努力におまかせしてみたいなあー，と思いが段々強くなってくるのを感じます"

　この，私流の暗示メッセージはいかがなものだろうか。是非とも，松木先生のご意見を伺いたいものである。
　さて，紙数にも限りが出てきたところで，この論文から，私が，あらためて思い至らされたことがある。それは，Clにとって催眠状態とはいかなる意味を持ちうるものなのか，ということである。正直，私にはまだ催眠状態なるものへの近づき難さがつきまとっている。しかし，次の一文を，実際の事例とあわせて読ませていただいた時，先ほどの「Clの催眠への『関わり方』への変化」と同様，「私の催眠への『関わり方』への変化」も生じつつあるように思う。

　「催眠誘導中のClの『(言語)暗示』に対する反応は実に特徴的で個別性に富んでおり，また，その表現方法もさまざまです。…その反応は"多重的に"，"多層的に"影響しあいながら同時的に表現されることもあります。そして，その反応の一つひとつには，そのClの人生を生きるコーピングスタイルが含まれており，…(中略)…意味性が含まれている場合もあります。換言すれば，それは催眠状態だからこそ得られる問題解決のために必要なClの内在的なリソース（資源）でもあります」(p.149)

Ⅳ　おわりに

　「『悩み方』の解決」から「催眠トランス空間論」へと至る松木先生の歩みを見てみると——もちろん，そのすべての道程を見てきたわけではないが——，私は，やはり松木先生の「共感性」のあり方に注目せざるを得ない。通例では，セラピスト個人の人間性レベルあるいは情緒的レベルで語られやすい「共感性」だが，しかし，催眠療法ゆえの，クライエントの反応をしっかりと読み取る目と耳，そして治療技術の蓄積があって初めて，クライエントにとって役に立つ「共感性」を生じせしめるのだ，ということをあらためて教えてもらった気がする。

文　　献
DeJong, P. & Berg, I. K. (1997) Interviewing for Solutions. Brooks/Cole Publishing.（玉真慎子・住谷祐子監訳（1998）解決のための面接技法―ソリューション・フォーカスト・アプローチの手引き．金剛出版．）

児島達美（1991）心理療法における『問題の外在化』および治療関係における『三項構造化』について．上智大学心理学年報, 14; 119-127.（児島達美（2008）可能性としての心理療法．金剛出版．所収）

児島達美ら（2016）ディスコースとしての心理療法．遠見書房．

児島達美（2017）揺らぎ続ける家族療法，その中心はどこに？　家族療法研究, 34 (2); 158-162.

黒沢幸子（2008）タイムマシン心理療法——未来・解決志向のブリーフセラピー．日本評論社．

Madigan, S. (2010) Narrative Therapy. American Psychological Association (APA).（児島達美・国重浩一・バーナード紫・坂本真佐哉監訳（2015）ナラティヴ・セラピストになる——人生の物語を語る権利をもつのは誰か？　北大路書房．）

増井武士（1987）症状に対する患者の適切な努力——心理臨床の常識への2, 3の問いかけ．心理臨床学研究, 4 (2); 18-34.

松木繁（1991）『悩み』の解決と『悩み方』の解決——『悩み方』の解決に焦点を合わせた二つの事例とその考察．心理臨床学研究, 9 (2); 4-16.

松木繁（2012）治療の場としてのトランス空間とコミュニケーション・ツールとしての催眠現象．In：衣斐哲臣編（2012）心理臨床を見直す"介在"療法——対人援助の新しい視点．明石書店, pp.144-153.

リフレクション☆彡松木　繁

　続いて，家族療法，ブリーフセラピィー，特に，コミュニケーション論の立場から児島達美先生の論考と臨床技術の技を見てみたい。児島先生は，その著『可能性としての心理療法』（児島, 2008）を拝読させて頂くと，心理臨床の現場では，どのような理論的立場からの心理的アプローチであれ，それを支えているのはCl－Th間の相互コミュニケーションであり，その相互コミュニケーションの質が心理療法の成否を決めるのだと強調されている。まさにその通りである。しかし，このことは心理臨床に携わっているThであれば自明の理なのではあるが，ところがこれがなかなか専門家の間でも理解されているようなされていないような，そんな違和感を持ち続けながら臨床に携わってきた私にとって，児島先生の心理療法に対する考え方の推移は私とどこか通じるものがあったように思う。

　児島達美先生との出会いも，田嶌誠一先生との出会いに負けず劣らずの不思議な出会いであった。初めて会った時からすでに百年来の知人であるかのように意見が通じ合い，不思議なご縁を感じたものである。

　私が「『悩み』の解決と『悩み方』の解決」の論文を上梓する前に学会発表した

際，お会いしたのが先か，児島先生が「問題の外在化」および治療関係の「三角構造化」というテーマで発表されていたのに私が興味を持って参加したのが先だったのか失念したが，いずれにしても，この当時から私と児島先生との共通テーマは，「問題や症状の原因をCl個人や家族成員のあり方に帰する心理臨床モデルとその方法に疑念を持つ」というものであったように思う。発想の基盤が共通するので話が合うはずである。その後も，あまり会う機会も無かったのだが，会うとなぜか話が弾んで（と言ってもほとんど馬鹿話ばっかりだったのだが），その臨床センスの良さに感じ入っていたものである。

　その後は，児島先生はシステム論からナラティブ・セラピィへと論を展開されてきたように思うのだが，その中でも，「ダイナミックな相互作用としてのナラティブ」ということを心理療法の実践場面での重要なものとして強調されているように著書からは連想している。私が「催眠トランス空間」内で展開する双方向的で円環的なやり取り（コミュニケーション）が重要だと強調するのと通ずるものがあるように感じている。どうやら，道筋の違いはあるものの心理臨床で何が最も必要なのかの考えにたどり着くところは同じなのかもしれない。いずれにしろ，「前世からの付き合いだから」と児島先生が言ったか私が言ったか，酒の席での戯言はあながち本当なのかもしれない。

　最後に，児島先生からのお題が一つ。児島流暗示メッセージは有効か，であるが，真面目に回答するなら，その声かけに少しでも意図性が含まれたら，Clは催眠への「いい子ちゃんかかり」状態になって催眠は深まらないだろうと思う。本論に書き忘れた気がするが，催眠誘導するThもClがトランスに入っていくのに合わせて軽いトランスに入りながら声かけしているように（少なくとも私は）なっているので，効果的な催眠トランス空間が生じる際は，Thの声かけは意図性の無いものになっているように思う。ナラティブ風に言うならば，「語る＝聴く」が同時的に起こるような状態かと思う。しかしながら，鹿催研や催眠学会研修での児島先生の「リフレクティング・プロセス」のデモンストレーションを見る限り，それこそ児島先生は意識されていたかはわからないが，私から見ると軽いトランス状態で被験者との「語り」を続けられていたように思うので，お題に挙げられた誘導もきっと有効なものになると思う。児島流暗示メッセージはきっと有効である。

文　　献
児島達美（2008）可能性としての心理療法．金剛出版．

9.

トランス療法と現代催眠
―― 自然なトランスの活用と催眠トランス空間についての考察

中島 央

I　はじめに――僕のスタンスから

　さて，今回のお題は「催眠トランス空間」と僕のやっているミルトン・エリクソン（以下エリクソンと記す）的なやり方の比較検討である。松木先生が提唱されている「催眠トランス空間論」（松木，2005）については何度もご教示いただいているし，その論旨について少しは理解しているつもりだったが，僕が志向しているエリクソン的心理療法とは鼻から別の視点であるとの立場でお話を伺っていた。つまり催眠トランス空間論は，松木先生のオリジナルかつ金字塔であって，エリクソン的心理療法ないしはエリクソン的催眠を説明するための理論ではない，ということを前提に論を進めなければならない。説明理論ではないどころかエリクソンの「非」影響下で思索されたものであるということは，プライベートで松木先生より伺っていた。と，いうことは，催眠トランス空間論とエリクソンとの接点のようなものを探るには，かなりいろんな角度からものを考えていかねばならない，ということだ。いやはやたいへん……。

　ということで，まずは「催眠トランス空間論」を，ひとつの心理的な「治療空間」の構築という面で考えた場合での接点を考えてみる。いわゆるエリクソニアン心理療法ではなく，手前味噌的な「エリクソン的」心理療法を志向している僕にとっては，これは難題である。例えば，セーフティ・スペースなど考えたことはない。このようなことを感じるのは，僕がかのようなことを志向し心理面接を行なっている限り，僕自身それを意識して面接に臨んだことがないに等しいからで，確かなことではないが，エリクソン自身は治療空間的発想をもたなかったと思うからだ。有名なプロクルステスのベッドの例え（Zeig & Munion, 1999）も，エリクソンの嗜好性の部分で考えればそれを象徴している気もするし，僕が知る

限りのエリクソンの真似事をやっていても，治療空間という「場」を設定する必要性は感じない。「エリクソニアン」と呼ばれるエリクソンを研究し理論化している立場の人からするとそういうことではないかもしれないので，甚だ自分勝手な解釈の話ではあるが。

II　エリクソン的心理療法と治療空間

　手前味噌ついでに僕の臨床的なスタンスを，治療的場面の捉え方という点から少し説明すると，僕がみているのは，ある意味クライエントの姿とその背景事象（声や息づかいもここに入る）のみで，その他の事物は，エリクソン的心理療法でいう，いわゆるユーティライゼーション（O'Hanlon, 1987）の道具にしか過ぎない。これはクライエントの周りに家族がいる場合も一緒で，極端な話，家族もまた道具であって，となる。エリクソンのものの見方を想像すると（中島, 2008），どうしてもそう考えてしまうのだ。

　僕の場合は，エリクソンよりもずっと後の時代を生きていて，「家族療法」という便利な言葉があるので，家族がいる面接をそう称してごまかし，治療的に必要と感じたならば，家族の話も頻繁に聴いている場合もある。ただその場合でも，「システム」とかの治療空間的なものはあまり考えずに，家族が主体になって話し始めた時には，家族がクライエントとなりクライエントが道具となる図地反転がおこっているだけである。それが頻繁におこってくると，やりとりが有機的にこんがらがってくるのでそれが面白くなってきて，「これが家族療法なんだ」とか自己満足しているが，家族療法を専門にしている僕の友人に言うと怒られるかもしれない。要するに僕の見方は徹頭徹尾目の前の人との二者関係なのだ。目の前の人にその背景をみながら語りかけるだけ。だから治療空間の設定とか，その場の空気や関係性の操作とかは必要性を感じない。心理的なものだけではなくて面接室とか物理的なものも含めて，だ。目の前に人がいれば無視されない限りどこでもやれる。

　僕から言わせれば，心理療法をやる人はたいていが場の雰囲気を読むのが上手で，多くの心理療法が「第三者の目」を意識している。だから治療空間をはじめとしたいろんなものの設定が必要になってくる。僕は発達障碍なのか，こどもの頃からこの「第三者の目」を意識するのが苦手で，このようなセラピーは正直僕にはできないし，やる才能もない（正確に言えばやれないことはないがすごく疲れるという経験をした）。ただ，僕が知ったエリクソンは，第三者の目を必要とし

ないセラピーをやっていた。だから,「僕にもやれる」感じがしたのだと思うし,実際に今もやっている。二者関係だとお互いの領分を認め合うだけでいい。

　ユーティライゼーションの道具として,ひどく漠然としたカタチのないもの,例えばイメージや雰囲気,「こんな感じ」とか「こんな空気」とかいうものを使うことはあるが,それはあくまでクライエントか僕の内面や背景事象に存在しているもので,面接の中でそれを,「こんな感じ感じますよね」とか共有することはあっても,「僕とあなたの間に辛い感じが流れていますよね」とか「いい感じの話になってきましたね」とか外部のものとして言うことは絶対ないし,これからもないだろう。

　そういうものを「僕とあなたのあいだ」で使いたい時は,僕が「メディア」と呼ぶ手口を使う。なんのことはない誰でもやっているような手口だが,机の上にある紙やらペンやら瓶やらを使って,それに感じや空気といった実体のないものを映し込み,それを眺め,名前をつけたりして遊ぶ。外在化(White & Epston, 1990)と似たようなものかとも思うが少し違うように思う。エリクソンの水晶玉(Erickson, 1954)に近いのかなと自分では思っている。

　何かゴタクを並べているばかりで,これを読んでいる人たちには,僕がそうだと思って実践しているエリクソン的心理療法のイメージが今ひとつわからないだろうから,ケースをひとつ。

　30代の男性,うつ状態のクライエントと2本のペットボトルを前にして,それらに赤鬼と青鬼という名をつけ,彼の複雑怪奇な心情とそれを聞いた僕の「感じ」を映しこんで遊んだことがある。鬼という言葉は会話の中から出た言葉のユーティライゼーション,ペットボトルはメディアと思っていただければよい。もともとなかなか薬が効きにくいクライエントで,この際も,「薬は効かないから飲みたくない」と言うので,とりあえず短時間ではあるが心理面接が主体の治療を始めた。面接中は彼は軽いトランス状態で,僕もたぶん軽いトランス状態になっていたからか,彼も僕も話した内容ははっきりと覚えていないが,彼は赤鬼と青鬼の操作を主に行い,僕はそれに対して「その感じは赤鬼で,赤鬼と青鬼どっちが強いだろう」とかさまざまな問いかけをし,その時思い出した自分の体験談(エリクソニアンはこれをアネクドートと呼んでいる(O'Hanlon, 1987))を話した。わずか20分足らずではあったが,特にその赤鬼青鬼に関しての話ではなんの解決もつけなかった。最後に僕は「何かわからないけど整理がついたかもね」と言い,

彼は「何かが動き出した」と言った。最後にある課題を与え面接を終えた。

　次の面接では，彼は自覚的には「何も変わっていない」と訴え，課題もやってこなかったが，明らかに自発語が増え，抑うつ感が薄れ，はっきりとした表情，話しぶりとなっていた。前回の面接で何を話したかは全般的に全く覚えておらず，赤鬼と青鬼の話を振っても「でしたっけ？」という程度だった。ただ，表情の変化や全体の雰囲気が「動き出し」，改善に向かっていると伝えたところ，非常に喜んでいた。

　その後の経過で，拒んでいた薬も飲み始め，効かなかった薬も効きだしたのか，うつ状態は改善に向かった。その時点で赤鬼と青鬼の話も少し思い出したようで，「イメージは残っている」そうだが，内容については覚えておらず，「無理して思い出そうとは思わない」とのことだった。僕もそれを掘り下げて，自分自身で思い出してそれを今後また再び話す気も，体験を共有する気も，ましてやユーティライズする気もさらさらなかった。出していたある課題については実行を強要しなかった。

　このように，僕の考えるエリクソン的心理療法では，治療空間とか関係性とかをあまり考えない。それどころか無視することさえままある。話した話された内容を覚えていないというのはその証拠かもしれない。気づく人は気づいていただろうが，話の中での「言葉（単語と言っていいかもしれない）」そのものではなく「内容」は治療空間や関係性に属する。個々の内的なものではなく，場面に共通して流れているとされる「文脈」もそう。「羅生門」よろしく，後で思い出したら個々の中では全く違っていたというのがオチだ。これも治療空間を考えないひとつの理由になっている。

　エリクソン本人も，クライエントをよく山に登らせていたが，あれは「治療空間を考えて」ではなく「空間（環境）が治療をしてくれる」という考えであったと思える（中島，2008）。このやり方でやっているのは「こういうことをするとクライエントはどう反応するだろう」という治療実験であり，「クライエントに仕事をしてもらう」というドゥ・イット・ユアセルフの精神を全うすることのみである。

　ちなみに，先のケースでの実験は，言うまでもなくメディアを使ったものであり，クライエントの仕事は側から見ると出した課題と思われそうだが，そうではなく，「薬を飲むこと」だった。このあたり，僕としては策を弄したことではなく，

当然そうだと考えていた部分で，このあたりが，「勘どころ」と言われる部分なのかもしれない。ひょっとすると，というよりかなりの高確率で，周囲から見れば僕とクライエントを取り巻く空気には，治療空間といわれるものが見えているのかもしれない。あくまで僕は作ろうとはしていないのだが。

　このような謎の部分が出てくると，周りはそれを説明しようとする。例えば，松木先生がこれを読むと，クライエントとの関係性に触れ，「中島はまたダミーを使った」と言われるだろうし，催眠トランス空間論をよく勉強している人からは，「クライエントが主体的に暗示を実行してくれた」とうまく説明してもらえるだろうし，「治療空間が僕にそうさせた」なんてことを言ってくれる人もいるだろう。何度も言うが，僕は全くそんなことは意識せず，エリクソン的心理療法の原則をベタに守っただけである。だからと言ってこの仮想のやりとりで，説明をしてくれる人が間違っているということではなく，サイコセラピーとは常にそういうものだ。意図と現実に見えることには一定のズレというより，開きがある。逆に開きがないサイコセラピーは面白みがないし，それが終わってからの発展もないと僕は思う。意図も真実であるし，説明も真実である。開きがあるほど奥が深いし，セラピーが終わった後何が起こるかわからない。だからこそ，ほぼ全ての日本語的サイコセラピーを説明できて，セラピーが終わった後の期待値が予測できる催眠トランス空間論は金字塔なのである。まあ僕がこのようなことを言うこと自体「説明」で，松木先生の意図とは随分ずれているかもしれないし，そんなところから学問が生まれるのだろう。

　話がだいぶそれた。

　治療空間や関係性を考えず，ひたすらクライエントに治療実験を課していくというのは，「非人間的」ととらえる向きもあるかもしれないが，僕は決してそうは思わない。治療空間をつくるということは，それが壊れた時に治療の弊害が出現するということであり，関係性を作り保つということは，それ自体先のドゥ・イット・ユアセルフの精神を削ぐ危険性を孕んでいる。先のケースでいうと，それらしく安全性を担保し（「ここに来てたら安心ですからじっくりやっていきましょう」とか言うこと），無理矢理にでも関係をとりつけ（「薬に抵抗があるというあなたの気持ちはよく分かりますよ」とか言うこと），必要性を説き，服薬に持ち込んでも，またやめるか，依存するかのどっちかだろう。最悪お互いの人格攻撃となる。先はわからないが，少なくとも彼は自ら薬を飲み始めた。でもたぶん，僕のことを全面的には信用していないだろう。それが普通だと僕は思う。

だから僕は，たとえ治療実験が失敗してもそれがよい方向に進むようにことを進めることを常に意識しているし，治療の場面はセーフティスペースではなく赤の他人の僕と話すという，クライエントにとっては常に危険な場面であることを常に常に心がけている。先のケースでメディアを使ったのはその危険な場面を意識してのことだ。加えてクライエントとの関係性は考えず，クライエントに対して常に有効な刺激が与えられるような立ち位置のみを考えるようにしている。ケースでは明らかに少し距離感のあるアッパーなポジションで，今は，これが僕とクライエントにとっての最高に「セーフティ」なポジションであるというところに落ち着いている。

　これだけ長く治療空間について，僕がそれを意識せず作ろうともしない言い訳を並べたのも初めての試みだった。でもこれは向き不向きの話であり，治療空間を作ってそれを上手に利用するというのが，僕にはできないというだけである。世の中には松木先生や，家族療法の達人の人たちや，僕と同じエリクソン好きのエリクソニアンの人々のように，それが上手にできる人もたくさんいる。ただ僕としては，催眠トランス空間論を治療空間の面から眺めると，「僕のやりかたを説明してくれるかもしれないが，僕自身が催眠トランス空間論を意識しながら面接をやることはない」と，そのような結論に至った。治療空間を僕自体が意識していないのだから仕方がない。付け足せば，かの理論は整然とかつ綿密に構成されているがゆえに，これを意識しながらの臨床応用には，家族療法と同じく相当の修練が必要だろう。多くの人にとってはこの修練もまた楽しいのだろうしね。

　まあ，僕のようなやり方は修練と無縁だからあくまで参考に，エリクソンのやり方もそうだと思う。あとで話す「トランス療法」と違ってエリクソンのやり方をなぞるエリクソン的心理療法は結構ハードルが高いと思う。

III　催眠トランスとトランス療法

　さて，治療空間はこれでいいとしても，厄介なものがある。それが「トランス」と言われるものだ。

　最初に立場をはっきりさせておくと，催眠トランス空間論は「催眠誘導」をつかってつくりだされるトランスを前提としている。僕の場合は治療面接でトランスはほぼ必須のものだが，催眠誘導はほぼつかわない。どちらもトランスに違いはないのだが，微妙な違いがある。少しだけ解説したい。

　セラピストによる催眠誘導を使ってつくりだされたトランスは，いわば人工的

なものだから，通常はセラピストによる厳密な管理のもとで，治療的に使用される。催眠誘導を使わず，対話の中で自然に出現したトランスは，通常は管理されることなく，多くはそれが存在していると意識されることなく，治療の中で現れたり隠れたりする。前者は「催眠」や「催眠療法」として知られていて，広く学会などでトレーニングされている「あの」催眠だ。片や後者はさまざまな心理療法の中で頻回に観察される現象だが，当のセラピストとクライエントには意識されていない。前にも説明したように，やっている方とそれを観察する方にはズレがあるということの典型だと思われる。ちなみに僕は，この自然なトランスに基づいた心理療法を「トランス療法」と名付けて使っている。

　このようにトランスが治療に用いられるというのは理由があって，人間がトランス状態に置かれると，心理治療上有用なことがたくさんあるからだ。トランスによって内的世界に没入していくと，さまざまな方向に連想が広がり，いままで気づかなかったことに気づいたり，発想が思わぬ方向に進んだり，違った角度から物事がみえたりする。トランスにより内的世界と現実や肉体が解離すると，不安などを感じずに物事をすすめたり，痛みなどの肉体的苦痛がなくなったり和らいだりする。さまざまな芸術的発想や神々しい宗教体験の背景にもトランスが関連しているのは明らかだろう。ゆえに，さまざまなシャーマニズムを例に出すまでもなく，古来からトランスは心理的な治療に利用されてきた。

　ただ，儀式などを通じてのトランスの利用には，どうしても神や悪魔などと結びつけて考える必要があり，産業革命以降の近代から現代に時代が移行するにつれ，さまざまな問題が生じてきた。そのため，儀式は催眠というように現代的な体裁を整える必要があったと考えられる。そのあたりはエレンベルガーの著書に詳しい（Ellberger, 1970）。

　催眠はその誘導技法を中心に現在までいろんな意味で洗練されてきた。米国ではエリクソンの催眠もそれに大きな影響を与え，日本における独自の発展も加わりながら，松木先生らが実践する「現代催眠」という形に結実しつつあるようだ。エリクソンの催眠もまた，それをみて説明する立場の人たちの手によって「エリクソニアン催眠」として体系化している（Zeig, 1999）。

　現代催眠であれ，エリクソニアン催眠であれ，セラピストとクライエント双方に自分たちがやっているのは催眠だという意識があり，見た目にも独特の催眠トランス空間が存在するのは明らかだ。ただ，やっていることが誘導の段階からやっている方にも観ている方にもわかりやすい催眠，例えば，「催眠に入っていきま

すよ→催眠に入りました」「雲の上にいますよ→雲の上にいます」「雲の上にいるとどんどん気持ちよくなってきます→ああ気持ちがいい」「すっきりしましたか？→とてもいい気分です」といった催眠は，前にも述べたように，面白みもないしその場限りだ。僕に言わせれば，治療的意味はないに等しい。

　良質な現代催眠やエリクソニアン催眠は，観ている方にはさまざまな姿を見せるし，催眠が終わった後，クライエントに何かの変化が起こる。以前，素晴らしいエリクソニアン催眠のデモンストレーションで，デモンストレーション中はセラピストが何かの逸話（アネクドート）を話していただけで，どうにでも取れる内容だったが，デモンストレーションの少し後にクライエントの難治性の皮膚症状が改善していた例を目の当たりにした。これは観ているものには予想がつかなかった。ただ，そのデモンストレーション中，僕から観て，クライエントに何かがよくなっていく感覚が生成してきたようにも視えたのも確かだ。松木先生の現代催眠でも同様のことは数多く起こっているし，観ている方にもさまざまな解釈が出現する。

　催眠トランス空間論でいうと，先に出した面白みのない催眠例が，「催眠をかけている感じ〜催眠にかけられている感じ」であるのに対し，良質な現代催眠やエリクソニアン催眠は，「クライエントの主体性を尊重する感じ〜主体的に催眠に関わる感じ」であると考えられる。僕はエリクソニアン催眠の普及にも関わっているが，その教育の中でも，自然であることとクライエントの主体性を特に重んじている。催眠トランス空間論に基づく現代催眠とエリクソニアン催眠は形こそ違え，目指しているものは共通している。エリクソンの言う「全ての催眠は自己催眠だ」（O'Hanlon & Martin, 1992）という言葉が響く。

　どちらの催眠もとっかかりが人工的なトランスである以上（やっているうちに自然なトランスになることもあるかもしれないが），トランスのコントロールは必要になるかと思う。それが，「トランス空間」の構築につながり，催眠トランス空間論で言う「守られた空間としてのトランス」となる。言ってみれば，セラピストとクライエントの共同作業によってつくられたトランス空間なのだろう。

　ただ，先ほどのエリクソンの言葉でいう自己催眠とこの現象を比較するとズレがあるようにも思える。深読みするならば，エリクソンは人工的なトランスのことを想定しているのではなく，自然なトランスのことを想定しているのではないかと僕には思えるのだ（中島，2008）。エリクソンはトランスを「自然に存在するもの」としていたし，彼の弟子であるオハンロンもトランスは「誘導ではなく

喚起」するものだとしている（O'Hanlon & Martin, 1992）。またトランスで大事なことも，自然な誘導ではなく「自然主義的（naturalistic）」であることとしている。エリクソンの晩年の治療の中でのトランスも誘導の匂いがしないし，これは偏った見方かもしれないが，僕からすると若い頃の誘導場面からして，何かが違う。クライエントに「すでに君はトランスを体験しているんだよ」といったメッセージを発している匂いがしているのだ。

そこから，自然なトランスを発見し活用していく「トランス療法」という方向性を僕は選んだ，というより僕がナチュラルにやると催眠をしようとしてもそうなってしまう。

IV　トランス療法の実際

僕の場合，クライエントとお話をしていて，クライエントが勝手に軽いトランス状態を呈することが多い。まあ，日頃の数分程度の診察ではそういうことは稀だが（意識的には），数分でもそういうクライエントはいる。これも誰でも体験することなのだろうが，自分で話して，自分で解決をつけて，勝手に帰っていくパターン。それ以外では僕が話す量が多いから，「話したいことがあるが言えなかった」と後で文句を言われるパターンも多いが，ぼくが話すうち自然にトランスを呈して思いついたことを話して帰っていくパターン。いずれにしても，変化は僅かだが，連続していくとかなり軽快するクライエントも多い。普通といえば普通，見る人が見ると面白いとは思う。もちろん苦手なクライエントもいて，まあ具体的にあげるわけにはいかないが，エリクソン的心理療法の原則を許してくれない人は，なかなかご自分の自然なトランスを使えないことが多いようだ。ドゥ・イット・ユアセルフはできないクライエントが多い，と思われている治療者の方も多いようだが，そんなことはない。これに難儀する人は実は少数派である。

つらつらと短時間の診察のことを書いたが，拍子抜けされたかと。やっていることは普通ではないかと思う。でも大事なことは，結構うまく自分が持っているトランスは，ちょっとしたきっかけでうまく使えるようになるということ。そう，トランス療法の中核は，クライエントが自分のもともと持っているトランスもしくはトランスに入る能力をうまく使えるようにすることだと思っている。それが先のエリクソンの言葉につながってくる。

病院用語で言うところの新患，つまり新しく来られたクライエントには30分以上の時間をかけられるので，以下のような作業を行う。

クライエントというより人間は皆，もともとトランスの入口になるところやすでにトランスになっている部分を持っている。それを見つけるのが僕の仕事で，そのためにはクライエントの姿形，立ち居振る舞いだけではなく背景事象（影響を与えている人や，無意識にこだわっていたり，囚われている事象など）やよく使われる単語なども細かく観察することが必要になる。その中にトランスそのものやトランスの入口があるので，とりあえずそれを話の中で取り上げてみる，そうするだけでクライエントのトランスは途端に活性化するので，しばらく放っておく。それだけで勝手に連想が膨らみ，その連想にこちらも少し相乗りするだけで結論が出て終結してしまうクライエントも多い。それでうまくいかなかったりして，その場での必要性を感じたならば，エリクソン的心理療法で実験を開始し，それで面接を終わる場合もあるが，何らかの課題を与えることもある。このようにしていると，結構1回だけの面接で十分なクライエントも多い。

　ケースをもうひとつ。

　仕事に関して悩みを持つ40代の男性。悩みの性質が複雑で入り組んでいたため，何らかの切り口が必要かと考え，トランスを意識しての面接となった。最初，彼はトランスの入り口をたくさん持っておられたのだが，意識の力を凄まじくトレーニングされている方で，うまくトランスを呈しきれなかった。そこで，エリクソン的心理療法の実験として，「鎧に体が磁力かなんかで吸着される」というイメージを与えたところ，凄まじい勢いでトランスを呈しながら過去に没入し，実験の前にしたうつの話を思い出したのか，「僕は長い間うつだったんですね」と深くため息をつかれた。ひととおり，それまでの症状を確認し，「やはりうつだったんですね」というところで面接を終わった。「ここで終わりですか！」と狼狽されたが，ドゥ・イット・ユアセルフ，後は彼の仕事である。長い間のうつ「だった」ので医学的にもそれ以上の治療はできないわけだし。

　その後また面接に来られたが，かなり楽になっておられた様子だった。仕事のやり方自体が変わったと言っておられた。意識のタガは強いままだが，無意識的なセルフケアは進んでいった。

V　トランス療法の概要とトランス空間

　ここまで読んでいただければおわかりのように，僕はトランス療法でもまた，「トランス空間」らしきものは意識しない。トランス療法でのクライエントが呈するトランスは，あくまで自然主義的なセルフトランスだという前提でかかるので，

そこでクライエントと協働でトランス空間を構築し，同じトランス空間にいるという前提で作業をすることはまずない。セラピスト側にもセルフトランスが出てきて連想が生じ，それを刺激としてクライエントに与えることはよくあるが。上記のケースでの鎧の話はまさにそれである。トランス療法では，トランス空間を共有するのではなく，互いのトランスが対峙し影響を与えあう，というイメージの方が，セラピスト側の意図としては正しい。もうお気付きだろうが，トランス療法では，トランスに「入る」という言葉は使わない。トランスを「呈する」「使う」もしくは「活用」といった言葉を使う。理由は今まで書いたことが主で，他にもあるが，ここでは割愛する。

　エリクソンが僕が言うようなトランス療法をやっていたわけではないが，トランス療法は，エリクソンの手法やトランス観を僕なりにごく単純にまとめていった方法である。以前日本催眠医学心理学会でお話ししたように（中島，2012）エリクソンの手法を単純にまとめると，観察，連想，混乱の３つで，これを繰り返すことで治療全体が構成されている。また，エリクソンのトランス観は，前述したように自然主義的，つまり「クライエントにトランスは普通に存在している」という立場から，人工的なものより自然なトランスを重視しているといえる。これがトランス療法の基礎になっていて，結果催眠の手法とは趣を異にするアプローチをとるようになった。

　まず催眠誘導はやらない。誘導はせずにクライエントの立ち居振る舞い，言葉，背景事象などを観察し，その中からトランスの入口やトランスそのものを探し出す。それは，髪をかきあげる仕草であったり，ときどき目を瞑る行為であったり，「やっぱりですね」と言う口癖だったり，車のことをやたらと話したり，離婚した家族へのこだわりだったりする。そしてそれらを，真似したり，加工して言語化したり，特定の単語を気にしたり，そこに話題を集中したり，そこから連想した言葉を伝えたりといった「刺激」を与えることによって，比較的容易にクライエントは自らが持っていたまたは喚起したトランスを呈してくることになる。クライエントはそれを意識することもあれば，しないこともある。それはあえてそのままにしてプロセスを進めていく。

　昔僕は，クライエントと握手するだけでクライエントがトランスを呈するというデモンストレーションをよくやっていたが，あれは，上記の原則を忠実に行なっているに過ぎない。僕の前に出されたクライエントは，肌で緊張を感じ，目で僕の一挙手一投足を追っている。この場合，肌と目はトランスの入口であるし，何

かに没入していると言う点で，皮膚感覚と視覚はすでにトランスを呈し使いだしている。そこで手を握り（皮膚感覚），目を見てそこが止まっている＝没入しているということを伝えてあげるだけで，他の感覚や領識も一気にトランスに向かい，全体がトランスを呈することになる。単純な構造である。

　観察と刺激，これが第一歩としている。

　それから，ナチュラルなトランスが呈されてくると，その中でクライエントの連想が広がる。セラピストである僕はそれを聴きながら，自分の中での連想も広がるし，引き続き観察も続けているので，その内容をクライエントに伝えていく。ケースでの「うつ」は，クライエントが本格的にトランスを呈する前，トランスと意識の間で揺れている状態の時に，僕の体験から出てきた連想であり，その時に伝えたことだ。伝えたことが刺激になり，トランスの形が変わっていき，新たな連想が生まれてくる。これを，トランス療法では治療的なプロセスとして「連想的な会話」と呼んでいる。

　そして何か，局面の変化を求める時，解離的なものが必要になった時には，ある種の混乱が必要になる。エリクソンの手法で「混乱技法」と名付けられているものがあるが，エリクソンの場合，話の一定の部分が混乱しているので，混乱は単なる誘導技法ではないように僕には思える。混乱は意識的に仕掛けることもあるが，無意識に起こってしまうことも多い。僕の場合治療のプロセスのかなりの部分を無意識に依っているところが多いので，混乱が勝手に起こることも多い。

　混乱はすなわち解離を生む。僕の場合治療場面で解離を必要とする局面は，クライエントに自らのトランスに気づいてもらう以外にはほとんどない（観察と刺激だけでは不十分な場合もある）が，面接の外，課題などで使うことも多い。先のケースでの「もう終わりですか！」はそれである。面接の終了とともにいろんなことを話していて，理由があってここではお話しできないが，混乱に関することではある。ただ一番大きな混乱要因はうつ「だった」ということがわかった時点で面接を終わったことだろう（トランスなので「だった」ということに彼は気がついていない）。そこで解離が起こった。さまざまなことを内省するトフンスと，日常生活の間の解離である。これによって彼はトランスを残しながらも日常の仕事や生活を成り立たせることができた。そしてトランスがうまい具合に仕事に影響を与えているようだった。

　自然にあるトランスと催眠によってもたらされる人工的なトランスの大きな違いはここにある。自然にあるトランスには始まりも終わりもなく，無意識への入り

口もしくは無意識そのものだから，もともと我々の意識世界と共存している。それだから，自然にあるトランスではクライエントはそのままトランスを持ち帰り使っていくことができる。それはそうだ。もともとクライエントが持っていたものだから。そのために混乱と解離を使うこともあるが，それは日常的な没入を避けたい時と，課題の中での（それを実行しようがしまいが）没入を促す時である。だから，誘導も解催眠も必要ない。

　ご存知のように通常の催眠であれば，人工的に目的に沿ったトランスを作り，そこに「入る」必要がある。だからそれを守られた空間として管理する催眠トランス空間を想定する必要があるし，その中で松木先生の主張するような「クライエントの主体性を尊重する感じ～主体的に催眠に関わる感じ」が目指されてしかるべきだと考える。ある意味催眠トランス空間は，クライエントにとって，いやセラピストにとっても養育的な空間に違いない。そのためにはセラピストの厳密なトレーニングが必要になってくるだろう。習得すれば実りはその分大きいと言える。

　一方，僕のトランス療法のほうは，自然にあるトランスを利用していくやりかたなので，空間とかその管理を必要としないぶん，かんたんに取り組めるし，あくまでもクライエントまかせの部分は大きく，実りは小さいかもしれないが，観察できた分の臨床的成果は上がりやすいのでは，と期待している。安全でもあって，実際僕は，トランス療法の範疇を超えない限り，臨床でも研修会でも，トランスから出てこないとかバッドトランスであるとかの変な体験をしたことがない。『やさしいトランス療法』という本を執筆中でもある。

Ⅵ　より深い探求へ

　ここまで書いたことで，トランスの用い方や催眠トランス空間というものを論じきれたかというとそうでもなく，催眠ということを除いた「トランス空間」を「トランスを通じたコミュニケーション」とすると，いろんな未解決のことが残っている。それは僕的に言うと，クライエントと僕の中で出現してきたトランスが，「同調する」ことがよく体験されることだ。これはトランスの深さとかと関係することではなく，クライエントの立ち居振る舞いの部分ではなく，背景事象に観察の視点が置かれている時に多い。他の用語で言えば，シンクロニシティであり，神田橋氏の言う「離魂融合」（神田橋，2011）という現象とも重なってくる。そんなことが起こっている時，前にも書いたように僕が意識することはなくとも，

他から観ると，そこに「トランス空間」とみえるものが存在しているのかもしれない。そのようなことを研修会のデモンストレーションでも言われたことがあった。

　この部分で事例を挙げればきりがないし，結論も出ていない。論じ始めれば，紙面がいくらあっても足りない。松木先生とも少し打ち合わせたが，その部分はまた別の機会で考察を持とうということとなった。

　結論は，出たかどうだかわからない。僕の考えに反対する人もいるだろう。議論は続くし，かんたんに答えは出ないだろう。その方が面白い。

　ともあれ，単なるエリクソン好きの僕が，自然にあるトランスに注目することになり，催眠のフォーマットを離れて思索や実践ができるようになったのも，松木先生をはじめとした日本における現代催眠の発展のおかげだと思う。皆の前でデモンストレーションとして，松木先生や僕や他の人のやり方を互いに見て批評できるフィールドが出来上がったのも，素晴らしいことだと思う。

　この稿を書き始める時に，この面で巨大な功績を残された高石昇先生の御訃報を耳にした。高石先生を偲ぶとともに，故人となられた方も含め，日本の現代催眠の発展に寄与された皆様に心から感謝して，稿を閉じたいと思う。

文　　献

Ellenberger, H. F. (1970) The Discovery of the Unconscious: The History and Evolution of Dynamic Psychiatry. New York; Basic Books.（木村敏・中井久夫監訳（1980）無意識の発見：力動精神医学発達史．弘文堂．）

Erickson, M. H. (1954) Pseudo-orientation in time as a hypnotherapeutic procedure. Journal of Clinical and Experimental Hypnosis, 2; 261-283.（森俊夫・瀬戸屋雄太郎訳（2002）催眠療法における一方法としての時間の偽定位．現代思想, 30(4); 130-154.）

神田橋條治（2011）技を育む．中山書店．

松木繁（2005）催眠の効果的な臨床適用における治療関係のあり方をめぐって—「治療の場」としてトランスが機能するためのいくつかの条件．臨床催眠学, 6; 22-25.

中島央（2008）Ericksonの催眠に関するひとつの推理．臨床心理学, 8; 22-28.

中島央（2012）日々の臨床で診ている意識，ことば，からだの微妙な関係．シンポジウム「意識・からだの諸相を活用した臨床とその周辺」．日本催眠医学心理学会第58回大会，東京．

O'Hanlon, W. H. (1987) Taproots: Underlying Principles of Milton Erickson's Therapy and Hypnosis. New York; Norton.（森俊夫・菊池安希子訳（1995）ミルトン・エリクソン入門．金剛出版．）

O'Hanlon, W. H. & Martin, M. (1992) Solution-oriented Hypnosis: An Ericksonian

Approach. New York; Norton.（宮田敬一監訳・津川秀夫訳（2001）ミルトン・エリクソンの催眠療法入門．金剛出版．）
White, M. & Epston, D. (1990) Narrative Means to Therapeutic Ends. New York; Norton.（小森康永訳（1992）物語としての家族．金剛出版．）
Zeig, J. K. & Munion, W. M. (1999) Milton H. Erickson. London; SAGE.（中野善行・虫明修訳（2003）ミルトン・エリクソン：その生涯と治療技法．金剛出版．）

リフレクション☆乡松木　繁

　中島央先生とは，福岡催眠療法研究会（以下，福催研）での出会いが最初だったように記憶している。普段の飄々とした態度やボケとツッコミで楽しむ姿とは裏腹に，頭の切れの良さと達観した洞察力に私は敬意を表しつつも，どこか（会った瞬間からすでにどこか）見透かされていそうな気配（？）を感じていたが，私に言わせれば，すでに，この気配自体が催眠的で，気付かぬ内に私の中に内在する催眠の扉は開かれていたのだろうなと思う。巷のエリクソニアンとは違う魔力のような雰囲気と気配と，「いつでも催眠」的な会話（治療的会話か？）ができるのは，これぞ中島先生の真骨頂だろうと，最初の彼のデモンストレーションを見た時に実感したものである。

　その中島先生から力のあるストレート球が今回送られてきた。結構，本気のメッセージが執筆原稿の中に書かれていたので私は嬉しく一気に拝読させて頂いた。私の主張する「催眠トランス空間論」を金字塔と評しながらも，これと自分のやっている「トランス療法」とは，その立ち位置から根本的に違って相手にしようがない，と突っぱねたような（失礼！）書きぶりでの最初の展開に，このエネルギーは何ぞや？ と先制パンチに挑発されながら読ませて頂いた。中島先生の論理展開には，成る程！ と思わせる箇所ばかりであったが，それでも読み進める内に，臨床現場で問題や症状を扱うレベルの違い（医学的な側面と臨床心理学的な側面の違いだけでなく，Clの深層への接近の仕方の違い）はあるものの，基本的なところでは共通するものがあると，その症例への具体例を読ませて頂いて感じさせられた。

　「催眠トランス空間論」で私が主張する空間は，その空間が得られるプロセスをたどるに従って次第にその枠がなくなり，その空間そのものがなくなり，その場そのものが"治療の場"になり，「二者関係」だけの世界になってしまうように

私は考えている。「催眠トランス空間論」でいうところの第4段階でのThが「観察する自我」（図2-4で実線で示した部分）を保ちつつも，Clとの共有のトランス状態にともになって埋没（図2-4で破線で示した部分）し，最終的には，極力，「自我関与を捨てきる」状態に成りきった時に，Clの「自己支持の工夫」が産み出されるのだということを臨床的には実感している。拙著（2003）の考察で，その辺りを表現するための引用として，「患者の遊ぶ領域と治療者の遊ぶ領域という二つの遊ぶ領域の中で精神療法は行われる」（Winnicott, D.W., 1971）や母子の二者間で行われる「情動調律」（Stern, D.N., 1985）のようなものと表した。中島先生が患者と接する際に患者と共にトランスを共有される姿は，このような感覚に似ているのではないかと推測している。ただ，中島先生は私が必要とする「トランス空間」設定は無くとも，そうした関わりは得られる，トランス療法とはそのようなものだと仰る。

　自信をもってこう言い切られる中島先生の臨床観に圧倒されつつも，それを実現するためには，日常臨床の中においても，「観察できない現在進行中のClの体験を描写する」類いまれな共感性の高さが必要なのではないかと私などは感ずるところである。くしくも，Bandler（1975）が「エリクソンは自らを高機能のバイオフィードバック装置に仕立てている…（中略）…そして，しばしばClの話し方の調子や統語法，テンポを利用し，自分の姿勢や呼吸数，しぐさを調整してClのそれに合わせようとする」言っているように，それができる中島先生の技は，エリクソンとはまた一味違った「職人技」なのであろう。

　中島先生は，私の催眠療法がClとの関係性重視でかつ間接的表現の多いことなどを根拠に，「ジャパンオリジナル催眠」（中島，2010）と名付けると同時に，「愛の催眠」と名付けて呼んだことがある。きっと中島先生は私よりもはるかに愛の深い臨床家なのだろう。

文　　献

Badler, R. & Grinder, J.（1975）Patterns of the Hypnotic Techniques of Milton H. Erickson, M. D. Volume 1.（浅田仁子訳（2012）ミルトンエリクソンの催眠テクニックⅠ［言語パターン編］．春秋社．）
松木繁（2003）催眠療法における"共感性"に関する一考察．催眠学研究, 47(2); 1-7.
中島央（2009）催眠のオリジナリティ．臨床催眠学, 10(1); 1.
Stern, D. N.（小此木啓吾・丸田俊彦監訳，1990）乳児の対人世界Ⅰ，Ⅱ．岩崎学術出版社．
Winnicott, D. W.（橋本雅雄訳，1979）遊ぶことと現実．岩崎学術出版社．

10.
NLPの立場より

西健太郎

I　まえがき

　「先生とは長い付き合いになりそうな気がするなぁ……」，約10年前に羽田空港で，その日初めてお会いした松木繁先生からそう言われたことを思い出しながら，この原稿を書き始めている。私は13年前に，それまで19年間続けた急性期病院での外科医としての仕事にピリオドをうち，介護療養医療と外科外来業務に移行し，Neuro-Linguistic Programming（以下NLP）を学び始めた。そしてその後，催眠も学ぶようになった。残念ながら，本書の執筆に携わられている他の著名な先生方と並んで「心理療法の職人技」について文章を書くような技は持ち合わせていない。今回のこのご指名は，松木催眠の弟子の末席を汚す私に2度，師が主宰する鹿児島臨床催眠研究会での講師の機会を与えて下さった師匠からの，さらなる課題だと受け止めて書かせて頂くこととする。

　心理療法を学び始めた私にとってとても幸運なことは，松木繁先生を始め，多くの優れた心理・精神療法家と呼ばれる方々との出会いがあり，親しくして頂き，さまざまなお話を伺う機会が持てていることである。それによりその先生方の人となりに接することができていることはその道を学ぶものにとってはとても幸いなことであると平素より感謝している。

　まだNLPを学び始めて間もない頃のことである。広島の松原秀樹先生の研修会にも定期的に参加していた。ある時NLPの課題のために松原先生にお願いしてお話しする機会を頂いた。その対談は広島日赤看護大学の教授室で3時間以上にもわたった。話は先生の出自のお話から少年・青年時代，ご家族のお話と多岐に及んだ。NLPの課題として私に与えられていたものは，松原先生の信念・価値観，大切にされていることの聞き取りであった。そんな意図を持ちながら先生のお話

を伺うことで，私は心理療法家としての松原秀樹先生の「在り方」の一端に触れられたような気がした。そしてその体験を通して，「職人」を目指す一つの方向性を私は学んだ。松木繁先生に催眠療法を教わるようになってからもその方向性を大切にしている。松木先生の信念・価値観，大切にされているものをそばで感じながら，「型」は型（contents）として学びながら，その中にある context を身につけることを目指している。

　まるで錬金術師の見習いである。近代においては錬金術師の技を言語にして流布しようとしたことに災いが生じた。その弊害として魔術師を目指すものが増えた。「錬金術のリアリティはその精神的側面にこそあり，物質的側面は術の本質に触れるものではない」（Berman, 1981）という考えには全く同感である。

　NLP のテクニック（ここではスキルではなくあえて"テクニック"と呼ぶ）に関する書籍は巷に溢れているので，テクニックついては他所に譲ることとする。私は NLP がどのようにして生まれたかを紹介し，そのコンテキストを踏まえた上で NLP の基本的概念を紹介しつつ，催眠との接点，「催眠トランス空間論」とのつながりについて話を広げていくこととする。

Ⅱ　NLP の歴史と基本的概念

　NLP は 1970 年代リチャード・バンドラーとジョン・グリンダーにより作り出されたもので，言語の神経学的な基盤を明らかにしようとする探求から始まったとされている。そして 1975 年に彼らによる第 1 冊目の本 *"The Structure of Magic Vol. I: A Book about Language and Therapy"* が出版された。その本において彼らは当時大変成功していたセラピストの言語パターンを分析概説し，「メタモデル」と呼び紹介した。ヴァージニア・サティアは彼らの成果を，その本の序文で「変化のプロセスを時間をかけて観察し，その中からパターンを導き出した」と書き，グレゴリー・ベイトソンは「彼らは言語学を理論的基礎とし，同時に治療手段とした」と記した。NLP を学んでいる多くの人の理解はこのようなものだと思われる。そして NLP の誕生をさらに詳しく紹介してくれる *"The Origins of Neurolinguistic Programming"* が 2013 年に，そして 2015 年には *"NLP MAGAZINE"* 17 号，*An Interview with Frank Pucelik & John Grinder*（電子版）が出版された。これらによると，そもそもの始まりは，リチャード・バンドラーとフランク・ピューセリックがカルフォルニア大学サンタクルーズ校でゲシュタルトセラピーを教えていたところからである。リチャード・バンドラーは知り合いの言語学の教授であった

ジョン・グリンダーに自分たちのセラピーを見せて，言語学的な分析をしてもらい，さらにうまくやるための助言を求めた。どんなパターンが治療的な効果を生んでいるのか，それを究めてモデルを作り，生徒に教えようとした。そしてさらに彼らは，彼らの生徒やカウンセラーを巻き込んで，当時の偉大なセラピスト達のコピーをひたすら繰り返して行った。そのセラピスト達のパターンを実際のセッションやビデオや逐語録から分析して，何が治療に効果的で，何が効果的ではないかを自分たちで実験的に試し，その方法を精製し，より上手く，より速くするために何度も何度も実験と練習を精力的に重ねた。初期の頃その対象となった人物にはカルロス・カスタネダ，カール・ロジャース，ヴァージニア・サティア，フリッツ・パールズ，グレゴリー・ベイトソン，ジョン・リリーらがいた。後にはミルトン・エリクソンもその対象となった。また，1970年代のカルフォルニアには薬物中毒等でカウンセリングを受けている少年少女たちが多くいて，そのカウンセリングに関わっていたカウンセラーも巻き込み，治療するとともに患者を精製したスキルの実験対象とした。彼らが追及したのは，もっともな理論に基づいたスキルではなくて，実際にやってみて役立つことは何か，何がうまくいって何がうまくいかないのかということであった。これは「催眠療法は『理論に基づかず，現象そのものから出発している』」という高石（2004）の表現とも重なっているところは興味深い。

　そしてNLPは一つの治療法として作られたものではない。優秀なセラピスト達が行っている方法，使っているパターンから治療に効果的な要素を抽出したものを体系化したものである。したがってNLPは発明されたものではなく，発見されたものなのである。今では考えられないことであるが，当時の優秀なセラピスト達の中には自分たちのどんなパターンが治療的に効果を果たしているのかということを知らないでいる者も沢山いたのである。このNLPの元となる研究グループはその方法論から「META（group）」と呼ばれていた。METAとは，「ある対象を記述したものがあり，さらにそれを対象として記述するものを，メタ○○，あるいは単にメタ○○と呼ぶ」（Wikipedia）であるが，セラピーを対象として観察そして記述するという研究を通してNLPは確立されていった。この"META"の概念はNLPのとても重要な要素を反映していて，「技術の伝承」ということにも繋がるキーワードである。NLPのセミナーで行われるワークではクライエント役，セラピスト役に加え，メタ・パーソンという観察者を度々置くのもNLPの特徴であろう。

NLPのエッセンスとはモデリングスキルであり，NLPとは「どんな分野であれ，その道に優れた人々を研究してそのパターンを学ぶ方法」である（O'Conner & Seymour, 1990）。そしてジョン・グリンダーは言語学の教授であったので，観察研究した対象をモデル化したり構造化するのはお手のものであった。「モデリング」，つまり誰かの真似をするということである。その人が使っている言語や非言語のパターンの行動レベルから始まり，その人の信念や価値観レベルのことにも及ぶコピーをするのである。「その人になりきる」ということもできよう。NLPはその方法を具体的に学ぶ手段であるとも言える。

　このモデリングを行う際に，どんな情報をどのように観察・収集していくのかということはNLPのみならず催眠療法や他の心理療法を行う上でも重要なことであろう。その具体的な方法を体系化したのがNLPである。

　NLPは主観的体験構造の研究であると言われている。クライエントがどんなパターンでこの世界を体験しているのかを探求するのである。そしてNLPにはその体験の仕方を説明するモデルとして，「（優先）代表システム」というものがある。ヒトはさまざまな体験を感覚器（視覚・聴覚・触覚・嗅覚・味覚）を通して脳に蓄えていく。さらにその情報は信念・価値観といった過去の体験フィルターを通して認知され，五感の要素を使って再構成して記憶として身体の中に蓄えられていく。そしてこの記憶をもとにヒトは自分自身の世界モデル・地図 map を作っていく。コージブスキーの "Map is not a territory" という言葉があり，「人は現実の世界に対して反応するのではなくて，私たち自身の世界モデルについての個人的なモデルに基づいて反応している」と考えるモデルである（Lewis & Pucelik, 1990）。

　NLPのモデルでは蓄えられた体験の情報は，五感の情報，特に視覚・聴覚・体感覚（触・嗅・味）から構成されると考える。そしてこの感覚の使い方はヒトによってさまざまであり，個人が特に無意識に好んで用いるものを「優先代表システム」と呼ぶ。ある人は視覚情報を多用したり，ある人は聴覚情報を大事にしたり，またある人は身体の感じを大切にしたりする。例えば「梅干し」という言葉を聞いた時，あなたはどんな体験をするだろうか？　ある人は「赤い梅干し」の画像を思い浮かべたり，ある人は「うめぼし」という音を聴く体験をしたり，またある人は口の中に唾液が出て来たり，といった具合にさまざまな体験がある。この人によって五感の使い方の個人個人の特性，どの五感をよく使うかということに注目したのが「優先代表システム」と呼ばれるものである。目の前の人の「優先

表1　それぞれの優先代表システムの特徴：
どのタイプの情報（五感）を重視しているかが，言語・非言語に表れる

	視覚	聴覚	体感覚
姿勢	背筋を伸ばしている 頭を高く挙げている	左右が不均衡 頭を少し傾けている （テレホンポジション）	背筋を丸めている 「（ロダンの）考える人」
声	高い・早口	普通，平坦 澄んで，歯切れが良い 響きがある	低い，ゆっくり 間をおいて話す
動作	手のひらを下に向ける 見えているイメージを指さす 額やこめかみに触れる	腕組みで動かない リズムのある動き 耳，喉に触れる	手のひらを上に向ける 身体に触れる
眼球	上方左右	水平左右 （内的会話は左下）	右下
言語	見える，思い浮かぶ 眺める	聞こえる，考える，思う	感じる，味わう，抱く

(O'Connor, J. & Seymour, J., 1990 より)

　代表システム」の判定はその人の目の動き，使う言葉，そして身体の動きを観察して行う。視覚・聴覚・体感覚の「優先代表システム」の特徴を表1に示す。もちろんこれらの情報は絶対的なものを表しているわけではないが，クライエントがどのようにこの世界を体験している可能性があるのかを知るための観察点としては有用である。催眠では「観察」がとても大切だと言われる。その「観察」のための具体的な目標を明確にしたものがNLPである。どのタイプの情報（五感）を重視しているかがその人の言語・非言語のコミュニケーションに表れる。

　コミュニケーションに表れる各代表システムの特徴としては，例えば，「あなたの彼氏ってどんな人？」という質問に対して，視覚優位の人は視線を上に向けながら，「背が高くって，目鼻立ちがはっきりしていて，真っ赤なセーターが似合う人です」といった視覚の表現を使う傾向にある。聴覚優位の人は「声がとてもセクシーで，いわゆるイケメンです。そして時々奇想天外なことを言います」と，首を少し傾けて，視線を左右に動かしながら話したり，そして体感覚優位の人は「とてもどっしりと落ち着いた感じの人で，あたたかくって人当たりのいい人です」と，右下に視線を向けながらゆっくりと話す，といった感じである。もちろん，代表システムは限られた種類のものしか使わないという訳ではないので，これらを混ぜて使うことの方が当然多い。この代表システムは，ヒトがものを考

えたり，行動したりするうえでの「仕方」「やり方」の癖，「パターン」を教えてくれる。したがって，異なったシステム，「やり方」をもった，秀でた人のモデリングをするのに有用であったり，相手の「パターン」に合わせることがラポールを築いていくのにとても効果的であるとNLPでは教えている。また催眠においても，例えばクライエントの眼球運動からクライエントが何らかのイメージを浮かべたりするのをキャッチしそれをフィードバックすることでクライエントは安堵感を得てそのイメージに没入していくことができる（松木, 2009）とも言われている。そしてあくまでもこれはNLPのモデルであるので，この枠に相手を完全に当てはめてしまうのではなくて，ひとつの情報としてその可能性に留めておき，それぞれの個性を尊重しつつ「観察」から得られることを総合的に判断することが大切である。

"*Pirates of the Caribbean*" というジョニー・デップ主演の映画にこんなシーンとセリフがある。

提督の娘のエリザベスが海賊の船長バルボッサに捕らえられて金のメダルを騙し取られるシーンでバルボッサ船長がエリザベスに言ったセリフ "the code is more what you'd call guidelines than actual rules.（その掟は鉄則というより「心得」だ）" と。

まさにNLPで学ぶcodeもguidelines（心得）なのである。これはNLPの技法を学ぶにあたって心に留めておきたいセリフである。

Ⅲ　松木催眠へのNLPの応用

さて，NLPの前提に "あなたのコミュニケーションの意味は相手の反応で分かる" というのがある。相手からのフィードバックにより自分が発するコミュニケーションの持っている意味を知ることができるということである。例えばクライエントと話している時，自分がどんな表情をしているかということは自分には見えない。その表情が相手にどんなメッセージを送っているのか。その時の自分の状態を知ることができるのは相手からのフィードバックを受け止めた時である。そして相手のフィードバックの仕方は人それぞれ。相手によってそのフィードバックの仕方は異なる。相手を観察するということはそのフィードバックがどんな意味を持っているのかということを知ることにつながるのである。

松木の言葉に，「催眠現象は決して一方向的なものではなくて，双方向的で円環的なものである。特に臨床的に効果の高い催眠においては，そこには共感的で相

互的な印象が感じられる」（松木，2012）というものがある。治療効果の高い催眠療法においてはクライエントとセラピストとの間でスムーズなキャッチボールが行われているということであろう。相手からのボール，つまりフィードバックの意味を探るための技法を身につけ，相手がどこに，どんなボールを投げてくるのか，そして自分はどのあたりにどんなボールを投げたらいいのかを探求するツールとして NLP の「観察」のスキルを身につけていることは有用であろう。

　ジョン・グリンダーとリチャード・バンドラーによる著作の第 2 弾は 2 冊に及ぶミルトン・エリクソンについてのものであった（Bandler & Grinder, 1975；Bandler, Grinder & Delozier, 1977）。彼らは「メタ」の立場からの「観察」により，エリクソンの言語パターン，コミュニケーションの方法を解析した。それにより我々はまずは「パターン」という切り口からエリクソン催眠を学び始めることもできる。ただここで注意すべきこととして，「サイエンスとしてのモデリングスキルと心理療法としての NLP とは区別する必要がある」ということを付け加えておく。

　また松木は，「効果的な催眠療法を行うための工夫の第一歩はトランス空間が"治療の場"として機能しているかのチェックである」，そして「最も重要な技法的工夫，観察とペーシングの精度を高めることである」とし，「悩みの内容を語る際のクライエントの表情や態度，行間に秘められたメッセージ，等々の観察とそれに基づく的確なペーシングはセラピストにとって重要な技量である」（松木，2009）としている。いかに観察力が大切であるかということを繰り返し述べているのである。さらに，松木が辿り着いた「治療の場としてのトランス空間」論の図（図 1）（松木 2003）はまさに "メタ・ポジション" から観た光景である。この状態を観察するにはメタ・ポジションの感覚が必要となってくる。そして松木の言う "治療の場としてのトランス空間" である「第 4 段階・共感的体験としてのトランスが得られた段階でのセラピスト－クライエント（Th － Cl）間の関係性」の状態を作るためには，セラピストは自分がどんなメッセージをクライエントに発しているのかということ，クライエントがどんなメッセージを送ってきているのかということを，「メタ・ポジション」からの詳細な「観察」を通して知るトレーニングが必要であろうと考えられる。NLP の研究グループは当初，「メタ・グループ」と呼ばれていた所以でもあり，NLP はまさにこの「関係性・相互作用」にも焦点を当てているのである。そしてこの「観察」のトレーニングをする際に，NLP の方法が有用となる。

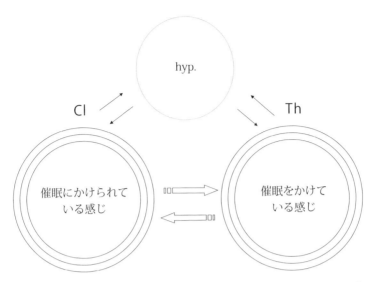

第1段階　共有体験としてのトランスが得られない段階でのTh−Cl間の関係性

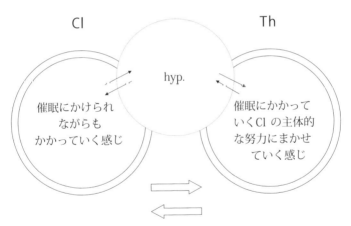

第2段階　共有体験としてのトランス獲得への移行段階でのTh−Cl間の関係性

図1　「治療の場としてのトランス空間」論の図（その1）

　催眠療法は「心理療法の打ち出の小槌」と言われながらも，なかなか継続的にそれを学ぶ心理・精神療法家が増えていかないように感じられる。一つにはその治癒機制が未だに解明されていないということがあるのかもしれない。日本人は特にまず理論・理屈ありきの人種であるといった感じのことをどこかで読んだこ

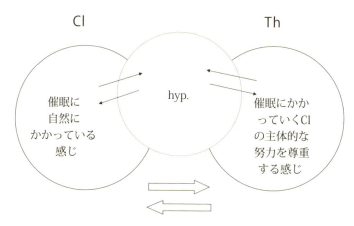

第3段階　安定した共有体験としてのトランスが得られた段階でのTh−Cl間の関係性

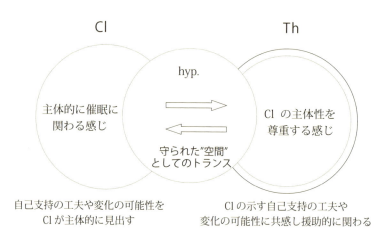

第4段階　共感的体験としてのトランスが得られた段階でのTh−Cl間の関係性
図1　「治療の場としてのトランス空間」論の図（その2）

とがある。まっとうな理論や理屈がないと信じたりやろうとしたりしないらしい。また一つには技の伝承が難しいこともあるのかもしれない。催眠において「観察とペーシング」が大切であるとはよく聞く言葉ではあるが，どんなことを「観察」して，どんな風にペーシングしたらいいのか，具体的な説明をあまり見たり聞い

たりすることはないのではないだろうか。そんな壁に風穴を開けるかのごとく存在するのが NLP である。理論はとりあえずそばに置いておいて，まずやってみましょうのスタンス。「メタ・ポジション」の視点を大切にする。「観察」の要点は，視線・使う言葉・姿勢や動作。といった具合に，とても具体的で分かりやすい。初めて自転車に乗り始めたころは「右→左→右→左」と意識しながらペダルをこぐことをしているが，それで自転車に乗れるようになったらそこがゴールという訳ではない。最終的には脚の動きを意識することなく，遠く離れた好きな場所に早く行けるようになることが大切なゴールであろう。あるいは，ダンスを習い始める時最初に覚えるのはやはりステップであろう。何度も何度も足に意識を向け，「型（パターン）」をまず覚える。それを何度も繰り返しているうちに足に意識を向けることなく，自由に踊れるようになり，ダンスそのものを楽しめるようになる。当然他の人の動きも観察して自分との違いをメタ・ポジションから観察分析する。その観察もただ見ているだけでは役には立たない。一つ一つの具体的な動きのどこが違うのかという観察点が明確にあってこそ，その違いに気づくことができる。まさに NLP 的である。そして催眠療法における NLP のスキルが目指す到達点も，その「観察」や「ペーシング」を意識することなくできるようになり，自ずと共感的体験としてのトランス空間が得られているという状態である。

　NLP を支える重要なエッセンスはモデリングスキルである。NLP 的な観察により，クライエントの視線，動作，使っている言語をそのまま自分の中に落とし込むことでクライエントがその瞬間瞬間に体験しているその体験をセラピストも共有できる可能性がある。そしてそのクライエントの体験をセラピスト自身の体感に落とし込んでいくことにより得られたセラピスト自身の体験をクライエントに伝え返していくことがクライエントの変化につながる。このことは臨床的に効果を表す催眠にも通じるところであろう。またその体験はクライエントとセラピストとの間に共感的な関係性を作り上げ，「治療の場として機能するようなトランス空間を形成し，催眠がその力を発揮できる可能性へと繋がっていく。

　臨床の場において私は NLP を患者さんの体験をあたかも自分のものとして体験するために用いている。自分の目指すところは患者さんの内界である。対話をしながら，その反応を注意深く観察し，患者さんの内界を探求していくことを心掛ける。一方で自分の身体の反応も身体で感じている。その行為に集中していると自分の頭の中に患者さんのさまざまなストーリーが浮かんでくる。例えば足の

裏のタコを主訴に訪れた高校生。足の治療をしながら雑談をした。中学生の時は野球部だったが今はブラスバンド部として高校野球県大会の応援に行っていると言っていた。表情，言葉や言葉のトーンなど彼から発せられるメッセージに集中しているとふと，「もう一度グラウンドに戻ってみたいと思ったりするの？」と訊いていた。彼は「いいえ，そんなことはないです」と答えた。「ふう～ん，そうなんだぁ」と診療は終わった。後日，息子の反抗期でほとほと頭を悩ませているという彼の母親から，彼が診療から帰宅後とても機嫌が良かったとお礼を言われた。

　こんなことをしている時は「治療」という文脈から離れているようだ。その体験は患者さんにとっても自分にとっても楽で，いい距離感が持てているように感じている。手術を治療の手段の中心として，介入的かつ操作的に仕事をしていた頃には全く経験することのなかった感覚である。そしてその自分と患者さんとを「メタ」で見ている自分もいる。そう言えばどっぷり外科医であった頃よりも診療に捉われなくなったようにも思える。

Ⅳ　ではそのようなスキルを手に入れていくためにはどのようなトレーニングを積んでいったらよいのであろうか？

　「治療の場」として機能し始める「催眠トランス空間」はクライエントとセラピストとの共感的な関係性や相互作用に支えられた「安心，安全の場」「守られた空間」となる必要がある（松木，2005）とのこと。

　私の場合は，目的を同じくした少人数の親しい仲間で安心安全の場を作り，その中でクライエント役，セラピスト役，観察者役を体験できる機会を与えてもらいながら修練を続けている。私の進歩はとてもゆっくりしたものではあるが，確実に前に進んでいると確信できている。自分を開示できる少人数の仲間とのトレーニングはとても効果的であると考えている。そこでは「安心・安全の場」，「守られた空間」を体験できるからである。その体験があってこそ臨床の中でその体験を元に色んなチャレンジができるのだ。

　催眠療法に関わらず，心理・精神療法全般において「ラポールが大切である」「ラポールはかけるものではなく，自然にかかるものである」「共感は目標とするものではなく，結果である」等々，よく聞くセリフである。それでは，どうしたらラポールってかかるのか。どうしたら結果として共感できているようになるのか。しかもそれをどうやって人に教え伝えるのか。その方法について具体的に書かれたものを私はあまり知らない。NLPはそこの部分について具体的に言語化

した点において評価されるものであると言える。しかしながら先にも述べたように，サイエンスとしてのモデリングとセラピーとは違うのだということ。手品のタネを知っているのと手品が上手にできることとは違うということを心に留めておく必要がある。「治療の場」としてより効果的な機能を果たす"場"をクライエントと共に作り上げるためには練習の場面では手足の動きを繰り返し練習しながらも，実際の場面ではその動きを意識することなく自由にクライエントと踊れるようになっている必要がある。そしてそこには「メタ」の視点があるとさらに良い。

　と言ったものの，口で言うのは容易いが中々現実はそうは甘くない。しかも私は他の人に較べるとただでさえラーニングカーブの傾斜角が低いときている……。ただただプラクティス＆プラクティスである。

　私は現在，「共感的」「関係性」「治療的な相互作用」「治療の場としてのトランス空間」などがキーワードとなる松木催眠の門下生の一人である。そのキーワードを本当に理解するために，師匠がどんな所で生まれ育ち，どんな体験をしてきたのか，あるいはどんな人たちにどのような影響を受けたのか，これまでいろんな場面でお話を聴かせて頂いてきた。またある時は阿蘇の原っぱで満天の星空のもと仰向けになりしばらく時間を過ごすという体験もさせてもらったりもした。NLPを学びながらもこのような体験をしていくことが必要であると思っているのは，観察者と対象を明確に分けている西洋の科学的な見方（NLP的な視点）と，自然との一体感を感じ取る東洋的な在り方の両者が共にあることの大切さを感じているからである。そしてそれが催眠療法の学びにもきっと良い影響を与えてくれると私は信じて学び続けている。

V　稿を終えるにあたって

　松木塾はこれから益々面白くなる予感がしている。素晴らしい師匠に巡り合え，素晴らしい学び仲間と出会え，お陰様で人生後半まだまだ楽しみ一杯である。

　不肖の弟子ではありますが，これまでのご厚情に心からの感謝を捧げるとともに，これからもご指導ご鞭撻のほどお願い申し上げます。そして松木繁先生の益々のご活躍とご健勝を念願しつつ，私の分担の稿を終えさせて頂きます。

文　献

Bandler, R. & Grinder, J.（1975, 1976）The Structure of Magic I, II. Science and

Behavior Books.（トマス・コンドン監訳，尾川丈一・高橋慶治・石川正樹訳（2000）魔術の構造．亀田ブックサービス．）
Bandler, R. & Grinder, J.（1975）Patterns of the Hypnotic Techniques of Milton H. Erickson, M.D. Vol. I. Grinder Associates.
Berman, M.（1981）The Reenchantment of the World. Cornell University Press.（柴田元幸訳（1989）デカルトからベイトソンへ—世界の再魔術化．国文社．）
Grinder, J., DeLozier, J. & Bandler, R.（1977）Patterns of the Hypnotic Techniques of Milton H. Erickson. Vol. II. Grinder Associates.
Lewis, B. & Pucelik, F.（1990）Magic of NLP Demystified. Metamorphous Press.（北岡泰典訳（2005）改訂版 Magic of NLP. メディアート出版．）
松木繁（2003）催眠療法における"共感性"に関する一考察．催眠学研究, 47-2; 6-11.
松木繁（2005）催眠の効果的な臨床適用における治療関係のあり方をめぐって．Japanese Journal of Clinical Hypnosis, Vol.6; 22-26.
松木繁（2009）催眠療法における工夫．In：乾吉佑・宮田敬一編：心理療法がうまくいくための工夫．金剛出版，pp.175-186.
松木繁（2012）治療の場としてのトランス空間とコミュニケーション・ツールとしての催眠現象．In：衣斐哲臣編：心理療法を見直す"介在"療法．明石書店，pp.144-153.
O'Connor, J. & Seymour, J.（1990）Introducing NLP. Mandala.（橋本敦夫訳（1994）NLPのすすめ．チーム医療．）
高石昇（2004）催眠は如何なる臨床場面でどのように適用し得るか．日本臨床催眠学会第6回大会基調講演．

リフレクション☆彡松木　繁

　西健太郎先生との出会いはきっとさまざまな研修会などでも数多くあったのであろうが，私の印象に強く残っているのは羽田空港で最初にお会いした時と，何回目かの催眠合宿での帰路でバスに乗り合わせて1時間以上も話し込んだ時である．外科医なのに，と言うと語弊があるのかもしれないが，私にはどうしても外科医と心理療法とが結びつかず，しかも催眠療法まで首を突っ込んで来られている，この違和感にかなり興味深く思ったことは事実である．
　外科医－催眠の言葉の連想からは，やはり，古典的・伝統的な催眠療法が思い浮かび，西先生もそうしたタイプなのかなと思っていると，どうやらNLPをやってきたのだと仰るので，益々，その人柄に興味を持って，きっと，この先生とは

長い付き合いになるだろうなと直感したのである。それは，私が催眠をやり始めて臨床適用し始めた頃，私がやる催眠療法を称して「メスで切るような切れ味の良い催眠」と言われたことがある。それはたまたま当時の Cl がいわゆる「ヒステリー」症状を呈する状態が多かったため，切れ味良く心的外傷に直面させてカタルシス効果によって劇的に症状が改善されることが多かったので，(多分) 褒め言葉で言われていたこともあったように思うが，一方では，先に挙げたような失敗事例もあったことで Th 主導の考え方をするセラピストという揶揄する意味もあったのだろう。医療の世界と心理療法の世界とではもちろん趣も異なるので一概に共通していると言い切れないが，臨床に向かう際の立ち位置がどうやら似ているような，そして，その後，そこから医療の中では最も患者への共感を必要とする介護療養医療，そして，日常的な患者の生活場面に触れる外科外来業務へと移られてきているその経過に，古典的・伝統的な催眠療法から Cl との関係性を重要視する催眠療法へと移行してきた自分とどこか共通点を見つけて親和性を感じていたのだろう。

　西先生の専門とされる NLP は，先生の解説にもあったように「主観的体験構造の研究」の積み重ねであり，メタ研究の立場から観察のテクニックを統計的に整理してコミュニケーションパターンのコツを知り，対人関係を改善させようとする方法として，最近は企業研修などでよく活用されている。「相手からのフィードバックにより自分が発するコミュニケーションの意味を知り自分を知る」ことによって好ましい対人関係のあり方が客観的に理解できて大いに役立っているようである。

　もともとの研究の出発点がミルトン・エリクソンの言語パターン・コミュニケーションの方法の解析にあるのだから，催眠療法の基礎である「観察とペーシング」の方法を学ぶにも役に立つ。実際，西先生に登壇願って研修した際の参加者の感想の多くは「観察のコツがつかみやすく，わかりやすい」であった。しかし，西先生の研修はまだその先があって，Cl の内側から発せられる，まだ，「観察できない現在進行中の Cl の体験を描写する」ためには，Cl の内的世界にコミット ("関与しながら") して，それを表現することの重要性も強調されていたのである。これは，きっと NLP の学びだけで出てきた言葉ではないなと私は感じたものである。私が「催眠トランス空間論」の中で催眠療法での観察の重要なポイントの一つに挙げている「キャリブレーション」の感覚が身につかないと，西先生の言葉は出てこないであろうとその時に感じたのである。そうした感覚は，西先生

の日常の外来診療で十分に発揮されていることが，家族療法の雑誌（西，2014）に掲載されている外来風景での患者とのやり取りに見て取れる。催眠療法を共に学んできて良かったなと思った瞬間でもあった。

　しかし，外科医の立ち位置からこうした心境にまで極めてこられたのは，西先生の人柄によるところが大きいのかもしれない。神田橋先生公認（？）の「邪気の無さ（？？）」が臨床の世界にも活かされているのであろう。事ある度に私はこれに嫉妬して西先生に「邪気」を植え付けようとしているのだが……。

文　　献
西健太郎（2014）雑談好きな外科医．こころの科学（特別企画「家族療法・ブリーフセラピィの実践と広がり」），176; 75-79.

11.
自律訓練法の匙加減

笠 井　仁

I　はじめに

『敏感関係妄想』『体格と性格』等で知られる Kretschmer には，生誕70年祝賀論文集がある。1958年に刊行されたこの論文集には，Rümke, Telle, Binswanger など，当時のドイツ精神医学を代表する錚々たる著者たちによる論考が収録されている。その中に，自律訓練法の創案者である Schultz も論文を寄稿している。第二次世界大戦前から一般医学精神療法学会（Allgemeine Ärztliche Gesellschaft für Psychotherapie）の設立にともに関わり，ドイツの精神医学，精神療法を推進してきた二人の間柄であれば当然のことと言えるだろう（Zeller, 2001）。学会の会長を務めていた Kretschmer がナチスの介入に嫌気がさして会長を辞した後，会長を継いだ Jung は祝賀論文集の執筆者に加わっていない。

Schultz がこの論文集に寄稿した論考は，「ある女性初老期患者における《窃盗狂》的失錯反応の精神病理学および精神療法」（Schultz, 1958/1992）と題するものである。Schultz が，何故にこのような記念すべき祝賀論文集に窃盗の問題を扱う論考を執筆したかということには訳がある。Kretschmer は，Schultz と同様に精神分析とは距離を置いて，能動的精神療法を推奨していた（Kretschmer, 1949/1958）。その技法のひとつに「段階的能動的催眠（Gestufte Aktivhypnose）」がある。これは，一種の自己催眠として行われる自律訓練法の重感練習，温感練習にもとづいて，その後は他者催眠として患者個々の問題に働きかけていこうとする方法である（Langen, 1978/1980, 1979）。Schultz にとっては，このような Kretschmer の方法が自分の方法を盗み，独自の名称をつけて提唱しているもののように感じられていたようである。このことが，祝賀論文集という機会に窃盗狂の事例を寄稿して，自身の思いをほのめかすことにつながったらしい（Wallnöfer,

1993/2017)。もちろんこの事例に対しても，Schultzは自律訓練法を効果的に適用している。

本稿は，鹿児島大学大学院教授，松木繁先生の人生上の区切りの年を祝賀する論文集に光栄なことに加えて頂き，自律訓練法の実践上のコツについて論じようとするものである。臨床催眠の実践家として大いに敬愛する松木先生に，当て擦りをするような思いは何らないことは先に記しておきたい。

II 自律訓練法の構成

自律訓練法は，Schultz［1884-1970］が他者催眠による治療経験にもとづいて体系化した方法である。彼は第一次世界大戦中に現ベルギーのマロンヌにあった2,000床の野戦病院に軍医として赴任し，いわゆる戦争神経症の患者に対して催眠を用いた治療を行っていた。精神分析を創始したFreud（1919/1983）が，「分析という純金に，直接暗示という銅を合金する」治療に言及していた時代である。大戦後はドレスデンのサナトリウムに主任医師として勤務し，その後1924年にはベルリンで開業して，催眠を中心とした治療を行っていた。その中で，催眠の有効性を実感するとともに，催眠中の患者が手足の温かさや，心地よいけだるさを体験していることに気がついた。これこそが催眠のエッセンスであると考えたSchultzは，自分自身でこの感覚を体験することができれば催眠と同様の効果を得られるだろうと考え，一種の自己催眠として自律訓練法を体系化していった。Schultzは，幼少の頃から気管支喘息に苦しんでいたという。医学生であった1905年に純粋に臨床的，実践的な関心から催眠の研究を始め，30歳で気管支喘息を克服している（Schultz, 1964/1970）。この経緯で自律訓辞法の原型が形作られたことを考え合わせると，自律訓練法の創案の背景にはSchultz自身の自己治療の試みという側面もあったようである。

その後，ベルリンにあったレッシング高等専門学校（Lessing-Hochschule）での市民講座で指導経験も重ねながら，1932年には『自律訓練法―注意集中性自己弛緩法』を出版している。Schultzは第二次世界大戦中まで，精神分析家のAbrahamが創設したベルリン精神分析研究所を接収して作られたドイツ心理学研究・精神療法研究所（Deutschen Institut für psychologische Forschung und Psychotherapie）の臨床主任として，催眠や自律訓練法を中心とした能動的な精神療法を推進していった。この研究所は，ナチス幹部のHerman Göringのいとこで医師のMathius Göringが所長を務めていたため，ゲーリング研究所とも呼ば

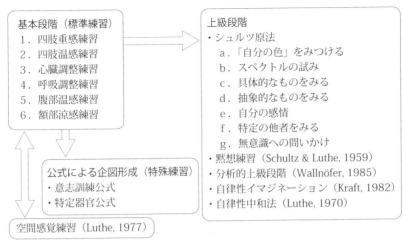

図1　自律訓練法の構成

れる (Cocks, 1997)。第二次世界大戦後しばらくは表立った活動は見られないが，1950年代以降 Schultz は再び，催眠，自律訓練法，精神療法，神経症論に関して活発な著作活動を行っている。

このような経緯の中で考案された自律訓練法は，何よりも一種の自己催眠であり，心身の自己調整法であって，患者の治療としてばかりでなく，一般の健康増進や能力向上のための方法として広く発展してきた。そのために治療者がいなくても自分一人で進めることができるように，段階的な構成をもった，標準化された方法として体系化されている。それでも臨床の実践においては，面接の場では治療者のもとで練習を行って指導を受け，次の面接の時間までの間は自分自身で練習を積み重ねていくことになる。

自律訓練法は，図1に示すような方法からなっている。Schultz (1932) の構想では，心身の調整とリラクセーションを目的とした基本段階，これを踏まえて症状改善のために個別の自己暗示を適用する特殊練習，イメージ体験を通じて自己の内面の探求を目的とした上級段階といった諸方法から構成されていた。これらの方法に，その後考案されたバリエーションを加えて今日に至っている。

基本段階（標準練習）では，四肢の弛緩を背景とした四肢重感練習，血管拡張と血流増大にもとづく四肢温感練習，心臓，呼吸の調整を行う心臓調整練習，呼吸調整練習，内臓活動の調整を行う腹部温感練習，頭部の調整を行う額部涼感練習といった，生理学的な根拠を重視した練習段階を順次進めていく。練習を行う

表1　自律訓練法の有効性（Linden, 1994; Stetter & Kupper, 2002）

- 非特異的効果
  気分，認知的パフォーマンス，クオリティ・オブ・ライフ，生理指標
- 疾患への適用
  - 心身症：緊張性頭痛／片頭痛，軽度から中等度の本態性高血圧，冠状動脈性心臓疾患，気管支喘息，身体表現性疼痛障害（特定不能型），レイノー病
  - 心理的障害：不安障害，軽度から中等度の抑うつ／気分変調，機能性睡眠障害
  - 過敏性腸症候群，アトピー性皮膚炎，緑内障，出産準備に有効性を示す研究もある

ことによって得られる筋弛緩にともない，血管そのものも血管を取り巻く周囲の筋肉も弛緩することにより血管が拡張して，血流が増大する。次いで，このような血液を送り出しているポンプとしての心臓の活動の調整と，血液に乗せて全身に酸素を送り届ける役割を担っている肺の呼吸機能の調整が促される。これらの心臓と呼吸については心肺機能と一括してとらえられることが多いが，このように内臓の調整をさらに促すべく位置づけられているのが腹部温感練習になる。ここで言う腹部とはもともとは太陽神経叢（現在では，腹腔神経叢と呼ばれる）を指しており，これは脊髄から内臓各部位へと自律神経が散っていく途中で神経の集まっている部位（叢というのは，叢書――今ではシリーズと呼ばれたり，双書と簡略体で記されることが多い――という言葉にあるように，集まりの意味）の形が太陽がめらめらと燃えている様子に似ていることから名づけられたもので，ここに注意集中を行っていく練習である。このように内臓全体の調整へと深化してくると，意識状態もぼんやりとしたものになってくるため，練習全体をすっきりとまとめ上げようとして額の練習へと進めていく。このように，基本段階（標準練習）のそれぞれの練習は生理学的に相互に関連性をもちながら構成されている。Schultzが1928年に「自律訓練法」と初めて名づける前に，「自律器官練習」（1926），「合理的自己暗示訓練法」（1927）と称した所以である。

　自律訓練法は，身体機能の調整とともに，感情の鎮静化，能力の向上，人間関係の改善，事故防止に有効であることが知られている。このために，医療ばかりでなく，教育，産業，スポーツの領域でも広く用いられる技法となっている。近年では，表1に示す通り，心身両面にわたるエビデンスが示されている。免疫機能の改善を示す研究も多く発表されている（笠井・佐々木，2000）。

III　自律訓練法の適用

　自律訓練法は，静かな落ち着くことのできる環境のもとで，楽な姿勢を作って

目を閉じ，一定の言語公式を段階的に付け加えながら各自のペースで心の中で繰り返していく。このような練習を1回3～4分程度，1日2～3回ずつ進めていくことが原則となる（笠井，2000）。それでも，Böttcher（1961）が自律訓練法適用上の変数として指摘しているように，①個人療法／集団療法，②聴覚だけ／視覚も，③暗示的／指導的，④イメージによる／公式による，⑤紋切り型／可変的，⑥能動的変換／あるがまま，⑦観念論的解釈／唯物論的解釈，⑧宗教的な教義／技法といった側面で，練習者の特性，状態，病態に応じて練習の進め方の配慮が必要となる。これらについて，さらに治療構造としてとらえ直すと，次のような観点での調整を行うことになる。

1．練習環境

練習環境は，リラックスしやすいようによけいな刺激をなるべく少なくしておくように調整する。よけいな刺激は，①練習空間の明かりや温度，音といった身体をとりまく環境からくるもの，②衣服や装身具といった身体に接する環境からくるもの，③尿意や，空腹・満腹，気がかりといった身体の内部の環境からくるものがある（図2）。

これらの刺激をなるべく少なくすることは，寝る前の準備をするのと同じことになる。私たちは夜寝るときに，トイレを済ませて，楽な服装に着替え，明かり

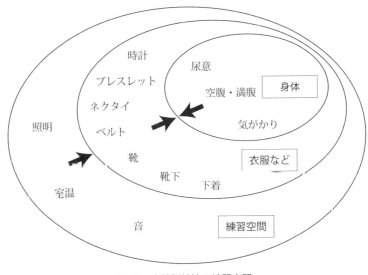

図2　自律訓練法の練習空間

を落として快適な温度の静かな場所で眠りにつく。これと同じ準備をするのであるから，ふつうに健康な人がこの環境のもとで練習を行えば，眠くなるのが自然である。それゆえに，練習時間を必要以上に長くしないなど，眠りに落ちないための工夫が必要になることがある。また，それゆえにこそ，不眠に効果を発揮することにもなる。練習を積み重ねていくうちに，眠りに落ちずに目覚めでも眠りでもない意識の状態を維持できるようになっていく。

　練習がある程度身についていることを確認するために，例えば電車の中など，多少とも環境条件の悪い場所で練習をして試してみることもある。また，不安が強い場合には，当初は不安を和らげる薬を併用しながら，練習の進展に従って薬を減らして自律訓練法のみでコントロールしていく場合もある。

　一般に，リラクセーションと不安とは相容れないものとして，リラクセーションは不安の対処法として広く利用されてきた。一方，リラクセーションがかえって不安を引き起こす場合のあることがリラクセーション誘因性不安として指摘されている（Heide & Borkovec, 1983）。その背景には，身体に起こる変化へのとらわれなど，不安感受性の強さがあるとされており，パニック障害などの際に配慮が必要になる（古川，2010）。このような場合，不安のメカニズムについての心理教育とともに，練習の姿勢や時間など，練習の進め方の調節が必要となる。

2．練習姿勢

　練習姿勢には，原則として，①通常の椅子に腰かけて行う単純椅子姿勢，②頭までもたせかけることのできるリクライニング式の椅子での安楽椅子姿勢，③布団やベッドなどに仰向けに寝て行う仰臥姿勢の3種類がある。

　このうち，一般にもっともリラックスしやすいのは仰臥姿勢である。それでも，いつでもどこでも仰臥の状態になることは難しいことから，ふだんの練習の利便性を考えると単純椅子姿勢であれば練習しやすい。今どきのオフィスではトイレはたいてい様式で，しかも個室で邪魔が入ることもないので，その気になれば練習しやすい環境になる。日中仕事に出ていると，練習を行う場所も時間もないと訴える者がある。これは，そのような生活を送っていること自体が自律訓練法を必要とするような心身の状態をもたらしているのであって，練習を進める当初はどのような時間帯にどのような場所で練習を行うことができるかを探索していくことも，ひと息つく時間と場所を確保するための大切な働きかけとなる。

　単純椅子姿勢では，頭の重みで自然に頭を前に垂れるようにして姿勢をつくっ

ていく。この姿勢が，むち打ち症の経験者では苦しさを引き出すことがある。この場合，安楽椅子姿勢をとるか，椅子を壁際にもっていって腰かけ，頭を壁にもたせかけて姿勢をつくると，楽に練習を進めることができる。頭の位置が落ち着かないという場合にも，このような対応をとることができる。

　自律訓練法は出産準備の一環として適用されることがあるが，妊娠中でお腹が大きくなってくると，仰臥姿勢をとって練習を行うとかえって苦しくなってしまうことがある。このような場合，リクライニング式の椅子が手近に用意できれば安楽椅子姿勢で練習を行えればよい。場合によっては，ベッド上で横向きになって膝を軽く曲げた側臥位の姿勢をとるというバリエーションも可能である。癌患者に痛みや吐き気，不安のコントロールのために自律訓練法を適用する場合，身体を伸ばして仰臥姿勢をとると痛みが強まることがある。このような場合にも，上記のバリエーションを応用することができる。

　不安の強い練習者の場合，仰臥姿勢をとって目を閉じて練習を行うことはかえって不安を強めることがある。このような場合，練習開始当初は単純椅子姿勢で，場合によっては目を閉じずに半眼の状態で練習を進めていくことで，次第に仰臥姿勢，閉眼状態で練習を行うことができるようになっていく。

3．練習時間と練習回数

　自律訓練法の練習時間について，Schultz（1935/2016）は背景公式を2・3回，当該の練習公式を5～6回繰り返すという説明をし，1回4分程度までにするというように，練習を時間で区切ることはしていない。これに対してLutheは，1分の練習を3セット繰り返して1回の練習とするというように，練習時間を厳格に設定している。

　実際に練習を進めていく上では，はじめのうちは練習時間が長くなると他のことに注意が移ってしまったり，眠りに入ってしまったりすることも多く，1～2分程度に抑えておく方が集中して練習を行いやすい。練習時間を長く行った方がそれだけ深くリラックスできると考える練習者もあるが，短い時間で習慣づけていくと短時間のうちに十分にリラックスの感覚を得ることができるようになるものである。時間に余裕があるようであれば，軽く消去動作をして区切りを入れて練習を数回繰り返してみると，1回目より2回目，2回目より3回目と練習中の体験も深まりやすい。

　あがりの対処のように，その場に臨んで瞬時に気持ちの切り替えが必要になる

ような場合には，ふだんから短めの時間で練習を続けて習慣づけていくことができるとよい。一方，疲労感の解消を目的としてくつろぐ感覚を長く味わっていたい場合には，練習の体験を十分に得られるようにはじめのうちは短めの練習時間で進め，慣れてきたところで徐々に練習時間を伸ばしていくといったように，練習者の目的に応じて練習時間の調整を行うことも必要になる。

基本段階（標準練習）のあとで，イメージの体験を通して自分自身を見つめていく練習を行う上級段階（黙想練習）まで進めると，30分，1時間と自律訓練法の状態を保つことが必要となるし，実際にこれが可能になる。

練習回数は，1日に2〜3回ずつ毎日繰り返して続けていく。朝，昼，晩といった時間帯に行うことができるに越したことはないが，練習者それぞれの生活のリズムの中で継続しやすい時間帯で続けていけるとよい。自律訓練法によるリラクセーションの習得は一種のスキル学習であるので，練習を行えばそれだけ多くを身に着けることができるようになる。と言って，1日に数十回も練習を繰り返すような進め方は，熱しやすく冷めやすい結果に陥りがちである。練習を長く続けていくことで体験も安定したものになっていくので，2〜3カ月先，半年先を見越して同じペースで練習を続けていられるような練習回数を保っていくことができるとよい。

4．練習公式

練習の言語公式は，暗示に他ならない。環境を整え，姿勢を作ることによってすでに自然とリラックスしている身体感覚に注意集中を行い，そこに言語暗示を重ねていくことによって体験を深めていこうとする。自律訓練法ではこの言語暗示が，自分一人で行うことができるように，誰が行うときにも必ず同じ内容の言葉を用いるため，「公式」（〔独〕Formel，〔英〕formula）と呼ばれる。これはいずれも，状態を表す，現在形の，短い言葉でできている。自律訓練法では例えば「両腕両脚が重たい」と繰り返すもので，「両腕両脚が重くなる」と行うのは自律訓練法ではない。「重くなる」というように心の中で繰り返してしまうと，意気込みが強くなって，身構えができてしまい，結果として緊張をもたらすことになってしまう。これは，あるがままに身体感覚に注意集中を行ってリラクセーションを得ようとするための工夫でもある。

基本段階（標準練習）のはじめに位置づけられ，リラクセーションを得るための基礎となる練習である重感練習，温感練習は，最終的には両腕両脚という四肢の

感覚に注意集中を行うことになるが，はじめは利き腕のみに注意集中を行い，次いで両腕，さらには両脚と注意集中を行う部位を順次広げていく。これは，注意集中を行う部位をはじめは一部に絞っておいて，これを順次全体へと広げていくことで，注意集中を行いやすくするための工夫である。

と同時に，この公式の裏には日本語では問題にならない言語上の意義も潜んでいる。「右腕が重たい」（〔独〕"Mein recht Arm ist schwer." /〔英〕"My right arm is heavy."）から「両腕両脚が重たい」（〔独〕"Arme und Beine sind schwer." /〔英〕"Arms and legs are heavy."）へと進めていく中で，〔独〕"mein"，〔英〕"my" という「私」が脱落しているのである。Schultz はこのことを自覚的に "Entichung" という造語で表現している。これは硬く訳せば「脱自我化」という訳語を充てることができるだろうが，"Ich"，つまり自我，私，自分というはからいから練習の進行の中で離れていくことを含意するものである。自律訓練法には，単なる身体的なリラクセーションの実現ばかりではなく，その経過の中で心のありようの変化をも意図した側面が含まれている。

練習を進める順序は，一般には右腕→左腕→両腕→右脚→左脚→両脚→両腕両脚というように順次進めていくことになる。一方 Luthe（1983）は，右腕→右脚→右側→左腕→左脚→左側→両腕両脚という練習の進め方のバリエーションも示している。これにもとづけば，脳血管障害により片麻痺のある者が練習を行う場合に応用することができる。

自律訓練法の公式は，基本的には言語公式として聴覚的なものである。一方で，公式を言葉として心の中で繰り返すことに困難を感じる練習者もある。そのような場合，テレビ画面のテロップや映画の字幕に，公式の言葉が映し出されているのをぼんやり眺めているというように，言語公式を視覚化して練習を行うことも可能である。人間のイメージ体験の側面として，言語型（verbalizer）と視覚型（visualizer）という特性のあることが知られている。練習者の得意なチャンネルをとらえて，それに合わせて練習の進め方を調整することが大切である。

5．個人指導と集団指導

Schultz は，ベルリン市内のレッシング高等専門学校で一般市民を対象とした講座の経験から自律訓練法の基礎データを得て，体系化していったことは上に述べた通りである。ここでの集団指導の様子は，1932 年刊行のテキスト初版の中にすでに写真として掲載されている。自律訓練法は自分自身で行う練習であるとと

もに，創案の当初から集団指導も可能な方法として実践されてきていたのである。

個人指導では練習者の心身の状態に合わせた指導ができる利点や，個別的対応が可能になる利点がある一方，集団指導では一度に複数の練習者に指導できるという効率面での利点や，グループダイナミクスを利用できる利点がある。松岡（2000）は集団指導の進め方について，練習の指導に重点を置いた集団訓練型と，集団療法としての側面を重視した集団療法型とを区別している。

クラインゾルゲとクルンビーズ（1967/1970）は，頭部グループ，腹部グループ，循環グループ，肺グループ，安静グループといったように，疾患別に集団指導を実施している。集団指導は，病院・クリニックばかりでなく，学級や職場，市民講座などで行われてきている。その際，実施回数と期間を一定のものとして設定するか否か，集団の形式を固定した参加者によるクローズドのものとするか，その都度の自由参加によるオープンなものとするかなどによって，練習の進め方は変わってくる。

6．セラピスト−クライエント関係

Schultzは自律訓練法の指導について，「自律性基本原則」として次のように述べている。「訓練の指導者も，つねに完全に黙っているところで練習されるということを無条件に守るべきである！　彼が『話して聞かせ』たり『手助けをする』やいなや，自律性の原則は完全に破られてしまう。自律訓練法はまさに，練習者が自分の個人的に思い浮かべることや，自分のリズム，自分のちょうどそのとき与えられる内的な状況に，他からまったく影響を受けずに自分で形を作りながら取り組むことができるという点で，昔からの他律的な催眠と区別されるのである」（Schultz, 1964）。自分一人で練習を進めていくばかりでなく，指導の場面においても他者からの援助を受けずに，完全に自分自身で行うことを強調するものである。Lutheは研修会などの折に，指導者が公式を声に出して指導するだけでなく，録音された公式を聞きながら練習を行うことも自律訓練法ではないとしばしば強調していた。

実際に指導を行う際には，練習のはじめは公式を繰り返すテンポやタイミングを示すために指導者が声に出して練習を行うことは少なくない。その場合，練習者が自分自身で心の中で公式を繰り返すことのできる時間も確保したり，徐々に指導者の声かけを少なくしていくようにするとよい。

認知症高齢者の施設で「自律訓練法」を行ったところ，利用者が眠れるように

なって体調がよくなったという学会での報告があったことがある。フロアからどのように自律訓練法を指導しているかという質問があったのに対して，発表者は利用者が公式を覚えていられないので指導者が毎回公式を言いながら練習を行っていたという応答があり，それでは自律訓練法とは呼べないとする議論になった。確かにこれは他者誘導的な指導法であって自律訓練法とは呼べないかもしれないが，高齢者に暗示を適用することが効果をもつことはまぎれもない事実であろう。

　自律訓練法は，10歳程度の年齢から型通りの進め方で行うことができるとされている。これは，言葉によって自分自身をコントロールできるようになる年齢ということである。公式という形で言語暗示を用いながら練習を進めていく自律訓練法にとって，公式に示されている意味内容と身体感覚の対応づけができることは，練習を行う前提条件となる。一方，5歳程度の幼児に，雲の上に乗ってふわふわと浮かんでいてぽかぽかお日様が当たっていて気持ちいいというようなイメージ誘導を行いながら，自律訓練様の体験を行ったとする実践報告もある。

　実際の指導にあたっては，完全に自分自身で練習を行うものから，完全に指導者からの誘導にゆだねて練習を行うものまで，自律性－他律性という連続的な次元を考えることができる。指導者自身がこの次元の中でどこに位置づけられるかをつねに自覚しながら指導を行っていくことは必要であろう。

　練習者が自分自身で心の中で公式を繰り返しているとはいっても，そこにはさまざまなことが起こってくる。公式は思考，表象として思い浮かべられていることもあれば，文字として視覚的に，あるいは音声として聴覚的に思い浮かべられることもある。実際に録音などにより音声として聴きながら練習を行っていなくても，自分の声ばかりでなく，指導者の声などとして体験されている場合もある。ここには指導者と練習者との間の人間関係，転移関係も影響してくることになる。練習者は，例えば「重たい」を「重くなる」などと言い換えてしまっているばかりでなく，さまざまな言葉を心の中で思い浮かべていることがある。練習者は，公式を心の中で声に出さずに繰り返して練習を行っている。指導者は折にふれて，練習者がどのように心の中で公式を繰り返しながら練習を行っているかを確かめておくことは重要である。

IV　自律訓練法とマインドフルネス

　自律訓練法の練習を行う上で重要になる心的態度は，受動的注意集中と呼ばれる（Schultz & Luthe, 1959）。これは，公式に示される身体部位にさりげなく，ぼ

んやりと，虚心に，変化があらわれるのを待つように注意を向けようとするものである。公式の実現にとって重要なストラテジーであると同時に，自律訓練法の練習を通じて習得が目指される態度でもある。Luthe（1973/1977）はさらに，自律訓練法の練習中に自然に生じる自律性解放を積極的に促していく技法として自律性中和法を考案する中で，身体感覚に対する受動的注意集中から自律性解放に対する受動的受容という心的態度を重視している。

このような注意集中に関する心的態度は，マインドフルネス瞑想法（大谷，2013）と共通点が多い。マインドフルネス瞑想法は，東南アジアを中心とした上座部仏教の修行として古くから実践されてきた瞑想法である。これには，注意の焦点化を行うサマタ瞑想と，ぼんやりと全体を捉えようとするヴィパッサナー瞑想とに大別される。サマタ瞑想はおもにタイ周辺の地域で実践されてきた瞑想法で，Maharishi Mahesh Yogi によるマントラを用いる超越瞑想や，そのエッセンスを技法化して高血圧への有効性などを実証した Benson によるリラクセーション反応は，この流れに属するものとされる。これに対してヴィパッサナー瞑想はおもにミャンマー周辺の地域で実践されてきた瞑想法で，これにもとづいて Kabat-Zinn がマインドフルネスストレス低減法として紹介し，マインドフルネス認知療法やアクセプタンス＆コミットメント・セラピーなど第三世代の行動療法に取り入れられてうつ病の再発予防や不安の治療に有効性が示されている。

いずれにしろ，マインドフルネスとは今ここで展開している体験に判断を加えることなく意図的に注意を払うことであり，その際の注意の向け方は「することモード」ではなく「あることモード」とされている。このような心的態度は，自律訓練法でいう受動的注意集中，受動的受容に他ならない。自律訓練法では，利き腕の重感から始めるというように，注意集中を行う部位を練習開始当初は絞っておいて，段階的に全身へと広げていき，最終的には全体にぼんやりと注意集中を保つことができるように進めていく。マインドフルネス瞑想法，とくにヴィパッサナー瞑想の場合でも，いきなり全体にぼんやりとした注意が達成されるものではなく，このような訓練，修行による習得の過程も共通するものであろう。

Schultz（1932/2003）が著した『自律訓練法』の副題は，「注意集中性自己弛緩法」（konzentrative Selbstentspannung）と付されている。催眠がそうであったように，自律訓練法にとっても注意集中は創案の当初から中心概念となっていた。成瀬がすでにこの自律訓練法について「瞑想性注意集中の状態」と特徴づけているのは（シュルツ・成瀬，1963/1968），慧眼であったと言えるであろう。自律

訓練法とは，リラクセーションとマインドフルネスの技法なのである。

　自律訓練法は，催眠から体系化された方法であると同時に，ヨガの影響も受けている。Schultz（1932/2003）は，刊行当初から第11章をヨガとの関連の解説に充てており（pp. 350-359／全410頁中），そこでは自律訓練法の仰臥姿勢とヨガの屍のポーズとの類似性に言及している。ヨガはインドを中心としたヒンズー教の中で古くから行われてきた修行である。もともと古代ヒンズー教の伝統の中で悟りを開いて仏教の開祖となったゴータマ・シッダールタが実践していた方法が，仏教の伝統の中で行われる瞑想法につながっている。中国や日本という大乗仏教の国々で行われる坐禅も，仏教瞑想法の一つである。自律訓練法については，かつてはヨガや坐禅との関連性にしばしば言及されてきた。佐々木（1983/1996）は自律訓練法の練習中にみられる副作用的な反応を坐禅中に心身に生じる病的な体験である「魔境」になぞらえた考察を行っているが，これはそのような検討の実践に関わる一例である。同様な流れで，今後はマインドフルネスとの関連性の検討がもたらす実りは大きいはずである。

　マインドフルネス瞑想法の特徴は，良し悪しは別にして宗教色を払拭し，実証的なエビデンスを多く示していることにある。例えば，瞑想熟達者や瞑想の習熟過程にともなう脳画像上の変化の検討が行われて，デフォルトモードネットワークを含む脳機能の変化がもたらされることが示されている。上述のように，マインドフルネスの適用によりうつ病の再発予防に有効であることも実証されている。マインドフルネス瞑想法では，例えば呼吸への気づきやボディスキャンを行うにしても，方法がそれほど標準化されているわけではなく，実践の時間も20分から40分と比較的長い時間を要する。この点は，自分自身で行いやすくするために工夫された自律訓練法と大きく異なる点である。マインドフルネス瞑想法と同様の観点にもとづく自律訓練法に関する実証研究はまだ十分には行われていないが，さらなる検討の中で同様の効果が今後示されていくことが期待できるだろう。

　自律訓練法の受動的注意集中については，前田（2003）は精神分析の治療態度としてFreud（1912）が定式化した「平等に漂う注意」（gleichschwebende Aufmerksamkeit；前田はこれを「無注意の注意」と呼んでいる）と共通することを指摘している。セラピストが自律訓練法を体験していくことは，セラピスト自身のストレス対処法として役立てることができるばかりでなく，精神分析での訓練分析にも相当してクライエントの体験をとらえる上で参照枠になると同時に，クライエントの話に耳を傾ける際の態度を養うことにもつながるものである。ち

なみに松木（2012）は，この「平等に漂う注意」が独語から英語に翻訳される過程で "free-floating attention" と "evenly-suspended attention" という用語が用いられていることの意味合いについて検討している（"evenly-hovering attention" という訳語が用いられることもある）。前者はサーチライトのように注意を焦点化して漂わせることであり，後者は注意を棚上げして全体にまんべんなく漂わせることである。これは，マインドフルネス瞑想法のサマタ瞑想とヴィパッサナー瞑想とに対応する注意の向け方ととらえることができるであろう。フォーカシングとマインドフルネスの接近を試みる実践もすでに始まっている。マインドフルネスについては，自律訓練法に限らず，心理療法全体の中に位置づけて検討すべきことも多い。

V　おわりに──自律訓練法と催眠トランス空間論

　患者の状態に応じて抗不安薬，抗うつ薬の種類や量を加減するのと同じように，自律訓練法でも練習者の特性や状態，病態によって治療構造上の変数のそれぞれをさまざまに調整していくことが臨床実践の現場では求められる。「自律訓練法の匙加減」と題して自律訓練法の適用上の工夫のあれこれを詳述した所以である。

　催眠トランス空間論と関連づけるなら，自律訓練法は他者催眠とは違って自分自身で催眠と同じ効果を得ようとする方法であるので，治療空間は構造度が高く，守られた環境の中で，比較的一定の決まった手順に従って進めていく方法であると言える。催眠トランス空間はセラピストとクライエントとの関係において治療過程で移ろっていくものであるのに対して，自律訓練法の治療空間はセラピストのもとで比較的一定なものとして守られた抱えの環境なのである。

　近年の催眠研究は，催眠の専門雑誌以外にも *Nature*, *Cortex*, *Cerebral Cortex*, *Consciousness and Cognition* といったような専門外のハードサイエンスの雑誌に掲載されることが多くなっている。ここでは，従来指摘されてきたような催眠現象について脳画像研究を用いて探索した研究が報告されている。そのような研究では，実験条件の統制が大前提になってくる。LandryとRaz（2015）は，催眠研究の実験デザインとして，催眠感受性という個人間変動と，誘導の影響，暗示の影響という三要素を考慮する必要があることを論じている。実際その結果として，催眠感情性の高い者に特有の脳構造上の変化が認められること，催眠誘導にともなって脳活動が変化すること，知覚，認知，観念運動といった暗示の内容によって変化する脳部位に違いがみられることを指摘している。その中で，誘導の

有無と暗示の有無との組合せで，通常覚醒，覚醒暗示，中性催眠，催眠暗示という条件を区別している。催眠誘導は行っても特定の暗示を与えるわけではない中性催眠という考えはまた，純粋トランス，乱されないトランスという言葉とともに，すでに成瀬がまさに自律訓練法の経験にもとづいて提起していたものでもあった（シュルツ・成瀬，1963/1968）。

催眠トランス空間論は，セラピストとクライエントとのやり取りの中で作り出される他者催眠を前提とした治療論である。セラピストからの暗示によって乱されることなく，自分自身で作り出される純粋な中性催眠のもつ治療的なエッセンスを取り出したものが自律訓練法である。もちろん臨床実践の場では，その状態にさまざまな程度に，さまざまな内容の色づけが加わりながら，クライエントの体験，そして効果につながっていくことになる。セラピストはその色づけに自覚的に関わっていくことが重要となる。

文　献

Böttcher, H. R. (1961/1976) Varianten in der Anwendung des autogenen Trainings. In: D. Langen (Hrsg.): Der Weg des autogenen Trainings. Darmstadt: Wissenschaftliche Buchgesellschaft, pp.280-298.

Cocks, G. (1997) Psychotherapy in the Third Reich: the Göring Institute, 2nd ed. New Brunswick, NJ; Transaction Publishers.

フロイト，S.（1919／小此木啓吾訳，1983）精神分析療法の道．In：フロイト著作集9．人文書院，pp.127-135.

古川洋和（2010）不安への介入―自律訓練法によるリラクセーション効果の妨害要因．自律訓練研究，30; 3-12.

Heide, F. J. & Borkovec, T. D. (1983) Relaxation-induced anxiety: Paradoxical anxiety enhancement due to relaxation training. Journal of Clinical and Consulting Psychology, 51(2); 171-82.

笠井仁（2000）ストレスに克つ自律訓練法．講談社．

笠井仁・佐々木雄二編（2000）自律訓練法（現代のエスプリ，396）．至文堂．

クラインゾルゲ，H.・クルンビーズ，G.（1967／池見酉次郎・佐々木雄二訳，1970）自律訓練法の指導実際．岩崎学術出版社．

クレッチマー，E.（1949／新海安彦訳，1958）精神療法．岩崎書店．

Landry, M. & Raz, A. (2015) Hypnosis and imaging of the living human brain. American Journal of Clinical Hypnosis, 57(3); 285-313.

ランゲン，D.（1978／里村淳訳，1980）精神療法学概論．誠信書房．

Langen, D. (1979) Die gestufte Aktivhypnose; Eine Anleitung zur Methodik und Klinik. Stuttgart: Georg Thieme (5 Aufl.).

Linden, W. (1994) Autogenic training: A narrative and quantitative review of clinical outcome. Biofeedback Self-Regulation, 19(3); 227-264.
Luthe, W. (1973) Treatment with Autogenic Neutralization. In: Luthe, W. (Ed.): Autogenic Therapy, Vol. VI. New York: Grune & Stratton. (前田重治訳（1977）自律性中和と治療．誠信書房．)
Luthe, W. (1983) Stress and autogenic therapy. In: Selye, H. (Ed.): Selye's Guide to Stress Research, Vol.2. New York; Scientific and Academic Editions, pp.146-213.
前田重治（2003）芸論からみた心理面接—初心者のために．誠信書房．
松岡洋一（2000）自律訓練法の集団への適用とその効果に関する臨床心理学的研究．風間書房．
松木邦裕（2012）gleichschwebende Aufmerksamkeit についての臨床的見解—精神分析の方法と関連して．精神分析研究，56(4); 409-417.
大谷彰（2013）マインドフルネス入門講義．金剛出版．
佐々木雄二（1983/1996）自律訓練中の「魔境」現象に関する一考察—症例を通して．In：佐々木雄二：自律訓練法の臨床—心身医学から臨床心理学へ．岩崎学術出版社，pp.128-138.
Schultz, J. H. (1932) Das autogene Training: konzentrative Selbstentspannung. Leipzig: Georg Thieme. (20. Aufl., 2003, Stuttgart: Georg Thieme.)
Schultz, J. H. (1935) Übungsheft für das autogene Trainings. Leipzig: Georg Thieme. (Autogenes Training: Das Original-Übungsheft. 26. Aufl., 2016, Stuttgart: Trias.)
Schultz, J. H. (1964) Das autogene Grundprinzip. Praxis der Psychotherapie, 9; 38-39.
Schultz, J. H. (1964/1970) Lebensbilderbuch eines Nervenarztes — Jahrzehnte in Dankbarkeit. Stuttgart: Georg Thieme.
シュルツ，J. H.（1958／切替辰哉訳，1992）ある女性初老期患者における《窃盗狂》的失錯反応の精神病理学および精神療法．In：クレッチメル：多次元精神医学の思想．中央洋書出版部，pp.305-317.)
Schultz, J. H. & Luthe, W. (1959) Autogenic Training: A Psychophysiologic Approach in Psychotherapy. New York: Grune & Stratton.
シュルツ，J. H.・成瀬悟策（1963/1968）自己催眠．誠信書房．
Stetter, F. & Kupper, S. (2002) Autogenic training: A meta-analysis of clinical outcome studies. Applied Psychophysiology and Biofeedback, 27(1); 45-98.
Wallnöfer, H. (1993/2017) Personal communication.
Zeller, U. (2001) Psychotherapie in der Weimarer Zeit—die Gründung der "Allgemeine Ärztliche Gesellschaft für Psychotherapie"(AÄGP). Tübingen: Medien Verlag Köhler.

リフレクション☆乡松木　繁

　私の行う催眠療法について,「トランス空間論」と名付けてくれたのは笠井仁先生である。笠井先生達が企画された東京での催眠研修会にお呼び頂いた際のディスカッションでのことだったか記憶が定かではないが,そう定義付け(?)をして下さったことが嬉しくて,いつの頃からか私自身も「トランス空間」と呼ぶようにして,その空間内で起こる催眠現象そのものの特性や,その空間内でのCl－Thの関係性,さらには,その空間内でのClの「主体性」,「自律性」について論を展開させてきた。

　今回,笠井先生からは「自律訓練法の匙加減」という標題で原稿を頂いた。"匙加減"というところが臨床家,笠井先生の"らしさ"を感じて,興味深く拝読させて頂いた。と言うのも,2001年発行の『催眠学研究』誌上で笠井先生著の「ストレスに克つ自律訓練法」(講談社)の書評を書かせてもらった際にも書いたのだが,笠井先生は,その文章表現にも表れているように,基礎研究から積み上げてこられた論理性と正確なレビューに基づく客観的な評価眼を持ち合わせた研究者の側面が際立っているため,臨床家としてのセンスの良さがあまり目立たなくなってしまっている。しかし,実際のところは実に細やかな臨床での配慮や工夫を実践されていることが著書を通して実感でき,そのままを書評に書かせてもらった。今から思えば上から目線で大変失礼な書評だったかと冷や汗ものだが,同じ,自律訓練法を実践するにしても,同時に催眠の経験を持っているのとそうでないのとは大きな違いがあることをこの時感じたのである。

　本論文においても,その点がよく表れており,特に,「Ⅲ　自律訓練法の適用」の項目を読んで頂けると,笠井先生が自律訓練法の練習過程で起こるであろう実践者(Clも)の状況に思いを馳せながら執筆されているのがよく分かる。練習環境,練習姿勢,練習時間と練習回数の説明などでは,本当に細やかに練習者(Cl)が陥りそうな場面が紙上で再現され,読み進む内に練習の"コツ"がうまく掴めるように実践的に書き進められている。それ以上に私が最も感動したのは,練習公式における練習者の態度の説明のところである。Schultzの造語らしいが,"Entichung"(脱自我化)という言葉を使って自律訓練法の奥義とも思えるようなことを笠井先生はサラッと書いておられる。「自律訓練法には単なる身体的なリラクセーションの実現ばかりでなく,その経過の中で心のありようの変化も意図した側面が含まれている」ことをSchultzがその当時,すでに言っていたことを言われるのであ

る。

　実は，自律訓練法の重要な心構えに「受動的注意集中」というのがある。この心境はまさに今巷で流行のマインドフルネス瞑想法との共通点が多くあり世間では注目されているのだが，笠井先生の強調する「脱自我化」はそれを超えた心境や態度なのである。この心境こそ，自律訓練法を行っていく際に練習者（Cl）が到達していく境地なのであろう。私の一人勝手な解釈かもしれないが，笠井先生流（？）の自律訓練法の適用の説明を読んでいると，効果的な催眠療法を求めて私がさまざまな工夫や配慮を行いつつ「催眠トランス空間論」の構築を目指した過程に通じるものがあるように思えて仕方がない。そして，"（Cl にとっての）守りの空間" としての「催眠トランス空間」が得られた際の Cl の心的状態はまさに「脱自我化」された状態であり，その状態の中でこそ "主体的な"「自己支持の工夫」が産み出されるのであろうと私は思っている。

　笠井先生との最初の出会いも実は随分と古くて，1986 年に九州大学で成瀬悟策先生が主催された第 1 回アジア催眠学会，第 3 回国際イメージ学会の会場だったと記憶している。先日お会いした際にもアタックしたのだが，私は笠井先生には，基礎研究のスペシャリストとしてだけでなく心理臨床のスペシャリストとして臨床催眠の世界にも足を踏み入れて欲しいと願っている。

文　献

松木繁（2001）書評：笠井仁著「ストレスに克つ自律訓練法」（講談社）．催眠学研究，46(1); 55-56.

12.
トランス空間を作り，その中で主体的に振る舞う
―― 私が心理臨床をしていく上で大切にしている8つのこと

八巻　秀

はじめに：心理臨床「職人」への憧れ

　「職人」という言葉，私の好きな言葉の1つである。自分なりのこだわりを持って，仕事の現場に臨み，自分の技術・腕には確固たる自負を持って，その道の配慮と工夫を重ねている，本当のエキスパート，などというイメージが，「職人」にはある。

　この心理臨床の世界に入ってから，どこかしら「心理臨床の"職人"になりたい」という憧れをずっと持ち続けていて，ある一時は，「心理職人の会」という小さな研究会を作ったこともあった。しかし，30年近くにおける自分の心理臨床活動を振り返ると，情けないことだが，正直なところ，「職人としては，まだまだだな～」と感じる経験の方が，多かったように思う。

　今回，この『催眠トランス空間論と心理療法――セラピストの職人技を学ぶ』という本の執筆陣の一人として，編著者である松木繁先生から，お声をかけていただいた時，「いや，自分はまだまだ心理臨床の職人とは言えないよな～」というこれまでの思いとともに，「ああ～尊敬する心理臨床職人の松木先生に，職人の一人として認めてもらえたのかな？」というほのかな喜びなど，瞬間的にさまざまな思いと感情が入り乱れた複雑な気持ちであった。

　ただ実際，声をかけていただいた直後，結果的に自分が思わずとった態度は「ぜひ，書かせてください！」という即答。それは，松木先生が編集する本の一章に書かせてもらえるという光栄な気持ち以上に，松木臨床と心理臨床的共通項があるとずっと勝手に思っていた私の臨床を，しっかりと対峙させてみたいという，少々傲慢な，でもワクワクする気持ちも起こったからかもしれない。

　そこで，この小論では，自分の心理臨床を振り返りながら，「私が心理臨床をす

る上で大切にしていること」を1つずつピックアップしながら，普段から考えていること，振る舞っていることなどを，思いつくままに書き綴ってみたいと思う。

その1：自分のその日の心身の健康状態「体調」「心調」を把握する

あらためて言うまでもないくらい，当たり前のことだが，心理臨床家・セラピストは「自分自身を用いる」仕事と言えるだろう。

岡野（1999）は，セラピストが「自分を用いる」ということについて，次のように述べている。

「治療者が自分という素材，具体的にはその感受性や感情や直観，さらには治療的な熱意などを積極的にかつ柔軟に活用する姿勢は，おそらくどの治療状況においても保たれるべき」「治療者が『自分を用いる』こととは，治療者が自分という素材，具体的にはその感受性や感情や直観（さらには治療的な情熱）などを積極的かつ柔軟に活用する姿勢である」

このように，セラピストが心理臨床を行う際に，積極的かつ柔軟に用いることができる「自分」になるためには，日頃からの健康管理はもちろんのこと，心理臨床を行う自分の体調とともに，心の調子である「心調」というものも，しっかりとチェックする必要がある。当然，体調も心調も日々刻々変わるもの。やはり，普段から健康管理に気をつけて，心身ともにベストな状態で心理臨床に臨むのが理想的ではあるが，なかなかそうはいかないのが現実である（と，つい飲みすぎてしまう自分を弁明してしまうが～笑）。

だからこそ，最低でもセラピストができることは，クライエントにお会いする際に「今日の自分の心と体の調子はどんな状態か？」ということをしっかりと意識しておくことが，大切だと思う。

自分の調子を自覚すると，セラピーの展開の仕方は，その時の自身の体調・心調に合わせるように，いつも以上に丁寧に慎重になったり，少し思い切った動きができたり，セラピストの振る舞い方などが，自然に変化していくものである。

《風邪をひいて学んだこと》

もう20年近くの話である。

ある日，朝起きると，とても体がだるい。測ってみると微熱もある。季節の変

わり目のせいか，風邪をひきかけているようであった。

その日は土曜日で，カウンセリングの予約は，午前中から夜まで11ケース担当予定という満杯状況。今からすべてのケースをこちらからキャンセルするわけにもいかない。なんとか気力を振り絞って，電車に乗って職場まで出かけた。

自分の状態を意識して，慎重になりながらも，必死に一つひとつのカウンセリングを行った。それぞれのケースのクライエントのお話をお聴きしているうちに，次第に自分の風邪のことは忘れてしまって，あっという間にその日の最後のセッションまで終えることができた。

不思議なことに，すべてのセッション終了後，熱はもう下がっていて，体調的にもすっかり元気になっていたのである。

「カウンセリングをしていくことで，なぜ，こんなに元気になれたのだろうか？」

と帰りの電車の中で考え続けていたが，ふと，一つの考えに至った。

「そうか，今日は11人の方とお会いしたが，11人の困難を克服していくお話，元気になっていくプロセスを，聴かせていただいたからなんだ！」

心理臨床の仕事は，一人ひとりのクライエントやご家族の困難を乗り越えていく物語，あるいはナラティヴを，クライエントとセラピストが共有することができる。そこからセラピストが，いろいろな影響を受けたり，何かしらを学ぶこともできる。この点が，心理臨床を行うやりがいの一つになるのかもしれない。その時に気づいた「心理臨床のやりがい」は，今も変わらず，日々感じている。カウンセリングを通しての自分の体調・心調の変化を意識したことから「心理臨床を行う意義」を学んだ，記憶に残る出来事であった。

ちなみに，その日に自宅に帰ってから，この感動的な気づきを，さっそく家内に熱く話したところ，家内から返ってきたセリフは，

「ふ〜ん。でも，あなたクライエントに風邪をうつしたんじゃないの？」

やはり，セラピストの体調管理は大切だと，一方で痛感させられた。

その2：クライエントとお会いする前に確認・準備できることがある

現在の私のオフィスでは，新規のクライエントからの予約は，事務員がいる場合は電話での対応が可能だが，いない場合はメールで予約を受け付けている。

電話の場合，対応した事務員には，相談内容とともに，「クライエントが，どのようにして，このオフィスのことを知ったのか」といういわゆる「紹介経路」を，必ず聞くようお願いしている。

このような「紹介経路の確認」することのメリットは，初回面接でより早くクライエントのニーズにそった話題を展開できるとい点である。例えば，それが「医療機関の紹介」ということであれば，初回面接の話題の一つとして「主治医からどのように言われて，ここのカウンセリングを受けようと思ったのか？」ということを取り上げるだろう。また，「インターネットで探して見つけた」ということであれば，「検索キーワードは，何で調べられたのですか？」ということをお聞きすることになるだろう。

この「紹介経路」を確認するというセラピストの事前の作業を通して，「クライエントがここに至るまでの物語」あるいは「クライエントがこのオフィスに期待していること，ニーズ」の一部に，セラピストが想いを馳せることになる。このような事前準備をすることによって，初回面接のジョイニングがスムーズになったことを，これまでも多く経験してきた。

メール受付の場合は，そのような「紹介経路の詳細な確認」は難しい。クライエントへの返信メールは，私自身がする場合が多いが，「紹介経路の詳細な確認」は，実際にクライエントにお会いしてからということになる。そうすると，メールで事前にできることは，主に予約日時の決定に至るまで，何回かのメールのやり取りになる。当然のことながら，メールの印象とお会いしてからの印象は，変わることも多いので，メールだけからクライエントの人柄（ましてや病理）を判断することは危険である。

メールのやり取りによってできることは，「クライエントのリソースの見立て」が，主な作業になるだろう。例えば，メールを通してクライエントの「書く力」は確認できる。

私は，時々セラピーにおいて，クライエントに『宿題』を与えることがよくある。『夜寝る前に一日をふりかえって，ひっかかったことをメモしてきてください』などと，クライエント自らの行動をふりかえってもらうこと，そして，その書いてきた内容を材料に，次の面接の流れを構成していくためである。

受付メールの文章を読みながら，書くこと自体が，クライエントにとって，あまりストレスになっていないようであるならば，その作業ができる方かなと判断する。

このように，クライエントにお会いする前でも，電話やメールを通して，クライエントの物語やリソースを想像するということでは大切であるが，もちろん，想像しすぎの「妄想」は禁物。何事も程々が良いだろう。

その3：お会いしたファーストコンタクトでできること

　現在の私のオフィスは一軒家で，1階にスタッフルーム，2階に面接室という構造である。オフィスの玄関には，映像付きのインターホンを設置している。そのインターホン越しに，来談された方を見ることができるので，当初の予約通り一人で来られたのか，ご家族で来られたのかが，少しだけ早めにわかり，直前に心の準備ができるのはありがたい。
　事前に炊いているお香の匂いが漂う玄関で，クライエントをお出迎えし，すぐに2階の面接室までご案内して，席についていただく。それから，私は必ずいつも「少々お待ちいただけますか」と述べて，一度の1階のスタッフルームに戻ることにしている。
　それは，最初の面接室までご案内している間に，クライエントの表情や雰囲気をしっかりと観察しながら，「今日のクライエントの心調」を推し量り，一度戻ったスタッフルームで，あらためて，これから臨む面接の方針や流れを自ら確認し，気持ちを落ち着けてから，再び2階に上がって面接に臨むためでもある。もしかしたら，この「間」はクライエントにとっても，これから始まる面接の心の準備のためにも良いのかもしれない。この一度スタッフルームに戻るという行為一つが，これから始まる面接の儀式性を高める，あるいは「トランス空間」（松木，2002；八巻，2000）を作る助走になっているように思う。
　ちなみに，私はこの「トランス空間」は，催眠療法だけでなく，あらゆる効果的な心理臨床で作られているものと考えている。
　さらに，面接開始直後のセラピストが放つ第一声も大事にしたいところである。
　初回面接では，名刺をお渡ししながら挨拶した後，最初に私がクライエントによくかけるセリフの1つは「ここの場所は，すぐにお分かりになりましたか？」である。それに対するクライエントの反応の違いで，その後の私の対応が変わっていく。クライエントがそっけなく「ええ，まあ大丈夫でした」と答えるならば，早めに本題に入ったほうがよさそうと判断する。「ホームページのアクセスをプリントアウトして，見ながら来たので，大丈夫でした」というセリフならば，きちんと準備をしてこの面接に臨んでいるだけでなく，少し余裕も感じられる。この場合は，もう少し雑談を続けても良いかもしれない。例えば，「今日は暑いですね〜」などという気候の話題など，何気ない雑談に対するクライエントの反応を通して，その日のクライエントの心調を，さらに精度を上げるように推し量って行

くことが，面接の始まりでは意外に重要なポイントである。

その4：クライエントが示すあらゆるものと「合わせ」ていく

　これは，いわゆる家族療法でよく言われているジョイニング（Joining）のことである。ジョイニングとは，元々は「セラピストが，セラピーに来た方々（家族）に上手に溶け込む，あるいは仲間入りすること」（東, 1993）という意味であるが，俗に言う「郷に入らば，郷に従え」の精神，あるいは「相手の土俵に乗ること」とも言える。面接室においてクライエントが示すあらゆるもの，雰囲気，テンポ，口調，乗り，姿勢，ジェスチャー，表情，話題，などなど，さまざまな言語・非言語のものに，まずはセラピストが「合わせる」ことをしていく。

　ちなみに，このジョイニングについて，心理臨床の初学者に研修などで教えると，「姿勢やジェスチャーに合わせるなんて，何かわざとらしくないですか？」と言われることが多い。そんなとき思い出す一つの事例がある。

《ワン・アップの太郎さん》

　当初は個人面接から始まった花子さんのケースは，必要性を感じたセラピストが，花子さんの夫である太郎さんもお呼びして，夫婦面接を行うことになった。初めて会う太郎さんは，背が高く目つきも鋭く威圧的な感じ。セラピストにとっては「話しやすさ」を感じていた花子さんとは違って，太郎さんは少々苦手な「ワンアップ・ポジションを自然にとっているタイプ」だった。話し方，言葉の強さ，テンポ，態度，目つき，全て威圧的。最初セラピストは，それらに少し圧倒されそうになりながらも，少しずつ太郎さんの振る舞い方を真似るように，同じ威圧力（？）で会話することを心がけていった。

　会話を続けていて，そのセッションが時間的にもうすぐ終わろうとしている時，セラピストの頭の中で，ふと，〔頑張っている自分。突っ張っている自分。背伸びしている自分〕というイメージが浮かんできた。そんなイメージを感じているうちに，セラピストの頭の中に〔そうか。太郎さんもまた，ここでも，社会の中でも，頑張っているんだ～〕というセリフもよぎった。それは，セラピストが太郎さんの心情を，内側から理解できたようにも思える体験だった。

　それからは，そのセッションだけでなく，その後のセッションも，太郎さんとのコミュニケーションが，自然とスムーズになっていった。

ジョイニングとして，クライエントが示すあらゆるものに「合わせ」ていくことは，このように，セラピストがセッション中に浮かんでくるイメージ（これを私は「内閉イメージ」[八巻，1999] と呼んでいる）などを通して，セラピストが目の前のクライエントを「内側から」理解することにつながるのではないだろうか。それは，内部観察，ナラティヴ的理解といっても良いかもしれない。

クライエントが，どのような態度で，どのようなこと（内容）を話したとしても，まずはクライエントが示しているものを，セラピストが真似る（＝合わせる）ことから始めてみることが，クライエント理解が深まるだけにとどまらず，クライエントとセラピストの関係も，「信頼」という方向に深まっていき，その後のセラピーの展開が，より良い方向に大きく変わっていく，そんな経験をこれまで積み重ねてきた。

今では，まずクライエントに「合わせる」ことは，心理臨床面接の基本中の基本だと思っている。

その5：クライエントの発言に対して，しっかり反応・応答する

最近，私は「オープンダイアローグ」を精力的に学んでいる。はまっているといっても良いだろう。「オープンダイアローグ」とは，フィンランドにおいて1980年代から実践されてきている主に統合失調症に対する治療ミーティングの手法あるいは治療哲学だが，これまで，驚異的な治療成果を上げてきている（斎藤，2015）。

そのオープンダイアローグの「対話実践を実践度に関わる12の基本要素」と言われているものの1つに「クライエントの発言に応答すること」というものがある。セラピストは，クライエントの発言にしっかりと応答することによって，「対話」を促進することができる。セラピストの反応・応答は，対話するための第一歩であるとも言える。

ブリーフセラピーでも，「セラピストの反応（うなづき，相槌，共感的コメントなど）」の重要性は，ずっと言われてきていた（坂本・東・和田，2001）ので，私自身はこれまでも，それらを意識した心理臨床を心がけてきたつもりである。それが「対話」につながる大きな礎であることを，オープンダイアローグで確認できたことは，私にとっては大きな収穫であった。

では，これらの反応が「対話実践」につながるような「良質なセラピストの反応」とは，どのようなものなのだろうか。

オープンダイアローグでは，（A）クライエント自身の言葉を使うこと，（B）まだ話されていない物語のための場所を作るよう，応答を欠かさない傾聴を行うこと，（C）沈黙を含む非言語的な発言に調律を合わせ続けること，などという方法が，対話促進のための応答の仕方と言われている（Olson, Seikkula & Ziedonis, 2014）。

これらの考え方には，「その4」でも述べたように，まったく同意するのだが，私にとって「良質な反応」のために，さらに「合わせ」ることと連動するような，セラピストが「主体的になること」が，必要なのではないかと考えている（八巻，2002）。このセラピストが「合わせ」ながら「主体的になること」とは，セラピストが「トランス空間」に入る，あるいはクライエントとともに「トランス空間」を作っていくこととも連動していると考えられる（八巻，2006）。

この「主体的になること」が，セラピストに生まれてくるためには，アルフレッド・アドラーが述べている共感の定義，「相手の関心に関心を示す」「相手の目で見，相手の耳で聞き，相手の心で感じること」「あなた自身を相手の立場におきなさい」（Adler, 1930）という一連の言葉が参考になる。アドラーもまた「主体的なセラピスト」だったのである。

この「主体的」な姿勢からくる応答のやり取り，そしてセラピストの「合わせ」によって，クライエントとセラピストの「守られた，安心・安全な会話空間」が少しずつ作られていく。これらの振る舞いが，「トランス空間」を，さらに作りあげていくための，重要な作業になるのかもしれない。

その6：「問題」を「関係」の中で見ていく という心がけ・振る舞いをしていく

いつのまにか，私自身クライエントが語る「問題」や「症状」を，その人個人の中だけのものとして見ることは，なくなっている。それらは，かならず「関係」の中で起こっているからと考えるようになったからである。

「人間の悩みは，すべて対人関係の悩みである」とは，アドラーが言った有名な言葉（岸見，2013）だが，この考え方は，現代アドラー心理学では理論的に整理されて，「対人関係論 Interpersonal Theory」あるいは「社会統合論 Social Embeddedness」と呼ばれている。

このアドラーの言葉に対して「そんなことはない。人の悩みは対人関係以外にも，病気やお金などの個人的な悩みがあるではないか！」という反論をよく聞く。

私の考えでは，アドラーは「その悩みを"対人関係の悩み"と考えたほうが，解決できますよ」という臨床家の立場から言ったのではないか，と思う。我々臨床家は，「問題」を「解決」するのが仕事であって，「解説」することは本来の仕事ではない。

オープンダイアローグでも，対話実践のための基本要素に「対話の中で関係が強調される点を作り出すこと」というものがある。それは，どのような病理的現象でも，実際のクライエントとセラピストとの関係，および特定の相互作用に対する反応である，とセラピストが捉えることが大事だということである。オープンダイアローグが治療の力を発揮できているのは，このようなセラピストの「関係性を重視する姿勢」にもあるのではないだろうか。

ここ最近，私のオフィスでは「盗撮」の問題を抱えている人が訪れることが多くなっている。電車などで盗撮行為をして警察に捕まり，「盗撮は再犯率が高いので，必ずカウンセリングを受けるように」と警察で強く言われて，家族とともに来室されるのである。「盗撮」を含めて性犯罪の問題は，多くの場合，犯罪を犯したクライエントの「異常な性癖の問題」と，まさに個人内の問題に捉えられて，それを抑止・改善する方法（有名な方法としては「条件反射制御法」など）を行う必要があると言われている。

それらの方法が，必要な場合があることは否定しないが，それ以前に，そのクライエントをめぐる対人関係に焦点を当てることで，その悪いクセを変化させていくポイントが見つかることは多いと，臨床経験上強く思う。家族関係（特に妻との関係）や親族との関係，職場関係などを丁寧に聞いていくと，その行為に至るクライエントのナラティヴやシステムが見えてくるのである。そこには個人内の心理的問題は存在しない。

アドラーは，「人生を社会的な関係の文脈と関連づけて考察しなければならない」（Adler, 1929）とも述べ，人間は社会的存在であり，どんな場合でも他者との関わりについて考える必要があると唱えたが，この90年近く前のアドラーの考えは，現代の心理臨床においても活きるセラピストのものの見方を示してくれている。

その7：「解決」はクライエントとともに見出す「オーダーメイド」の精神を持つ

「問題」は「クライエントをとりまく対人関係」の中に落とし込むもの，とした

ならば,「解決」は「クライエントとセラピストの関係」の中から創出されるもの,と考えられる。その創出は,「クライエントとセラピストが対話し続けること」によって起こる。それは,両者で問題の解決策を話し合う,「解決構築」の対話をしていけるようになることでもある。それは,「トランス空間」という土俵の上で,クライエントとセラピストとの対話を通して,「解決」が生まれてくるとも考えられるだろう。

当然クライエントによって,百人百様のオーダーメイドな「解決構築の対話」がある。ただ,オーダーメイド感,クライエントとセラピストが一緒に作っていく感じを持つためには,対等な「対話」は不可欠である。その対等な「対話」を促進させる1つのセラピストのスタンスとして,私が好んで使うものの1つに「外在化」があげられる。

「外在化」とは,まず「問題」をセラピストが当たり前のように外に置く,あるいは外から来たものとして扱う。そして,外にあるそれについて,クライエントとセラピストが共に語り合い,つきあい方を考えていくような「対話」をしていく,この一連の流れが結果的に効果的な治療行為・作業となっていくのだと考えられる (東, 1997; 児島, 2008)。

このような「外在化」は,技法というより,セラピストの「スタンス」(森, 2015) であること,あるいは,あらゆるものは「外在」であるという発想を持ち続ける「外在文化人」(高橋・八巻, 2011) として振る舞うことで,心理臨床場面で有効に使えるものになるのだと思う。

私の場合,クライエントとセラピストの自分が,ともに「トランス空間」にいるからこそ,その中で自ら「外在文化人」として「主体的」に振る舞えるという感覚を持つことができ,そのことによって,さまざまな「解決」が創出されていくのだという感触を持っている。

こうして考えてくると,私の心理臨床の基本スタイルは,「安心・安全なトランス空間を,クライエントと共に作り,そこにいながら,その中で外在文化人として振る舞っていくことによって,解決がその中で生まれてくる」ということで,まとめられるものなのかもしれない。

さて,ここまで思うままにいろいろと書き綴ってきたが,このような私の心理臨床における配慮と工夫を生み出す「原点の姿勢」を最後に述べてみたい。

その8：臨床的な楽観的・主体的姿勢を持ち続ける

　心理臨床では，思いもよらないさまざまな出来事や現象が起こる。私も未だに初回面接は「どんな方がいらっしゃるんだろう」という緊張感がある。もちろん，面接内外で「どうすればいいんだ?!」といった困難な状況になることもある。そのような中で，セラピストとして，主体的にセラピーをやりぬいていくために必要な姿勢は，何であろうか？

　それは，どんな時であっても，セラピストが
「今，私ができることは何か？」「これからどうしていくのか？」
と問い・考え続け，アクションを起こすことだと思う。これらを「臨床的な楽観的・主体的姿勢」と呼びたい。

　この姿勢は，松木先生と田嶌先生（田嶌，2009）の"全力で"心理臨床に取り組む姿勢から，学ばせていただいたと思っている。私にとって「全力」＝「楽観的・主体的」と考えている。あらためて，この場をお借りして，お二人に心から感謝の気持ちをお伝えしたい。

　もう一人，アドラーからも，この姿勢を学んだ。

　80年前に亡くなっているアドラーからは，未だに「クライエントが，少しでもより幸せになる心理臨床とは何か？　どうあるべきか？」ということを，私に問い続けてくれているように思う。この問いに常に答え続けようとすることが，今の私の心理臨床を支えているのだと，あらためて思う。

　最後に，アドラーが，弟子たちによく語ったと言われている「二匹の蛙」のエピソード（岸見，1999）を紹介して，本稿を閉じたい。

　2匹のカエルが，牛乳の入った壺のふちで跳ねていた。
　ふと，足を滑らせ，2匹とも壺の中に落ちてしまった。
　1匹のカエルは「もう駄目だ」と嘆き，溺れるに任せた。
　しかし，もう1匹のカエルはあきらめなかった。
　彼は，牛乳を蹴って蹴って蹴り続けた。
　すると，ふと足が再び固いものに触れた。
　いったい何があったのか？
　撹拌された牛乳はチーズになっていた。
　そこでピョンとその上に乗って外に飛び出せた。

文　献

Adler, A. (1929) The Science of Living. Anchor Book.（岸見一郎訳（2012）個人心理学講義―生きることの科学．アルテ，p.28.）

Adler, A. (1930) AAC, Container 1, Lectures 1930."Dr. Adler's Lecture to Teachers." January 13, 1930, 6.

東豊（1993）セラピスト入門．日本評論社．

東豊（1997）セラピストの技法．日本評論社．

岸見一郎（1999）アドラー心理学入門―よりよい人間関係のために．KK ベストセラーズ．

岸見一郎・古賀史健（2013）嫌われる勇気．ダイヤモンド社．

児島達美（2008）可能性としての心理療法．金剛出版．

松木繁（2003）催眠療法における"共感性"に関する一考察．催眠学研究，47(2); 1-7.

森俊夫（2015）心理療法の本質を語る：ミルトン・エリクソンにはなれないけれど．遠見書房．

岡野憲一郎（1999）新しい精神分析理論―米国における最近の動向と「提供モデル」．岩崎学術出版社．

Olson, M., Seikkula, J., & Ziedonis, D. (2014). The key elements of dialogic practice in Open Dialogue. The University of Massachusetts Medical School. Worcester, MA.（山森裕毅・篠塚友香子訳（2016）オープンダイアローグにおける対話実践の基本要素―よき実践のための基準．2016.05.13-15 オープンダイアローグワークショップ資料，62-79.）

坂本真佐哉・東豊・和田憲明（2001）心理療法テクニックのススメ．金子書房．

斎藤環（2015）オープンダイアローグとは何か．医学書院．

高橋規子・八巻秀（2011）ナラティヴ，あるいはコラボレイティヴな臨床実践をめざすセラピストのために．遠見書房．

田嶌誠一（2009）現実に介入しつつ心に関わる―多面的援助アプローチと臨床の知恵．金剛出版．

八巻秀（1999）イメージ療法におけるイメージの間主体性．催眠学研究, 44(1); 19-26.

八巻秀（2000）催眠療法を間主体的現象として考える―事例を通しての検討．催眠学研究，45(2); 1-7.

八巻秀（2002）心理療法においてセラピストが「主体的になること」．秋田大学臨床心理相談研究，2; 1-10.

八巻秀（2006）「関係性」という視点から見た催眠臨床―トランス空間とオートポイエーシス．催眠学研究，49(2); 28-35.

リフレクション☆乡松木　繁

　八巻秀先生は，私が「催眠療法における"共感性"に関する一考察」に関する論文を上梓した際に最初に目を付けてくれて，私の行う催眠療法を評して「関係性の催眠」と名付けて定義付けてくれた先生である。当時，すでに，八巻先生は「催眠療法を間主体的現象として考える—事例を通しての検討」という論文を上梓されていたのだが，その視点に私の催眠療法の見方と多くの共通点を感じられていたのであろう。「関係性」のテーマは，八巻先生の重要な臨床研究のテーマで，その後も，「関係性」からの視点で催眠療法を捉え，「『関係性』という視点から見た催眠臨床—トランス空間とオートポイエーシス」という論文を催眠学研究に上梓された。さらに，「関係性」のテーマを発展的にブリーフセラピィにおける問題解決へのアプローチ，「問題」や「症状」を「関係」の中で捉えシステム論的に解決の道を見出す方向，へと進められ，今は，アドラーの考える「対人関係論」を主軸に，その活動をスクールカウンセリングにも拡げられて，第3世代のアドラー派としての日々の臨床実践をされてきている。この流れは田嶌先生の臨床実践の流れや私の催眠療法での実践とどこか流れを一にしているように私には思える。

　八巻先生との出会いは，確か，大分で学会があった際の別府の温泉だったように記憶している。ほぼ初対面に近い時だったのに温泉でのぼせるくらい話し込んだように思う。その後は頻繁に会う機会もなかったのに，やはり，百年来の旧知のように会えばいつも話が弾み楽しい時間を共有させてもらえる仲間であった。臨床研究や臨床実践の流れを一にしているのであるから，当然と言えば当然なのかもしれないが，今回の論文を拝読しその臨床姿勢を垣間見させて頂くにつれ，やはり，八巻先生は，「臨床の職人」だったなと改めて確信した次第である。

　八巻先生が「心理臨床をしていく上で大切にしている8つのこと」はいとも簡単に書かれているが，実は，なかなか難しいことばかりなのである。その1～その3は，私の言葉でいえば「心理臨床の"場"（治療の"場"）」を整える作業にあたる。「自分のその日の心身の健康状態「体調」「心調」を把握する」，「クライエントとお会いする前に確認・準備できることがある」，「お会いしたファーストコンタクトでできること」，これらは心理臨床家ならば当たり前の配慮なのだが，これをいつも意識している臨床家はどれくらいいるのだろう？　私はこれらに加えて，神田橋先生の影響かもしれないが，面接室の"気"の流れの調整などもしたりしている（これはさすがにいかがなものかと思い，学術的な場では言わないよ

うにしているが，部屋の空気を換えるだけで調子が良くなるClがいることも臨床的事実ではある）。「臨床の"場"」が整うと，すでに，それ自体の中で自然に「動的調和」が起こり始めるのが不思議である。「催眠トランス空間」を構成するまでの配慮に通じるものがあると読ませて頂いた。

　その4〜その6ではブリーフセラピィで言われるところの「ジョイニング」，「リフレクション」の重要性がこれもあっさりと書かれている。しかし，「内側からの理解」を行いながらの「ジョイニング」の"コツ"や，「相手の関心に関心を示す」アドラーの言葉を引用してのオープンダイアローグによる「リフレクション」の"コツ"が書かれている。私の主張する「催眠トランス空間論」の中で示した4段階の図に入っている矢印は，実は双方向的な相互作用を象徴的に表したものであり，催眠療法の展開を効果的なものにするためには，ここでの臨床姿勢が重要になるという点で共通している。

　そして，その6〜その8では，「対人関係論」を主軸にした問題解決の道筋を示しているが，「関係性」が強調されて説明は続くが，個別性の尊重が重要だという姿勢や問題解決の基本はClの主体的な活動にあることを強調している点も私の考えと通じるものがあるように思った。

　最後に，そうした臨床を支えるThの臨床姿勢は，「臨床的な楽観的・主体的姿勢」だと言いきるところは，やはり，「臨床の職人」なのだと思った。

文　献

八巻秀（2000）催眠療法を間主体的現象として考える―事例を通しての検討．催眠学研究，45(2); 1-7.

八巻秀（2006）「関係性」という視点から見た催眠臨床―トランス空間とオートポイエーシス．催眠学研究，49(2); 28-35.

13.
「浸食される」ということ
──フォーカシングを通して学んできたこと

伊藤研一

I 「浸食される」ということ──現時点での到達点

1) 事例：妄想性障害女性 60 代　Aさん

主訴：近所の人はみなグルで，A家を見張っていて情報を集めている。新聞，郵便物には毒が塗られている危険が大きい（新聞は読む前にウェット・ティッシュで拭く）。

家族：夫，70 代。一つの会社で勤務を続け退職。中卒後現在の会社で懸命に働き，役員までのぼりつめた。妻の訴えに対しては「そんなことはありえない，証拠があるのか」と怒鳴って否定。子ども 4 人はすべて独立して別居している。

本人：結婚して 4 人の子どもを育て上げる。夫の会社が業績不振におちいって減給になったときには，近所のスーパーマーケットにパート勤務をして家計を支えた。しかし，10 年くらい勤めたころから勤務先で同僚が知らないはずのA家のことを話すと言い出し，数年前に退職。家族の勧めで精神科クリニックに通院を始める。「統合失調症」の診断。薬は出されているが服薬は拒む。

本人初回

四男が結婚して寂しくて近所のサークル活動に参加したが，話が合わず，またA家の情報を聞き出そうとするのでやめた。近くのアパートの住人も家を見張っている。私が家を出ると，すぐにばらばらと出てくるから。

このような話をまじめにではあるが，不安そうではなく淡々と話すAさんを前にしてセラピストは胸のあたりに「切ない感じ」をひしひしと感じる。この「切ない感じ」はこの面接以降も強弱はありながら続いていった。

終了間際にセラピストが「今どんな感じですか」には「だいぶ楽です」と答えた。「今までつらいのをよく頑張ってこられたと思います。ここで話して楽になっ

てゆとりを増やしていくのはどうですか」と提案すると「お願いします」ということで継続面接となる。

2）「浸食される」——胸のあたりの「切ない感じ」

この事例は3年間，毎週1回の面接を継続して，「身のまわりの人が私をどう思っているかは私の『想像』でしかなかった」と自然に考えるようになり，本人の申し出で終結した。

経過を振り返ってみると，セラピストがこの「切ない感じ」を感じながら面接を続けたことが大きな治療要因となったと考えられる。もちろん，夫との間をつなぐための夫婦面接や生活上の困りごとへの具体的な助言，心理教育的働きかけなども行なったが，面接の主軸となるのはこの「切ない」感じであった。

Aさんは，①子どもはすべて家を離れていて，しかも話し相手になりそうな娘はいない，②家族を支えるために懸命に生きてきて60代になったものの，自分はこれから何を支えに生きていけばよいのかわからない，③夫は仕事一筋の人でAさんの孤独を共有してくれるどころか，怒鳴りつける人である，これらのことから，切なさ，寂しさ，悲しさを心の奥深く感じていることは容易に想像できる。「近所の人がA家の情報を集めている」ので警戒しなくてはならない，という妄想は，①このような感情に向き合わなくて済み，②「警戒する」役割をAさんに与えてくれるという二重の利得がある。

セラピストの胸のあたりの「切ない」感じは，Aさんが向き合うことを避けている感情といえる。

成田善弘氏は，自身の外来に陪席した精神科医の発言「フィール（その場の雰囲気）に場が支配される。先生の持っている能力は浸食される能力だ」を引いて「自分の中にその場の雰囲気が浸食してきて，私をして雰囲気を感知せしめてくれるといいと思っている。それは私が私の心の中を探るというより，その場の雰囲気がその場にいる私の中に入り込んでくる。それを体感的にキャッチしたものを言葉にしようということです」としている（成田ら，2001）。

実際，「切ない感じ」に触れながら面接を続けることによって，セラピストの内面は大きく影響を受けた。たとえば，「近所のBさんが咳をしたら，自分の周囲で咳をする人が増えた。その人たちはみんなグル」とAさんが語った後，セラピストは「Bさんと思われる人が咳をしたのを見て，Aさんが泣き叫ぶ」夢を見た。

筆者は他のさまざまな臨床経験を考え併せて，セラピストの課題は，この「浸

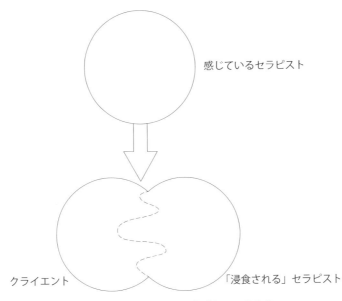

図1 「浸食される」自分とそれを感じている自分

食される能力」を高めていき，その感じを自覚することではないかと現在のところ考えている（図1参照）。

Ⅱ 「浸食される能力」を高める練習

　もちろん，臨床経験を積み重ねていくことが一番ではあるが，「浸食される」感じの本質を習得しやすい練習を示したい。インタラクティブ・フォーカシング (Klein, J., 2001) を簡単にした（インタラクティブ・フォーカシングの「二重に共感的な応答」の作業を省いた）以下の方法が繰り返し練習しやすく，「こういうことか」と実感をともなって経験できる。

1）インタラクティブ・フォーカシング・ベーシック

　4人から6人くらいのグループで行う。その中でペアを作り，一方が話し手，他方が聞き手になる。話し手は最近，心が動いた（うれしい，悲しい，つらい，腹が立つ等）ことで，それだけ話せば1〜2分くらいで話し終わるようなストーリーを思い出す。そして

①話し手がストーリーを語る。短く区切りながら。
②聞き手は自分のからだの感覚（フェルト・センス）に注意を向けながらストーリーの大事なところをそのまま繰り返す。
③話し手は聞き手の反射を自分のからだの感覚につき合わせ，ぴったりかどうかをチェックし，聴き手がちゃんと話し手の感じをとらえられるように助ける。
　──話し手は続きの話をして，聞き手は②でやったのと同じように繰り返す。
　──話し手はストーリーが一段落するまで，聞き手の反射を自分のからだの感覚（フェルト・センス）につき合わせながら話を続ける。
④聞き手あるいはオブザーバーの中から，話したくなった話が出てきた人が新しい話し手になる。聞き手を選んで①～③を行う。
⑤最初の話し手の話と次の話し手の話と共通する点があったか，なかったか，違う点はどこかについて話し合う。
⑥聞き手あるいはオブザーバーの中から，話したくなった話が出てきた人が新しい話し手になる。聞き手を選んで①～③および⑤を行う。

この①～③までのプロセスで通常聞き手やオブザーバーにかなり強い身体感覚（フェルト・センス）が生じる。これが「浸食される」感じである。そして「突き動かされるように」自分の話をしたくなるメンバーが出てきて④が始まる。⑤で最初の話し手の体験と第二の話し手の体験の共通点と相違点を検討することで，「浸食される」感じの意味が検討できる。

2）具体例（伊藤，2014）
4人グループ（A，B，C，D）
Aが話し手（S），Bが聞き手（L），C，Dはオブザーバーで始まる。

S1：自分の部屋に行くためには，妹の部屋を通らなくてはならなくて。
L1：妹の部屋を通らないとならない。
S2：妹が寝転がっていて，またがないと通れなかったんですね。
L2：あー，またがないと通れない。
S3：で，どうしようかと迷っていたんですね。
L3：迷っていたんですね。

S4：そうしたら，「またいでいいよ」といわれて，エッと。
L4：「またいでいい」といわれてエッと思った。
S5：続けて「お姉さんより，私の方が出世するから」と。うちではまたがれるとその人はまたいだ人より出世しないというのがあって。妹は国立大学で私は私立。またがれても問題ないと……怒りと悲しみが……。
L5：怒りと悲しみ……

　ここでオブザーバーのひとりであるCの胸のあたりに強い感じが生じ，それにつながる自分自身のストーリーが浮かんできた。そこでCが話し手になり，Dが聞き手になって第2セッション。Cは高校生時代に母親に自分の作文を見せたときのことを話した。当然ほめてもらえると思ったのに，母親から思いもかけないいくつかの指摘があり，それに対する感情的な反発から，「お母さんにそんな風にいわれるようじゃおしまいだな」といってしまい，母親が悲しそうに黙ってしまったことを話し，深く傷ついた悲しみを語った。
　⑤の話し合いでは，共通点は怒りと悲しみの入り交じった感じであることが確認され，相違点は，1）傷つけたのがAの場合は相手であり，Cの場合はC自身であることと，2）怒りと悲しみの割合が，Aの場合は同じくらいで，Cの場合は悲しみの割合がほとんどであることであると考えられた。
　第3セッションではDが話し手となり，Bが聞き手，第4セッションではBが話し手となりBが聞き手。
　このように，ひとの「心が動いた」話をていねいに聞いていくと，「その場の雰囲気」が聞き手やオブザーバーに「入り込んで」きて，心が動かされ，フェルト・センスが生じる。やってみるとわかるが，このフェルト・センスはとても鮮烈なものであることがしばしばあり，「浸食される」体験が容易に可能となる。話される内容が「つらい，悲しい，腹が立つ」などのネガティブであっても，フェルト・センスが活性化され，その場は生き生きとした雰囲気となり，「楽しく」練習できる方法である。

III　「浸食されている」感じから意味を汲み取る——セラピスト・フォーカシング（吉良，2010）

1）事例：うつ状態，男性A，30代，特別支援学校教員（伊藤，2013）
　主訴：仕事の人間関係で悩んでいる。

家族：本人，母親70代（特別養護老人ホーム入居），妹（結婚して地方在住）

問題歴

今年から異動になった部署で，3人の女性教員から「ハラスメント」を毎日のように受けるようになった。睡眠障害も出てきて仕事に行くのがつらくなり，精神科クリニックを受診し，「うつ病」と診断されて服薬。管理職に相談したものの，同情はしてくれたが，「ハラスメント」をする教員への指導はしてくれない。「あまりつらかったら休んだら」と言ってくれたが，自分では「休むと休み癖がつくのでは」と怖くて休めない。自分と組んでクラスを担当している女性教員が自分のやり方を押しつけてくる。その女性教員が自分と仲の良い2人の女性教員と一緒にクライエントを責める。毎日びくびくしている。今までは精神的な問題で休む教員は「だらしない」と思っていたが，今ではその人の気持ちもわかる。結婚していれば妻に支えてもらえるが，独身でそうもいかない。それでも何とか学校には行っていたが，夏休み明け1ヵ月後から病気休暇をとることになる。

生育歴

小学校時代は地元のサッカーチームに入っていた。とても楽しかった。中学，高校とテニス部に入って，一生懸命練習してレギュラーになり，高校では主将に選ばれた。自分はまじめに練習していたが，自分に隠れて遊んでいる部員が何人かいてすごく腹が立った。

大学を出て，何年か臨時採用教員を勤めたのち今の学校に採用された。

父親は数年前に亡くなり，母親は認知症を患いしばらくは同居していたが，認知症の症状が重くなり，ホームに入居するように手続きした。はいれるまで大変だった。妹がいるが結婚して遠方にいるので手助けしてもらえなかった。

見立て

児童期，青年期に集団の中で生き生きと活動できていることから，パーソナリティの土台は十分にできていて対人関係で大きな問題や偏りはないと考えられた。異動してまもなくの職場で複数の女性教員からハラスメントを受けたことによる「適応障害」と考えられた。

ただ，高校の部活での「隠れて遊んでる部員」への怒りや休職中の教員への感じ方を考えると，「自他に厳しい」いわば超自我の強い人であることがわかり，そのことがAさんの心理的負担を重くしているだろう。傾聴を主にした心理療法に加えて，緊張を緩めるような考え方，工夫を心理教育的に伝えることも必要になるだろう。

面接経過
セラピスト・フォーカシング導入まで（X年10月から12月）

「仕事をやらないと自分には何もない」というAさんに〈やりたいことや楽しいことはありますか〉と聞くと「ドライブに行けたらいいが」「ただ、病気療養中にドライブにいくのはうしろめたいので、楽しめるかどうかわからない」と。〈こういう場合、「実験」としてやってみて考えるのがいい。「実験」だから、やってみて楽しければ成功だし、楽しくなければ、その活動があわなかったか、時期が良くなかった、どちらかがわかるから「失敗ではない」〉という考え方を伝えると、表情が明るくなり、「そうですね」と納得。

休職してしばらくすると、ストレス源が現実になくなったことに伴って「焦り」は減り、ドライブに出かけて気分転換することも増えてくる。一方で自分がいかに大変な思いをしたかについて、繰り返し語る。

「話を聞いてもらえるとそれでいいといってもらってるようで安心します」というが、しばしば「言ってることわかります？」「前にもいったと思うんですけど」とぎこちない笑いを浮かべながらいうことにセラピストは気になっていた。そこで当時、大学院生数人と行っていたフォーカシングの勉強会で、クライエントを思い描いておこなうフォーカシングである「セラピスト・フォーカシング」を、Aさんを思い描いて筆者自身がおこなうことにした。

（X年12月～X＋1年5月）
セラピスト・フォーカシング・セッション

以下、Fはフォーカシングをする人、筆者の発言、Lはフォーカシングの聞き手、大学院生の発言。

「前にもいったんですけど」、「笑い」髪の毛グシャグシャ　引っかかっていること

F1：成人のクライエントです。そのクライエントに対して引っかかっていることが。

L1：引っかかっていること

F2：えーとね。よく「前にもいったんですけど」と繰り返すんです。それと笑う。おかしくて笑うんじゃなくってって感じで。

L2：前にもいったんですけど。と、笑う……。

F3：そう、お腹がかなり反応しますね。「前にもいったんですけど」……そのときに笑うんですね。

L3：「前にもいったんですけど」で笑う。

F4：うん……あー……それと，そのクライエントはよく髪の毛をぐしゃぐしゃとするんですよ……それもつながっているなぁ……あーーーーそれはお腹が強く反応しますね。うんうん
L4：お腹が反応する。
F5：「前にもいったんですけど」，そのときの笑いと髪の毛グシャグシャ。
L5：「前にもいったんですけど」，笑いと髪の毛グシャグシャ。

「なんか不快」へ：気づきとクライエント理解

F6：その3つがあるなぁ……グシャグシャとやるとき，私がちょっと不快なんですよね。具体的にはフケが落ちるんじゃないか（笑い）。
L6：フケが落ちるんじゃないか。
F7：すっごく不快ではない……不快……不快。
L7：お腹の感じは？
F8：「不快」という言葉が出てきたら少し弱くなりました。
L8：その感じと一緒にいてみましょうか。
F9：不快……不快……（自分の感じと照らし会わせている）不快だよな。不快なんだ。
L9：不快なんだ
F10：あーーーーーーーそうだ。不快なんだ。ぴったりかもしれない（笑い）。
L10：不快なんだ。
F11：なんか面白い（笑い）とっても一生懸命な人。しかもある種の自負もあるし。あーーーなんか不快。あーー「なんか」がついた方がほうがもっとぴったり！（のけぞって笑う）
L11：笑っちゃう感じ。
F12：クライエントもなんか不快なのかも。「ゴルフの打ちっ放しにいってきました」というのを聞いて私が「ゴルフやるんですか！？」と少し驚いて聞いたら「前にもいったとおもうんですけど」と！

筆者はこのセッションで，Aさんから自分に伝わってくる非言語的雰囲気がなんか不快であること，さらにこれはAさん自身も感じていることだろうという仮説を立てた。

「自分はハッピーじゃない！」

異動はあっても敷地は一緒で，当の女性教員と顔を合わせることから「相手が

いろいろいってきたら無防備じゃいられない」「場合によっては弁護士と相談することも考える」と語るAさんに，そこまで考えることも当然のことと筆者は認めた。その上で〈相手の女性教員とのことがすべて思うとおりに解決したとしても，なんか不快なのではないか〉と問うと，ハッとしたような表情になり，「そうなんです」「すっきりしないんです」と深くうなずく。「自分は人の仕事まで引き受けたり，飲み会の幹事をやったりしてきた。もちろん嫌々じゃないけど自分がやらなきゃいけないことじゃない」「そんなにしてきたのに自分はハッピーじゃない！」と今までも薄々は感じてきたであろうことを語った。

「これからは自分が満足できる生き方をしたい」と。今回のことについても「相手に言い返しても良かった。ひたすら従おうとして疲れ果ててしまった」

その後遠方に旅行したり，ドライブに出かけたりすることが増え，また「結婚相談所にも登録しようかと考えている」。服薬は11月くらいからしていないが，調子は変わらない。

職場復帰後も対応がむずかしい生徒の担当となるが，「3人で組んでいるうちの一人の教員が自分の大変さをわかってくれてすごくうれしい」「その先生だけじゃなくて，大変なことがあると「こんなことあってさぁ」とため込まずいえるようになった。前は一人でがんばらなきゃと思っていた」と語った。

2)「浸食されている感じ」とその意味

クライエントが繰り返し「前にもいったんですけど」ということとその時のぎこちない笑いと，頭をグシャグシャとすることがセラピストには同じ違和感として感じられていた。これが「浸食されている感じ」である。この違和感をフォーカシングで吟味して出てきたのが「なんか不快」である。これはセラピストがクライエントから感じていたことであると同時に，（クライエントの言動を思い起こした結果）クライエントがセラピストから感じていたと考えられた。

土居（2006）はセラピストがクライエントと会っていて感じる「否定的感情」はしばしばクライエントの感情の反映であると述べている。そしてセラピストが自分自身の不快感情の意味を洞察して，クライエントにクライエントも同じように感じているのではないかと語りかける。その語りかけがクライエントの「急所を突いた時，相手は初めて自分のことが理解されたと感ずる。かつて自分で自分を理解したよりも，もっと深く理解されたと感ずる。それはいわゆる疎通を超え，いわば火花が散ったように，面接者と被面接者の間に真のコミュニケーションが

成立し，二人の間の劇が進行するのである」としている。

このケースの場合も，「なんか不快」という感じがクライエントの心の底に流れていることがセラピスト・フォーカシングを通して浮かび上がった。「母親の世話やホームへの入居を一人で苦労しながら行った」ことや「管理職が同情はしてくれても何もしてくれないこと」それに，改めて語った「人の仕事を引き受けること」「飲み会の感じを引き受けること」などは「これほど努力しているのに報われない」ことへの「なんか不快」に通じるものであろう。

3）セラピスト・フォーカシングの力

土居は，セラピストが感じる不快感情について「ただ相手に調子を合わせて共振れしているということだけならば，そのこと自体無意味とはいえないまでも，被面接者を益するところまではいかない」「新しい発展を期待するためには，面接者が相手との接触によって引き起こされた内心の変化の意味を洞察し，それを認識にまで高めなければならない」と主張する。

吉良（2010）は，セラピスト・フォーカシングについて①セラピストが面接過程でさまざまな感情に圧倒され，混乱したり身動きがとれなくなっているとき，そのような感情から体験的距離が生まれること，②セラピストとしての自分のあり方を振り返り，自己理解を深めることをあげている。

この事例でみられたように，セラピスト・フォーカシングは，セラピストの不快感情を吟味して洞察し，認識にまで高める具体的なスキルを提示している。またさらに一歩進んで，これを①クライエントに対する深い理解と②面接の中でクライエントに伝えて新たな展開をもたらす可能性を含んでいるといえる。このこともセラピスト・フォーカシングの大きな意義の一つであると考えられる。

これを繰り返しているうちに，あとでセラピスト・フォーカシングをしなくても，面接中に違和感を「認識」に高めることがしやすくなると期待される。

Ⅳ　おわりに——「浸食される」ということば

おそらく「浸食される」ということばに違和感を感じる読者もいるだろう。筆者もこれが最適な表現であるという確信があるわけではない。しかし，筆者は以前は面接の中でフェルト・センスに注意を向ける「スイッチ」を押していたが，数年前から気がつくと「スイッチ」がすでに押されていて，クライエントが感じている緊張，違和感が筆者に入り込んでくると感じることが増えてきた。これはク

ライエントとの間だけではなく，スーパービジョンや日常における人との話でも同じである。「スイッチを押す」という能動的な感じから，「スイッチが押される」という受け身的な感じに変わってきている。そこで「浸食される」という受け身的表現を用いたのである。

　通常のフォーカシング経験，リスナー経験だけではなく，心理療法面接において半分はクライエントの話と表情，声のトーンなどに，半分は自分自身のフェルト・センスにふれながら聞くことによっても，「浸食される」能力が高められていく予感を感じている。

文　　献

土居健郎（2006）新訂　方法としての面接―臨床家のために．医学書院．
伊藤研一（2013）フォーカシングにおける見立てと介入をつなぐ工夫．In：乾吉佑編：心理療法の見立てと介入をつなぐ工夫．金剛出版，pp.105-116.
伊藤研一（2014）「逆転移」感得と吟味の練習法としてのインタラクティブ・フォーカシング―初心心理臨床家のために．学習院大学人文科学研究所 人文，13; 117-126.
吉良安之（2010）セラピスト・フォーカシング．岩崎学術出版社．
Klein, J. (2001) Interactive Focusing Therapy: Healing Relationships. Illinois; Evans.（諸富祥彦監訳（2005）インタラクティブ・フォーカシング・セラピー．誠信書房．）
成田善弘・川本立夫・阿世賀浩一郎・伊藤研一（2001）座談会　治療者にとってのフォーカシング．In：伊藤研一・阿世賀浩一郎共編：現代のエスプリ「治療者にとってのフォーカシング」．至文堂，pp.8-36.

リフレクション☆彡松木　繁

　伊藤研一先生と私とは実は壺仲間。1986年に広島で開催された田嶌誠一先生主催の「壺イメージ療法シンポジウム」で互いに発表者として参加したメンバーである。このシンポジウムは私にとって神様がくれた人生の宝物のようなシンポジウムで，司会・コメントが成瀬悟策先生，コメンテーターには，中井久夫先生，故 村瀬孝雄先生，倉戸ヨシヤ先生，故 栗山一八先生，増井武士先生といった錚々たるメンバーが揃っていた。発表者は栗山一八先生，当時はまだ若手の田嶌誠一先生，冨永良喜先生，伊藤研一先生と私との4人であった。私は世間知らずが幸いしてか，それなりの発表をしたように思うが，今から思えば場違いなステージ

によくぞ居られたものだと思う。

　その時の伊藤先生の事例は「自己臭体験を訴えた女子学生の事例—壺イメージ療法を通じて考えた治療の意味」（伊藤, 1987）であったが，その当時から事例に対する見方が私などとは大きく異なり，Cl をセラピィの中心に据えて，治療者のあり方についてその体験を中心に事例を丁寧にまとめておられた印象が残っている。その後はフォーカシングに臨床研究の軸を置かれて活躍されてきたが，2001年発行の『現代のエスプリ——治療者にとってのフォーカシング』（伊藤, 2001）を編集された折に私も執筆陣に入れてもらったりして，お付き合いは続いていたのだが，今回，フォーカシングの立場から「『浸食される』ということ」という実に意味深いテーマで原稿を頂いた。

　そこでは，面接途上で Th 側に生じるフェルトセンスに焦点を合わせ，そこで生じた Th の身体感覚そのものを伝え，それを契機に Cl にフォーカシングのプロセスが始まるという伊藤先生の面接技法を具体的な臨床事例をもとに示して頂いている。さらに，「浸食される能力」を高めるための具体的な練習を示されたうえで，最後に，セラピスト・フォーカシングの具体的な臨床事例を逐語的に示され，セラピスト・フォーカシングが「セラピストの不快感情を吟味して洞察し，認識にまで高める具体的なスキルを提示している」と論を展開されている。このセラピスト・フォーカシング過程で生じる Th の瞬間，瞬間の体験過程の推移を「浸食される」というキーワードで示されたのだが，私にはこの「浸食される」という言葉が，文字を通してでしかないのにも関わらず，妙にリアルに感じられて私の身体感覚をさらに触発するものになった。

　それは，催眠療法の過程においても，Th にとってのこの「浸食される」能力は非常に重要だと常日頃から私が感じていることだからであろう。催眠誘導過程で生じる Th 側の身体感覚の変化やそれに対する気付きは非常に重要であり，その気付きの意味を自身にフィードバックしつつ，Cl にも「トランス確認」を行う手法で誘導暗示の中に組み込んで伝え返すことが重要な作業になると私は考えている。催眠療法を志向する Th にとっても，それが重要な感覚，臨床センスとでも言おうか，Cl − Th 間の共有空間としての「催眠トランス空間」が構築される過程では必須になるのである。特に，伊藤先生がもともとは手書きで示された図1は，私が「Cl の催眠への関わり方の変化と Th − Cl 間の共感的な関係性や相互作用の変化」としてその過程を 4 段階の図で示した初期の段階（図 2-1 ～図 2-2）で，「催眠トランス空間」が Cl と Th との共有空間として構築する際に生じる Th

側の体験のあり方や推移に近しいものを感じた。

　私流の言葉では「キャリブレーション」や「リフレクション」プロセスとして，催眠療法家の体験的なトレーニングでは説明を加えている．例えば，リフレクションのプロセスが単なる「応答」に留まらずに体験過程を促進させるためには，Th側で生じるどのような体験が必要なのか等について，身体感覚のフィードバックを行いつつ言葉にして返す練習を行うのだが，その細かい過程を体得するのがなかなか難しい。それゆえに，その"コツ"を伝えるために伊藤先生が示した「浸食される能力」を高める練習が有効になるのではないかと感じた。

　ミルトン・エリクソンではないが，催眠療法においてClのリソースを引き出すために，「観察できない現在進行中のClの体験を描写する」効果的な間接暗示を使いこなすためには，Th側に生じる「浸食される能力」を高めておくことが必須のアイテムなのかもしれない。

文　献

伊藤研一・阿世賀浩一郎共編（2001）現代のエスプリ「治療者にとってのフォーカシング」．至文堂．

伊藤研一（1987）自己臭体験を訴えた女子学生の事例―壺イメージ療法を通じて考えた治療の意味．In：田嶌誠一編著：壺イメージ療法―その生い立ちと事例研究．創元社，pp.269-297．

14.
臨床動作法による心理援助

清水良三

I　はじめに

　臨床動作法は，成瀬悟策九州大学名誉教授によって開発された動作訓練に端を発し，現在心理療法として日本の心理臨床界に独自の影響を与え，展開をしている。動作訓練は，脳性まひによる肢体不自由者の肢体不自由は，筋・骨格的ないし生理的要因による身体の動きの不全というよりも，心理的要因によるものと着目したことに端を発する。自分の身体の動きをその身体の紛れもない持ち主であるその人が十全にコントロールできていないという自己制御，自己コントロールの問題であり，すなわち心理的要因によるものという成瀬の慧眼によって開発された。

　この心理現象としての「動作」というとらえ方には，成瀬のそれまでの催眠研究が大きく影響している。すなわち，脳性まひ者の肢体不自由は，催眠中の運動麻痺と同様の機序によるものという仮説から，脳性まひ者の麻痺について催眠法による実験麻痺の筋電による研究などのエビデンスに基づく研究の結果，開発されたのが脳性まひ者のための動作訓練である。きっかけは脳性まひ者の麻痺に対する催眠法によるアプローチではあったが動作訓練は催眠法とは異なる心理援助の機序を持つものとして区別される。

　フロイトが催眠に刺激されて医学的・科学的に治療できる対象として人の心理活動をとりあげ，しかし催眠とは異なる精神分析という心理援助理論を打ち立てたのと同様，動作訓練も，催眠はきっかけとしながらも独自の「動作理論」による展開を見せているものであり，脳性まひ者の動作不自由の改善という動作訓練から広範な心理臨床活動全体にかかわる心理療法，心理援助法としての臨床動作法に展開してきた。

一般に心理臨床の世界においては，言語を主な手段としてのカウンセラーによるクライエントの自己理解の援助を目指すカウンセリング，言語対話によるクライエントの生活上の不適応の源となる人間関係の治療面接場面でのセラピストとの人間関係を重視した方法が用いられる。
　しかしながら，臨床動作法は，「こころ」と「からだ」は一体的同型的なものであり，その一体な表れを「動作」として科学的に扱う。心身二元的にこころとからだを別の存在として位置付けたうえでその関係性を扱う心身相関的理解でもなく，心身一元論に立つ心身一如的理解でもなく，心身一元現象としての動作を取り扱う。こころの不調はからだの不調すなわち「動作不調」としてあらわれるので，目に見える動作の在りようは具体的に取り扱える。こころの在りようを解釈するのではなく，動作の様態すなわち筋骨格的動きという目に見える事実や実感的身体感覚で取り扱えるので，臨床動作法は科学的に「こころ」を取り扱えるということになる。
　現在，臨床動作法は，統合失調症者やうつ病者など医療的分野での心理療法やカウンセリング対象者への臨床動作法はもちろんのこと，スクールカウンセリングまた職場や地域高齢者支援など教育，産業，福祉分野での心理健康の維持増進やストレスマネジメントの方法という教育動作法や健康動作法，脳性まひ者や発達障害者支援の障害動作法，スポーツ競技者のメンタルヘルスやスキルアップのためのスポーツ動作法，さらには乳幼児や親を対象とする発達支援，子育て支援などの保健分野での適用など，さまざまな人の心理活動の改善，向上を動作を通じて行う心理援助法の総称として展開している。
　臨床動作法の中でも，心理療法としての側面を強調する場合には動作療法とも呼ばれる。
　こだわりの動作，不自由な動作から自在の動作できるとらわれのない自由な動作を行えるようになるということは，クライエント自身の生活体験におけるとらわれが開放され，クライエント自身のこだわりを変える（認知枠の変容）ことができたという結果に結び付くものと考えるので，動作を見立て，そして援助手段として主として動作を用い，ことばを用いた言語的かかわりは従としてこころとからだにはたらきかける心理療法として動作療法はとらえられる。

II　臨床動作法の理論的理解

1）臨床動作法における動作と主体

成瀬（1973）は，筋骨格的，生理学的，運動力学的な身体の動きを身体運動とし，身体の持ち主であるその人（主体）が，自分の身体（自己身体／自体）を自分の思い（意図）通りに動かそうと働きかける（努力）心理過程の結果が身体運動として現れるのであって，そうした心理プロセスそのものを「動作」と定義し，単なる身体運動とは区別して扱うことにした。すなわち意図－努力－身体運動という総体が心理活動としての「動作」であるという独自の動作の定義を行った。
　近年も成瀬（2009）によれば，「動作」とは，もともと思うようにできているからだを，主体が思うように動かそうと努力する結果，からだが緊張したり動いたりする現象であるとしている。先に述べたように，そのからだとこころの持ち主を「主体」と呼び，環境に適応的に能動的，主動的，創造的に働きかけるために，からだとこころを一元的に機能させていくという努力活動の結果，からだとこころが一体化して活動し，その結果，心身一元現象として現れるものを動作と呼んでいる（成瀬悟策監修・はかた動作法研究会編，2014）。

2）内界と外界，からだと身体，こころ，動作

　以上のように，「心」と「身」という二元的なとらえかたをせず，自己の身体を動かそうとするためにはたらく主体活動を「こころ」，そうして働きかけられつつ動く「からだ」でまた「こころ」は育つという一体的一元的に機能すると考えるので，そうした一元的にとらえる意味で，臨床動作学では，ひらがなの「からだ」と漢字の「身体」とを区別して表記している。
　ここで身体ではなく，「からだ」と表現しているもの，すなわち身体とからだの違いは，生物体としてのモノとしての「身体」と自己存在の依拠事実（枠，容器）としての「からだ」ととらえられる。一般に心理療法は，こころすなわち個人の内界を対象とするものであるが，個人の内界は身体なくして現実世界に存在することはできない。すなわち現実世界環境（人を含む）という外界においてその人自身が存在し，生きて外界に働きかけつつ適応していく努力活動を不断におこなっているのであるが，その外界に働きかける素材としての生物学的身体と実際に内界と外界をつなぎ，働きかけるためには実際に身体を動かすという動作をもって行うしかない。臨床動作法では，身体とからだを区別して用いているし，区別することがのちに述べる動作のこころと自己のこころにつながってくる。
　中島（2001）は，対人援助のための臨床心理学的援助の視点として，「身体は」骨，筋，神経，内臓，血液等の生理的存在であり，コンピュータでいうハードウェ

アに例えている。それに対して「からだ」は，主体およびその活動の仕方であるこころを内包する存在で，ハードである身体の仕組みを働かすのは，多くは無意識の自己活動が絶え間なくはたらきかけ続けているからで，すなわち自己活動と身体がセットとなっているものを「からだ」とあらわしていると述べている。そのように「からだ」をとらえたとき，からだは私たちが現実に存在していることの証となり，自己を取り巻く外界を吟味するための重要な，おそらく唯一無比な道具となりうるのである。さらにいえば自己と対比させての外界，他者の現実的な吟味だけでなく，自己そのものを対象としての存在の吟味，自己のありようの吟味を現実的に行なっていくきわめて重要な意義を持つといえよう。

このように，身体運動と自己活動という心理活動は不可分のものであり，自己の主体的活動の結果としての「身体の在り様」，「身体運動」と，そうした主体的自己活動が努力過程を経て，身体運動として発現するまでを一連の心理活動として「動作」と捉えなおすところに，臨床心理援助の上できわめて重要な特徴がある。

このように見てきたとき，まさに臨床動作法の援助プロセスは，「身体」という入れ物を持つ「私という主体」が常に働きかけつづけている活動を組み込んだ「からだ」の動かし方を援助するという，動作にあらわれるこころとからだの一体的営みに関するきわめて具体的な心理援助であるといえる。

3）自動，動作のこころ，自己のこころ

われわれ人間は，胎内にいるときから，盛んに手足を動かし，頭や顔をよくまさぐっているといわれる。人間は胎児の頃から手足を動かし，自分の顔をまさぐることで，他の動物よりもずっと早いうちからいわば自己存在の確認，自己探索活動をしていると考えられる。こうした胎内から始まっている動作は生命体として生きるための生得的原初的な自動活動であり，出生後は原始反射運動と呼ばれる活動として現れてくる。

われわれ人間の発達上の大きな特徴は，立って二足歩行をすること，ことばの獲得，さらにいえば豊かなイメージ能力を持つことであろう。人はこの立位・歩行のための生得的準備能力を持って生まれてくることは原始運動反応として新生児歩行反射があることが物語っている。

彼らは誰に教えられずとも動作をしているのであって，将来の環境適応のために「自動」している。成瀬（2014, pp.49-54）は，出生直後の息み動作から生

まれる産声という発生動作，寝返りやお座り，這い這い，四つ這い，つかまり立ち，これらはやがての立位・歩行に結び付く合目的的「自動」の動作である。しかし，そのための事前のモデル学習をしたのでもなく，「意識的」に考えて「動く心構え」をもって行っている動作ではない生得的なものである。にもかかわらずこの自動という動作はその子ども自身が行っているものであり，すなわちその子の自発的，主体的な努力によって行っているものであるとしている。

この生得的原初的な当然無意識的な原始反射運動様の動く活動は，生後3カ月頃から次第に反射的活動から随意運動活動に置き換わっていく。表情筋の動き（生理的微笑から社会的微笑への転換発達）も，発声のための呼吸や口や舌の動きも（単なる泣きの発声から快不快の使い分けや，喃語発声など），目と手の協調による触りたいものへの手伸ばしなどの手足の動きの巧緻性もその自由度を増していく。

こうした意識に上らない非意識的・無意識に自己の身体を動かしているいわば自動の動作を行っているのは，その身体の持ち主である主体の活動であって，これを「動作のこころ」と呼んでいる。自動とは生命体としての意識的高次活動（ことば，イメージ）の発達に先立つ紛れもない自発活動であるといえる。

これに対し，「自己のこころ」とは，イメージ，ことばの発達により，知的活動，意識的活動で環境に対応しようとするものであり，自己の感情や意思に関する意識的理解，それに基づく人間関係，社会，文化への対応など，高次認知活動によるものといえる。発達早期の随意的活動の発達は，まさに乳児の「意」のままに行われる随意運動の発達であり，随意運動活動の発達によりますます「意」の活動も発達していく。まさに動かそうするこころがからだの動きを引き出し，動くからだで環境を探索し，「意」の活動すなわち事物環境を認知するなどという高次な意識活動を発達させていき，またそうした高次な意識活動，知的活動としてのことばの獲得とともに，原初的な自動活動に代表される「動作のこころ」はそうした意識活動である「自己のこころ」の活動の陰に隠れていくことになる。

そうすると，本来自己存在の重要なよりどころであり存在基盤であるはずの自己身体への気づきや注意はますます内在化し，裏面化することになっていく。人間の成長発達過程において，この意識的認知活動を生起させる自己のこころの発達は非常に重要なものであるが，それが発達すればするほど，動作のこころは従の存在となり，自己のこころが主となってさまざまな現実適応をおこなっていくことになる。

臨床動作法では，この動作のこころと自己のこころの葛藤と調和を扱うことで，こころの不調の調整すなわち心理健康を回復促進し，のみならず動作の不調をも改善することになる（成瀬，2016, p.5）。すなわち発達初期においては動作のこころを主として環境に働きかけていた「主体」の活動が，知的活動，言語的認知活動の発達に伴う自己のこころの活動が発達し，動作のこころに対して優位，主導して人間関係や社会生活を送るようになっていくその過程で，動作のこころの働き方（自動）を抑制したり，無理強いして過剰に主動的に自体（からだ）を緊張させ，動かしたりすることによって動作不調が生起することになると考えられる。すなわち動作の不調とは，からだに表れた動作のこころと自己のこころの葛藤であり，動作療法は動作を通じて，その葛藤の調整を意識的，無意識的に行うことによって，両こころの調和のできる主体活動を促進することで，心理健康の回復と促進が行えるのである（成瀬，2017a；2016, pp.2-7）。筆者はこの場合の無意識的な調整には「半意識」が重要であると考えるが，それについては後述する。

4) 動作療法の機序

従来，こころの問題を扱うときには考え方として「心と身」とにわけてその両者の関係性の視点からこころの問題について取り扱うのが一般的な臨床心理の方向であったが，こころとからだが一体的にはたらいてからだが動くときそれを「動作」と呼び，動作によって一体的なこころとからだを扱うことができるとした（成瀬，2017b）。

すなわちある動作をするとき，その動作を行おうとする意図のもとに動かそうとするのであるが，この意図は実感をまだ伴わない予期的緊張感イメージ（虚）といってもよい。しかしその意図に基づき動かそうとする力を入れるという「努力」をすると「主動感」という主観的体験と，それと同時に動いているという「動作感」（実）が得られる。この主動感と動作感が一致・調和した自由な動作として現れるとき，こころは安定していくことになるのであり，動作を扱うことによる心理療法としての動作療法の機序の基本はここにあるといえる。

ここでいう「努力」をするということは「注意の仕方」とも言い換えられる。自律訓練法において，現実生活に適応するための能動的な注意集中の仕方を，いったん非現実に適応的な気持ちで温かいというイメージに受動的注意集中をしていると，温かいと描いたイメージをあたかも現実のように温かく感じるようにな

るが，これはとらわれている現実を離れて非現実の世界に入っていくことであり，外界への注意集中という努力の仕方から離れて，非現実の内的世界への注意集中という努力の仕方を体験するものといえる。それによって，外界に適応するために常に外向きの注意努力を積み重ねてきた結果むしろ外界にとらわれてしまって不適応となっているクライエントに，過剰な努力をせず受動的な注意の仕方を体験させることで，外界適応のために閉じ込めていた自分の内界にあらためて向き合い自由さを取り戻すということと一見似ている。しかし動作療法の場合は，非現実でなく現在のからだの感じそのままを実感できるようにするための注意の仕方を扱う。その意味では，動作という現実体験により，常に現実吟味の努力を促している心理援助といえる。成瀬（2009, p.257）は，外向きの注意の仕方ではなく「体感的注意集中」ともいうべき体への感じとそのデリケートな変化の状況を感じ取れるようになると，そうすると体感がはっきりわかるようになり，現実向けの能動的努力と内向けの体感的努力が同時に，ともに体験できるようになる。さらにそうした体感的な注意をあるがままによく感じられるようになるにつれて，ただ単にからだの自然的な変化を受け身的に感受するというだけでなく，その感じを少しずつ自分で欲するように介入したり変化させたりという努力ができるようになると（その際，普段のような能動的な注意の努力の仕方を避けながら，体感的な注意に徹してからだに働きかけるような努力の仕方で行う）たいていの不当動作も，こころの不安定・不調な体験も変化しやすくなると述べている。

　すなわち，こころとからだは一体であるが，それをからだに焦点を当ててみれば「動作」，こころに焦点を当てれば「体験」となる。そして「何を」体験したか，しているかの「体験の内容」にもっぱら焦点を当ててきたのが一般的な心理療法であるが，動作療法では，「どのように」体験したか，しているかの「体験の様式」がいわゆるこころの在りようであり，クライエントの生き方を示しているとみる。こころの体験様式は一体であるからだの動きである動作の仕方に反映されるので，動作しているときの，とりわけ治療に役立つとアセスメントされた動作課題の遂行時の動作体験に焦点を当てて取り扱うことが心理療法としての動作療法では重要なことになる。

5）動作体験と伴う体験，パッシブ−アクティブ，半意識

　心理健康援助や心理臨床としての臨床動作法ないし動作療法においては，クライエントの適応上の生活体験の蓄積からくる動作の偏りを動作課題通りに動かす

（課題動作に示された軌道からの逸脱など）「動作体験」とその動作に「伴う体験」がある。

　動作体験は，ある動作をするときにその動作を実現するために緊張や動きの感覚を感じたり，困ったり，失敗したりしながら努力をしていくその動作に直接かかわる体験である。一方で動作に伴う体験は，その「動作する」ことにまつわる様々な感覚体験である。からだがいつの間にか動いたとかなぜか動いているという動作に関する自己の関与感の希薄な自動感や，動かしてもらっているとか動かされているという受け身的・受動的な感覚の被動感，確かに自分がこの動作を行っているという自己関与感のある主動感，これが自分のからだであるという実感的体験である自体感，そのほか現実感，存在感，自己感，自己信頼感などである。こうした課題動作に伴うはじめはあいまいな体験を，援助者はクライエントの動作の仕方を「共動作」することにより援助者自らの内的体験としての「内動」という深い共感体験をもって援助することにより，クライエントのより確実，詳細な体験へ深める努力を援助する。そのプロセスの中で，クライエントは動作を幾分傍目に見つつ自分の気持ちをより自由に表現できるようになる。

　その際，あまり過剰に意識的に動作課題を行おうとせず，あるいは緊張の解消を目指すのではなく，半分意識的半分無意識的な「半意識」の状態で動作課題に取り組むことが重要である。それはいわば現実生活における余計なこだわりやとらわれから脱し，しかも受け身的すぎず環境に委ねつつ，しかし環境にかかわろうとするパッシブでありながらアクティブな構えの形成につながるといえる。動作法ではこれを「お任せ」と称している。「お任せ」には「自体にお任せ」，「他者・他体にお任せ」，「自己にお任せ」の状態が考えられるがこれについては後述するが，半意識やパッシブ－アクティブな構えは，この「自己にお任せ」の状態であると考えられる。真に自己を信頼し，とらわれから脱し，あるがままの自分でいるという森田療法，あるいはマインドフルネスの考え方とも通じ合うものであろう。

6）動作療法の進め方
1．リラクセイション動作法，自体枠の回復と再生

　「動作」をするということは，身体運動上は，不適切な筋緊張を弛めながら，なおかつ適切な緊張を入れていくことにより，目的の身体運動を生起させる努力活動である。動作訓練においては長くリラクセイション動作法がその主要な手段と

して位置付けられてきた。

　動作不自由の源は慢性緊張や不随意緊張として現れる不当緊張であり，また動作に伴う随伴緊張を含めて不当緊張の除去ないし低減をすることで正動作の学習をすすめ，その結果動作不自由が改善されるとしてきた。

　動作訓練においては，脳性まひ者の動作不自由は，無意識の誤動作であり，動作の誤学習ないし未学習の結果もたらされるとして，誤動作の意識化と正動作の意識的学習が求められた。脳性まひ者の動作不自由は，身体というハードの不自由という問題ではなくからだとこころの不調和からくる動作の不調という，心理援助の理論と方法としての臨床動作法における動作の位置づけに，この無意識における誤動作という動作訓練の理論は基盤となるものであった。

　心理現象としての動作ないし動作不自由の改善のためには，誤動作をもたらしている不当緊張の解消と，適切な動的緊張の入れ方（動かす）の促進がその正動作の獲得（学習）のための援助のねらいであり，その中心がリラクセイション動作法であった。この場合のリラクセイションとは，意識的あるいは多くは無意識的に当人が入れてしまっている不当な筋緊張を弛めつつ，同時に適切な筋緊張を入れる活動，すなわち当人主体の努力活動を指しているが，ともすれば身体がリラックスすることと混同されやすいものである。結果としての身体のリラックス状態（不当な筋緊張状態の低減）はもちろん得られるのであるが，それが目的ではなく，あくまでも不適切な筋緊張に気づき，それを弛めるという自己弛緩の努力過程の改善が狙いである。

　そのため，動作療法においては，動作前から動作途中そして動作後の緊張処理の在り方，緊張対応の仕方に特に着目している。

　まず我々が生活のために何らかの動作を行うということは，その動作（静的動作である姿勢を含む）を行った後そのために入れた緊張を元通りにすっかり抜いてしまえば何の問題もなく次の生活に向かうことができよう。しかし目前の対応せねばならないさまざまな適応課題に，すっかり元のように緊張を弛めるということはできず，そのいったん入れた緊張が抜けない（残効）あるいは抜かない，緊張を弛めると次々と対応せざるを得ないさまざまな生活適応ができなくなる，抜いてしまっては落ち着かないとかむしろ怖い，なので今の緊張をそのまま持続したい，あるいは最後までその緊張を抜ききれないままになる，いわば自分で行った動作であるがその後始末が及び腰の状態となっている。動作の慢性化，動作の不調となっている。その慢性化した蓄積が居座り緊張（脳性まひ者の場合は慢性

緊張に匹敵する）となり，多くは肩こりや腰痛などのからだの不調としてあらわれることになる。

　生活適応のためにあるいは生活適応しようとするうちに不調和な動作を続けるなかで不調となったからだは，こころを内向きにし，内向きとなったこころはこだわりを強化し，些細なことが気になり，気にし，こころが暗くなる。こころが暗くふさいでくると不安や恐怖にとらわれ，できることもできなくなってきたり，内向きで不安なこころは，引きこもり，自分だけの世界にのめりこみやすくなるが，これらは動作の主体者であるクライエント自身が作り出したものであり，当人が自分で治すほかはない。したがって動作療法の基本は自己治療であるということになる。しかし，これは動作療法だけでなく心理療法の基本といえるだろう。

　動作療法においては，このクライエント自身がつくりだし，しかし自分では気づいていない「居座り緊張」に直面し，じっくりと最後まで弛めるという作業を通じて，動作自由になるとともに，こだわったりとらわれたりといった体験の仕方・様式がいつの間にかこだわらない，とらわれないというこころ自由の体験の仕方・様式へ変化していくことを目指すことになる。

　しかし，この居座り緊張に気付き，向き合うためには，まず居座り緊張に迫るためにはある一定の決まった動かし方をしないとその居座り緊張に対面しない。クライエントが居座り緊張に向き合えるような動かし方を動作課題としてクライエントに提示する。例えば「肩上げ」動作課題は，肩先（肩峰）が耳たぶにつくような気持ちで弧を描くようなコースでゆっくりと動かす。すると途中で肩が前に出そうになったり，首側に縮むような動きになったりとそのコースから外れそうになる。このコース外れがまさにクライエントの主動感と動作感の不調和動作である。クライエントは援助者が提示したコース通りに円弧を描くように肩を上げようとして（予期イメージ）動きを開始し動かしているつもり（主動感）であるが現実，実際の肩上げ動作はそうした課題通りのコースをたどらずにずれてくる。また肩を上げているつもりで上体が傾く，首が肩先に迎えに来る，肘が上がる，腰からそり上げて肩を上げた気になっているなど，さまざまな肩以外の身体部位の随伴緊張を伴う。

　それはクライエントが無意識に居座り緊張を避けて動かしてしまうからであり，これはクライエントの無意識の抵抗といえる。この抵抗は分析的な意味でのセラピストへの抵抗ではなく，クライエント自身の無意識の変わりたくないという治療への抵抗，自己変化への抵抗である。意識的にはクライエント自身が現状を何と

かしたいと思って心理治療を希望したにもかかわらず，変わることへの不安，恐怖，抵抗が居座り緊張を避けた日夜自分がおこなっている肩の上げ方，動かし方を選択する。セルフで努力して居座り緊張に向き合えれば一番いいのだが，それは先ほどの無意識の抵抗でなかなか難しい。そこでセラピストがクライエントが居座り緊張に直面しやすい動かし方を提案し，そのコース通りに動かしてもらい，その道筋のコースでのずれを修正，あるいは正方向への動作ができるよう，居座り緊張に出会うようにクライエントの肩を動作援助することになる。随伴緊張の処理についてはクライエントがセラピストの手伝いによって意識化し，主動で修正することも可能であるが，居座り緊張については意識的主動ではいかんともしがたいことが往々にある。その居座り緊張の処理に役立つのが半意識的自動である。「この緊張を何とか弛めて肩上げをしよう」という自己のこころによる過剰な意識的主動感ではなく，「居座り緊張」を心的距離をもって傍観者的に体感し，「ここに緊張があるなあ，この緊張が緩くなって肩が上がるといいなあ」という意識的でもなく無意識でもない半意識の状態にいると，「ああ肩が上がるように動いた（居座り緊張を弛められた）」という動作感が得られ，実際居座り緊張を乗り越えた（難所越え）ということになる。自己のこころによる意識的過剰な主動感による努力を弱め，動作のこころによる半意識的自動の力を借りて実際に動いているという動作感が調和したあるがままの動作自由の肩上げ動作が実現することになる。動作のこころと自己のこころが調和して働いているので，こころの不調の源となっている生活体験でのこだわりから解放された自由なこころが働きやすくなるということになり，心理健康が得られるというわけである。リラクセイション動作法はこの自己存在の現実的依拠枠としての自己身体の在りようへの気づきと新たな自体の在りようの獲得，すなわち自体枠の確認と再構築を行うものといえ，筋が弛む結果気持ちがリラックスすることを目指すものでない。また筋緊張をすっかり弛めて力を抜くのではなく，過剰緊張でもなく弛緩でもなく，適度緊張による半意識的自動による微細で細やかな力の入れ方ができる動作自由を目指すものといえる。頑固な肩こりに代表される居座り緊張を動作不調の症状としてその解消にあたるのが動作による心理治療（筋弛緩剤やマッサージ等外部刺激による解消は医学的生理的治療である）であり，その解消のプロセスの主体のはたらき（主動感と動作感の一致）や，自己のこころと動作のこころの調和による自在な動作とこころのはたらきの回復と促進という結果，いわば他者にパッシブにお任せ過ぎず，一方半意識的な自動をアクティブに働かせていくというパッシブ

―アクティブな自己信頼感に基づく主体の活動様態になることである。他者である援助者とクライエントは，動作課題遂行という現実的な共動作を通じてお互いの「内動」を感じ，確実な共動作による動作共感により，一般的な共感関係よりずっと現実的な治療的共感による自己信頼感と他者信頼感，現実感が得られる心理援助となると考える。

2．タテ系動作法，自体軸，自己軸の獲得

そのリラクセイション動作法での狙いをよりダイナミックに，またブリーフに進めるものとしてタテ系動作法が開発された。タテ系動作法とは適切な緊張の弛め方（そのためには緊張の入れ方をより促進するために，坐位，膝立ち位，立位，歩行という動作，すなわち重力に対して身体をタテにして位置付けて活動するための姿勢であり，重力に対応して自己身体を倒れないようにするという三次元的重力対応姿勢ないし応重力姿勢の獲得過程における，より複雑な動作努力を引き出すものである。ここで重要なのは重力に対してとか重力に抗してという抗重力姿勢ではなく応重力姿勢（重力対応姿勢）ということである。

タテに対するのはヨコである。先にみたように私たち人間は体内での羊水保護による重力の影響を受けにくい環境から，出生と同時に地球の重力環境にさらされる。しかし発達に伴って，首座り，お座り，つかまり立ち，自立，そして重力に負けて尻もちや転びを経ながら，二足歩行を獲得していく。これは新生児，乳児期の初期には重力という地球環境にはじめは受け身な存在で自らはからだを起こすことができない状態から，その重力に挑戦し，主体的能動的にからだをタテに位置付けることができるようになるのであって，重力環境への適応過程といえる。しかもただ重力に抗しての棒立ちでなく，例えば地面が揺れても傾いても重力に対して鉛直に自己身体を立てていられる体軸の柔軟な維持と使いこなしで対応している。その無意識の自体軸の使いこなしを行うためには環境変化を認知しそれに柔軟に対応できる柔軟な自己軸の使いこなしができる自在自由な主体活動しての自己のはたらきが柔軟でなくては対応できない，すなわち硬直した自己活動は心理的不適応を生み出すと考えられる。受け身的で弱まった自己活動は，例えばうつ状態の方が，たいていこうべを垂れてうつむき加減に，肩や背中を丸め，腰引け気味な姿勢や歩様を示すのは，体軸を柔軟にタテに維持できず重力に押しつぶされるかのように，頭は前方に，肩や背の部位は屈となり，また股関節部位腰部位も後方へ屈となる，横向きの力の入れ方でかろうじて姿勢を保っていることが多い。

これは，重力に対応する体軸が身体の一定の箇所（膝，股，腰，背，肩，頸）タテまっすぐの芯棒（体軸）が横向きに外れている状態であり環境に柔軟に対応する自己活動の下となる自己軸も芯の折れた心的エネルギーの枯れた状態のあらわれといえる。そこで坐位においては躯幹部（腰，背，肩）各部の身体の反と屈（動作技法的にはペコとポコと呼んでいる）を柔軟にしつつ体軸をタテまっすぐに立て直し（タテ直），さらに立位において腰や膝との関係でタテまっすぐの体軸とその柔軟な使いこなしと，足裏でのしっかりとした踏みしめにより，しっかりと物理的には地に足の着いた安定した体軸を感じ，心理的にはしっかりとした自己軸を育み，地球環境の中で確固として存在している自己感，自己存在感を育み，それにもとづく現実対応能力が回復促進されるということになると考える。

Ⅲ 動作コミュニケーションの視点からの自体を通した自己と他者・環境との相互作用

以上まとめると，臨床動作法・動作療法においては精神分析における言葉で表現される体験の内容についての洞察の原理や，行動療法における行動原理，認知行動療法における行動に反映される知的活動としての認知変容原理ではなく，体験原理に基づく体験治療論に立っている。しかも何を体験したかという体験の内容を無視はせず，しかし重視しすぎずに受け入れながら，どのように体験しているかという体験の仕方・体験様式に注目して，動作の不調を援助者とともにはじめは意識化し，適切な動作を実現する努力の過程で，半意識による自動を活用して，動作不調を解消するのみならず無意識的な自在な動作，自由な動作となる動作体験を心理治療者援助し，その結果動作体験の仕方の変化，それに伴う体験の変化である自己信頼感や自己存在感，現実感などに関する体験様式が変化成長することを目指すものと考えられる。

やや視点を変えて，今こころとからだを一体的に働かせる主体活動が，環境対応のために働かせる機能的活動を自己の活動として，そうした自己あるいは自己の活動が過大な環境適応を余儀なくされ，ストレスにさらされた結果その自己活動が十全に機能しなくなっている状態を心理的健康が損なわれている状態とし，動作療法は動作を手段として自己と自己身体との十全なコミュニケーションを動作コミュニケーション援助しているとも考えることができ，これを動作コミュニケーションの視点とすると，以下のように考えることができる。

①まずストレス対応に忙しく対応するために無意識の過度の緊張や身構えのからだで対応している自己活動は常に緊張し次第にその柔軟さを失い，からだの不調にも悩まされ，弱まった自己活動は十全に働く機能が低下し，こころの不調に陥ることになる。動作法ではまず，この無意識の動作不調，緊張，居座り緊張に気付き，自体の在りようを受け入れ，まずはそうした自己と自己身体との対話，コミュニケーションを図ることを援助の一歩とする。いわばこの段階では他者の援助を得ながら他者に自体をお任せできるようになることで過度な自己活動をせず，自己にお任せするということになる。このお任せという状態は過剰になると主体的自己活動の放棄にほかならなくなるが，まずはむやみにアクティブに活動し疲弊した自己活動抑制し，安心，安全な自己感，自己信頼感に結び付くもので，いわば自己ー自体系コミュニケーションのプロセス段階である。運動催眠中の被動感を感じている状態にあたるものと考える。ただこの段階は過剰にはたらき，柔軟十全に働かなくなってきた硬直した自己活動が，自体の受容を通して受容，回復の段階にあると考える。

②次に他者の援助を受け入れながら，お任せするだけでなく，やや積極的能動的半意識的に動作を行う段階，「自動」の活用となる。運動催眠中の自動感に相当するが，やや異なるのは意識から離れてからだが勝手に動いているというのが催眠中の自動感であるが，ここでの「自動」はあくまでは半意識的自動であり，自分で動かしているという意識的主動になりすぎず，何者かに動かされてしまったという自己の関与がすっかり失われた被動的なものでもなく，また勝手に動いてしまっているという自己の活動が及ばない新生児，乳児期の原初的自動でもなく，「ああ，動いているなあ」という意識的でも非意識的でもない半意識の意識状態での「自動」である。すなわち自己の活動が自体にすっかり関与しないわけでも，あまりも関与しすぎているわけでもない，まさにパッシブでありながらアクティブでもある自己活動の仕方であるといえる。この活動は援助者である他者が動作課題を提示し，その動作課題を他所の援助のもとに達成しようとする過程でいわば他者を受け入れつつ，自己の活動を若干アクティブに行っているので，自己ー（他者・他体との共動作）ー自体コミュニケーションによる自己活動の回復と活性化段階といえる。

③最後に体軸を立て，その体軸を環境の変化にも崩れないように維持できる臨

機応変の柔軟な自己軸の獲得と柔軟な使いこなしによる自体操作ができるということであり，環境に柔軟な自己軸をはたらかせるということになる。それは，環境に合わせて積極的能動的に自己活動を柔軟に働かせることにつながり，健康に環境適応してく自己活動が育むことにつながると考える。すなわち，自己－自体の体軸の柔軟な操作－自己軸の柔軟な活用－環境への適切な対応というコミュニケーションによる自己活動の自由化，活性化といえる。運動催眠における自分が確実に自分の身体を動かしているという主動感を感じている，現実的な意識状態といえるが，過剰に意識化しているのでもない半意識状態をベースにしている状態であるので，現実にもとらわれすぎずかといって非現実の世界にトランスするのでもない，まさにこころとからだの調和した状態での環境対応ができる段階といえる。

Ⅳ　おわりに

　人間は胎児の頃より活発にからだを動かしている。もちろんこれは自由闊達な随意動作ではない。しかし出生直後，それまで羊水に守られて直面しなかった重力環境に直接さらされることとなり，また空気呼吸を余儀なくされるという胎内とは異なるからだの動かし方に直面する。産声を上げるのは，この空気呼吸のための全身での息みが成功した結果である。産声は息むという動作の結果出てくるものである。生後しばらくは全身の息み動作や不随意な粗大動作など，新生児に生得的な原始反射運動を主とする動作を行っているが，3カ月頃には動作発達上の重要な転換期を迎える。このころその転換を象徴するものとして，ハンドリガード現象と首の座りがあげられる。

　ハンドリガード現象は，それまで不随意に動いていた自分の手を止めて，じっと見つめるという手の凝視現象であるが，これは動作と自己の発達の観点からは，手の発見すなわち自己身体としての認知の芽生えであると考えられる。そしてこの手の発見は，初めての自己との出会いともいわれる。それまで不随意に動いていた（実際は動かしていたのではあるが）モノとしての手を初めて自分に属するものとして認知したというわけだから，裏を返せば，そうした手を自分と関係したものとして認知する自己の芽生えがあって初めてこの現象が起きるというものである。すなわち自己身体を自己身体として認知するだけの自己が発達してきていると考えることができる。

　もう一つのこの時期の動作の特徴は，首座りであるが，これは手の凝視が自体

の発見・認知であるとすれば，もう一歩進んで重力環境の中で自分の肩の上に自分の重い頭を位置づけるということであり，重力環境に対応して自己身体を位置づける制御活動ができることを示すものと考えられる。

いうまでもなく，さまざまな環境の認知の発達，知的発達は，こうした自由に随意に動かせるからだを使って行われるものであり，それはボディイメージの形成と自己意識の発達につながるものでもある。発達における自己の発達と環境（人間関係を含む）への働きかけとの関連を，動作法の視点から対自的コミュニケーションと対他的コミュニケーションとして考察したのは以上に理由からである。

臨床動作法は，こうした人間発達の適応プロセスに，原初的な自動から含めた「動作」から見た人間理解に依って立つものなのである。

文　献

鶴光代（1993）動作法（別冊発達16）．ミネルヴァ書房．
鶴光代（2007）臨床動作法への招待．金剛出版．
中島健一編（1998）高齢者のこころのケア．小林出版．
中島健一（2001）痴呆性高齢者の動作法．中央法規出版．
中島健一（2002）高齢者の心理臨床：高齢者臨床におけるからだ．臨床心理学，2(4); 472-478.
成瀬吾策・J・H・シュルツ（1963）自己催眠．誠信書房．
成瀬悟策（1973）心理リハビリテイション．誠信書房．
成瀬悟策（1985）動作訓練の理論．誠信書房．
成瀬悟策（1988）自己コントロール法．誠信書房．
成瀬悟策（1994）臨床動作学基礎．学苑社．
成瀬悟策（1998）姿勢のふしぎ．講談社ブルーバックス．
成瀬悟策（2000）動作療法．誠信書房．
成瀬悟策（2007）動作のこころ．誠信書房．
成瀬悟策（2009）からだとこころ—身体性の臨床心理．誠信書房．
成瀬悟策監修・はかた動作法研究会編（2013）目で見る動作法—初級編．金剛出版．
成瀬悟策（2014）動作療法の展開—こころとからだの調和と活かし方．誠信書房．
成瀬悟策（2016）臨床動作法—心理療法，動作訓練，教育，健康，スポーツ，高齢者，災害に活かす動作法．誠信書房．
成瀬悟策（2017a）治療者のための動作法．日本臨床動作学会動作学講師研修会資料（非公刊）．
成瀬悟策（2017b）臨床動作法．日本臨床動作学会資格者研修会資料（非公刊）．

リフレクション☆彡松木　繁

　臨床動作法と私との接点はかなり古く，私が安本音楽学園臨床心理研究所に在職中に，故 小西正三先生が主催する自閉症児の「腕挙げ動作訓練」にClとともに参加したのが初めてである。それまで，脳性まひ児の動作改善のために適用されていた動作訓練が自閉症児にも効果的であるということを聞いて，私は，多動を主訴とするClに適用できないかと参加したのである。動作訓練を行うに従って徐々にではあるが衝動性が緩和され，それに応じて多動状態にも落ち着きが見られてきたのは驚きであったのを今でもよく覚えている。

　動作法のルーツが催眠療法にあることはすでに§1で説明したところではあるが，その後，動作法は臨床動作法として体系化されて，現在は精神疾患を含む重篤なケースへの適用も含め，さまざまな心理療法に適用され効果をあげている。臨床動作法に関する基本的な理解や心理援助への考え方については，清水良三先生の論文に委ねることにして，ここでは，私の主張する「催眠トランス空間論」との兼ね合いで話を進めたい。

　第一部での「催眠トランス空間論」の中で示したように，効果的な催眠療法が得られるための「催眠トランス空間」が得られる過程は，ClおよびThの体験様式（体験の仕方）の変化の過程と言っても過言ではない。そして，その体験様式の変化を効果的に促進させるための必須の条件として，Cl自身が安心して体験し続けられる"場"が必要であり，また，その"場"を支えるCl－Th間の共感的な関係性が必要なことは言うまでもない。こうした条件が整った場合の催眠療法でのClの体験の仕方の変化のプロセスは，6章での図で示したように，図2-1から段階的に，「(催眠に) かける－かけられる」という，動作法で言うならば「被動感」と推測される体験から，図2-2での「(催眠に) かけられながらもかかっていく感じ」，図2-3での「催眠に自然にかかっている感じ」へと，動作法で言うならば，「おまかせ感」や「自動感」にあたると推測される体験へと移行しつつ，最終的には，図2-4で示される主体的体験として催眠状態がClに受け止められていくと私は考えている。そして，この間のプロセスを促進させるための条件として，動作法では，「動作体験と伴う体験」，「パッシブ・アクティブ」，「半意識」といった状態が必要であるとされている。さらに，その過程での援助者（Th）は，「課題動作に伴うはじめは曖昧な体験を…（中略）…『共動作』することにより援助者自らの内的体験としての『内動』という深い共感体験をもって援助することに

より，Cl のより確実，詳細な体験へ深める努力を援助する。そのプロセスの中で Cl は動作を幾分傍目に見つつ自分の気持ちをより自由に表現できるようになる」とされている。ここで示されているのは，動作法が展開する際の Cl の体験様式の変化やそれを支える Th の態度や心的構えのあり方について述べられているように思うが，これも，催眠療法過程での Th の態度として，Th が段階的に「催眠にかかっていく Cl の主体的な努力にまかせていく感じ」（図 2-2），「催眠にかかっていく Cl の主体的な努力を尊重する感じ」（図 2-3），「Cl の主体性を尊重する感じ」（図 2-4）に推移していく様と共通点があるように私は考えている。

　鹿催研で，動作法の清水先生，前節のフォーカシングの伊藤先生，そして，催眠療法を行う私とのジョイント研修で，「からだの感じの取り扱い」をテーマにそれぞれの技法の共通点と相違点について実習を交えながら行ったことがあった。その際に，それぞれのアプローチの違いよりも共通して目指しているものが，「体験過程」，「Cl の体験様式の変化」と「それを促進させる Th 側の要件」等に議論が展開して非常に充実した研修になったことが今思い起こされる。今回は紙面の都合で掘り下げた議論はできないが，その際の研修で話された内容をまとめる機会があればと考えている。

文　　献

成瀬悟策（2016）臨床動作法―心理療法，動作訓練，教育，健康，スポーツ，高齢者，災害に活かす動作法．誠信書房．

15.

タッピングタッチをとおして知るホリスティック（全体的）ケア

中川一郎

　タッピングタッチは，ゆっくり，やさしく，ていねいに，左右交互にタッチすることを基本とした，ホリスティック（全体的）ケアです。

　とてもシンプルでありながら，ケアし合うことで，心身ともに健康であろうとする内なる力に働きかけます。そして本来の明るさや優しさをとりもどし，ケアしあうことの楽しさや大切さを気づかせてくれます。不安，緊張，痛み，ストレス反応などを和らげ，よりよいコミュニケーションと関係性の改善にもつながります。

　簡単なので子どもやハンディのある人でもできるうえ，専門的な利用が可能なため，心理，教育，看護，福祉，子育て，被災者支援など，さまざまな分野での利用が広がっています。多くの人たちが学び，お互いをケアすることで，個人，家族，コミュニティ，地球全体の健康が促進されます。

　お互いをケアする「基本型」に加えて，自分でする「セルフタッピング」と相手をケアするときの「ケアタッピング」によって幅広い応用が可能です。

I　はじめに

　冒頭は，タッピングタッチに関する簡単な説明である。このシンプルで子どもでもできるケアのメソッドは，心理療法でもなく，治療法でもない。そして「職人技」を必要としない。

　しかしながら，私はこのケアのメソッドの開発者として，患者やクライエントのニーズに応えるために，たくさんのことにこだわり，工夫をしてきた。そこに「職人技」があるとしたら，どんなものだろうか。

　本稿では，まずタッピングタッチの開発の背景を述べてみたい。第一人称の「私」という視点から書くことで，「職人」として心理臨床を実践してきたものが，

現場をどのように感じ，タッピングタッチの開発に至ったかが伝わればと思う。

その上で，病院での症例を紹介することで，私にとっての学びや気づき，そしてそのプロセスの説明を試みたい。タッピングタッチの考案，開発，実践，検証をとおして，たくさんの気づきや学びがあった。その気づきや学びを理論や技法に還元させ，より役立つものに育てていくというプロセスを説明してみる。

最後に，タッピンタッチの大きな特徴である「ホリスティックケア」や「エンパワメント」ということを説明し，人々や社会のニーズにどのように寄り添っていくのかについて，私の考えを述べてみたい。

ますます厳しく，治療やケアのニーズが高まっている現代において，心理療法や心のケアをどのように役立てていくのかを考える材料にして頂ければと思う。

Ⅱ　タッピングタッチの背景と開発

1）臨床心理の学問と実践

私自身の背景として，カリフォルニア大学バークレイ校での4年間とロチェスター大学での大学院（臨床心理学部）での5年間が，心理学と臨床心理の基礎を作ってくれた。大学院での4年間は「ハーフタイム・インターンシップ制度」というものがあり，それを選択することで，理論と実践をとおして，統合的な学びをすることができた。博士号を取得してからカリフォルニアへ戻り，さらに1年間の病院でのフェローシップを通して，個人，家族，グループ療法など，さまざまな臨床のアプローチや技法を身につけていった。

その流れで，カリフォルニアの臨床心理士としての免許を取得し，Community Mental Health Center（地域精神保健センター），日系人対象のカウンセリングセンター，依存症に関する治療施設など，さまざまな現場で働いた。カウンセリングや心理療法に加えて，講義やスーパービジョンなども精力的におこなった。主任として，サンフランシスコ総合病院の精神科リハビリ施設の設立と運営にも携わった。

そのころの私は，理論や研究というよりも，「実際に何をすれば病気が治るのか？　どうすれば健康へのサポートができるのか？」といった実践的なことに興味を持ち続け，さまざまな理論と方法論を学んでいった。

その中でも，臨床催眠やエリクソニアン催眠との出会いは大切なものであった。当時 California Institute of Clinical Hypnosis & Health Science という研究所で認定講座を開かれていたマギー・フィリップ博士から，催眠の世界の奥深さや，多

重人格で苦しんでいるクライエントへのセラピーなども学んでいった。臨床心理士としての技量を高め，心理療法とカウンセリングという基本を身につける大切な時期であったと思う。

2）臨床現場の厳しい現実

私の働いていたサンフランシスコ湾岸の地域では，多くの精神科医，臨床心理士，ソーシャルワーカー，家族カウンセラーなど，さまざまな対人援助の専門家が働いていた。個人開業しているカウンセラーも多く，地域の心のケアの専門家としての役割を担っていた。心理臨床における歴史の長い国であるだけに，それぞれの分野にベテランの指導者が豊富にいて，次の世代を育てるためのインターンシップ制度なども充実していた。

しかしながら，社会の現実は厳しく，心身の病気は減るどころか，増えていくばかりの現状であった。精神的には，うつ病，神経症，心身症，睡眠障害などで苦しむ人たちも多く，精神安定剤，抗うつ剤，睡眠促進剤などに頼っている人も多かった。凶悪犯罪，家庭内暴力，虐待，依存症など，今の日本での厳しい状況が，米国ではすでに起こっていた。

また，地域の経済や国の政策が変わることで，せっかくの心理学の理論や技法，そして専門家の「職人技」が活かされなくなったりしていた。例えば，1960年頃のケネディ政権の働きによって，地域の心のケアの中心として，Community Mental Health Center（地域精神保健センター）が設立され，運営されて来た。

しかし，軍事費の拡大に伴う教育や社会福祉への国家予算の縮小によって，症状が重くなければ治療やサポートが受けられない，といった制度に変わっていった。病気の治療が主になり，未病の人たちへのサポートを含む，予防的なアプローチをとれなくなったことで，地域への貢献度はますます低くなっていった。

3）臨床現場からの気づきと方向性

私は，このような社会状況と厳しい臨床の現場を通して，「いくら理論や学問が発達しても，いくらたくさんの治療者や施設を増やしても，病をもった人たちは減らない」という思いを強くしていった。それに対するアプローチ，または方向性として，2004年の拙著に，次のように書いている。

「このような社会状況と専門的経験を背景に，私は『個人，家族，そしてコミュ

ニティが，自分自身で本来の健康を取り戻していくための工夫』の必要性を強く感じてきました。もちろん信頼のおける治療者や施設は必要ですが，心の悩みを解決し病気を治す専門家に依存せず，一般市民が自分たちでできる健康へのサポートこそ大切であるとも思ってきました。その人自身が内的リソース，知恵，才能などを生かして元気や健康を取り戻すことをサポートすることを『エンパワメント』と呼びますが，現代社会は今それを必要としていると思うのです」（中川，2004）

ここにタッピングタッチの原点があると言えるだろう。この本を書いた頃にはもうすでに，地球環境の変動によって災害が巨大化したり，より頻繁になっており，ハイテクに頼り切った社会の脆弱性も指摘されていた。そのことは，何もなくても自分たちでケアし合い，厳しい状況をのり越えていくことができる方法が必要だ，という私の考えを後押ししたと思う。

4）タッピングタッチの考案と開発

具体的に，どのようにすれば『個人，家族，そしてコミュニティが，自分自身で本来の健康を取り戻していく』ことができるのだろうか。理論と実践を基礎に，試行錯誤を繰り返しながらタッピングタッチを開発していった。

タッピングタッチの理論背景には，①臨床心理学，②ホリスティック心理学，③人間性心理学，④コミュニティ心理学，⑤東洋医学，等が含まれている。これらの理論と関連した方法論などを活かし，統合するような形で開発していった。

最初に，治癒的要素として含めたものは，①タッチ，②左右交互の刺激，③話すこと・聴いてもらうこと，④経絡・経穴への刺激，などであった。そして，ほんとうに役立つための必要条件として，①だれでも学べる，できる，教え合える，②効果があり，副作用がない，③する方も元気になる，④お金や物が要らない，⑤違和感がなく，親しみやすい，といったことを考慮していった。

理論と実践，そして試行錯誤のプロセスにおける偶然が重なって，タッピングタッチが形作られていった。ふり返ってみると，この開発のプロセスは，科学者が理論をもとに研究を進め，偶然や突然のインスピレーションなどによって，新しい発見にたどり着く，といったことに似ているように思う。そして，さまざまな研究成果や発見のバトンタッチを通して，さらに新しいものを見つけたり，役立つようにしてくプロセスとも重なりを感じる。

さらに，開発の初期の頃，タッピングタッチは理論と治癒的要素を統合した「無機的」なものであった。どちらかと言うと，いろいろなものを加えてできた「治癒的な技法」であって，「このようにタッチすれば，このような効果が得られる」といった直線的な視点（治療パラダイム）に基づいていた。

　それが，多くの臨床現場での実践と人々の体験やフィードバックを活かしていくことで，ケアを中心とした「有機的」なものに成っていった。一言で表現するのは難しいが，タッピングタッチというものが「より自然なものになり，やさしさやあたたかさを持って，人々の生活の中に入っていった」とでも表現すればいいだろうか。

　有機的になっていったタッピングタッチは，肩たたきのようでもあり，子どもをあやす動作のようでもあり，動物がグルーミングする姿のようでもある。そして，願っていたように「誰でも簡単にし合うことができる」，「安全で，よい効果がある」，「器具もお金もいらない」といった好条件も兼ね備えたホリスティックなケアになっていった。

Ⅲ　タッピングタッチによる気づきと学びのプロセス

　タッピングタッチを考案したのが2000年であるから，この原稿を書いている2017年の春では，約17年間が経過したことになる。この間，さまざまな体験をとおして，私自身も癒されてきた。そして，実践を通して，たくさんの気づきと学びがあった。

　その「気づきと学び」を，タッピングタッチの理論や方法へフィードバックして活かすというプロセスを続けてきた。これによって，タッピングタッチは徐々に「進化」し，より多くの人に役立つものに育っていった。もちろん私の体験だけでなく，現在300名にもなる認定インストラクターを含め，たくさんの人々の体験が活かされている。

　ここではタッピングタッチを使った臨床の事例を紹介させて頂く。私がどのような気づきや学びをしていったのか，そしてそれがタッピングタッチにどのような影響を与えていったのか，伝わればと思う。

1）患者Aさんへのタッピングタッチ

　タッピングタッチが，まだ病院などでの臨床には利用されていなかった頃，彦根市民病院の黒丸尊治先生にお願いして，緩和ケア病棟での短期のインターンを

させてもらった。治療チームに加わらせてもらい，心のケアとして，多くの患者にタッピングタッチをさせていただいた。

ナースに紹介され，初めてお会いしたAさん（75歳）は，ベッドにきちんと正座して話され，自分の病状などもよく把握されている気丈な方であった。しかし，痛みがひどく，あお向けに寝ることもできず，不安と緊張でいっぱいの状態であった。担当のナースからは，病状の悪化にともない，うつ気味で吐き気もあり，食欲がないとのことであった。

タッピングタッチをする前に話を聞くと，痛みや不安を一人でこらえようとする精一杯の様子がうかがえた。主観的感覚尺度（VAS）という心理アセスメントをしてもらうと，「痛み」「不安感」「落ちこみ」「ストレス」の項目がほぼ最高の状態であった。強い薬に依存したくない思いから，皮下注射による鎮痛剤は最低限にしてもらい，痛みに耐えておられた。

しばらく話を聞かせてもらい，お互いの理解やラポールができてから，タッピングタッチをさせていただいた。緊張がもとで顎が硬くなり，肩がこってとてもつらいとのことであったが，徐々にほぐれていった。終わるころには，痛みなどの症状が楽になり，苦しさで閉じていた心が開いたかのように，一緒にいたアシスタントに話しかける余裕も出てきていた。

病室にいたのは1時間余りで，タッピングタッチは30分程度であったが，Aさんの心身に大きな変化が起こった。痛みが軽減し，止らなかった下痢がおさまっていった。あお向けになれるようになったことで，夜も眠れるようになった。心理的には，不安や緊張感が軽減し，肯定的な気持ちが戻ってきたことが，心理アセスメントにも現れていた。

その後，数日にわたって病室を訪れ，しばらく話してからタッピングタッチをする，ということを繰り返した。安定した状態が続き，「希望が持てて幸せ」といった言葉も聞けるようになった。医療的な処置はほぼ同じであったが，再び自分だけで病棟を散歩したり，自分の夫に習いたてのタッピングタッチをしてあげられるほど回復されていかれた。

Aさんは，その後3カ月余りで亡くなられたが，仕事で海外へ行っていた子どもやお孫さんとの時間もたくさん持ち，充実した日々を過ごされた。同じ病棟にいる患者さんにタッピングタッチをしたりして，お互いをいたわりあうことも楽しまれた。

2）実践からの気づきと学び

　生死の真っただ中にいたAさんにとって，人に優しくていねいにふれられることは，とてもここちよく深い癒しの体験になったようである。芯からつらいときに，人にケアされることで，痛みや苦しみが楽になり，自分らしさをとり戻していかれた。人のケアによって何か深い所が変化し，「希望を感じて幸せ」に，今を生きることができたのではないかと思われる。

　私は，このような貴重な体験をとおして，「ふれる」（タッチ）ということの重大さに気づいていった。それまで理論的には理解し，十分に大切にしているつもりであったが，「ふれる」ということは，たんに身体的な刺激や表面的なものではなく，こころにもふれ，深い癒しをもたらすものであることを学んだ。

　これらの気づきや学びは私を育て，タッピングタッチの理論や方法に影響を与えていった。理性的に何かが変わったというよりは，私の中のタッチやケアというものが深まることで，より良いケアと結果につながっていったように思う。ケアによる癒しを通して，貴重な気づきと学びがうまれ，自然に深まり活かされていく，といったプロセスである。

3）ホリスティック（全体的）ケア

　タッピングタッチのケアがなかったら，Aさんがどうなっていたかは推測するしかない。私が信頼している緩和ケア病棟で，最善の医療を受けておられた。しかし心の状態を無視して，たんに痛みを下げたり，下痢をとめたり，眠れるようにしただけでは，Aさんの心身はバランスを崩してしまい，悪い方向に向かったかもしれない。

　告知を受け，緩和ケア病棟にいる患者にとって，痛みや症状が悪化することは死への確実な近づきを示し，恐怖や孤独感に襲われることが多い。身体へも悪影響を与え，自己治癒力や免疫を下げ，さらに衰弱していくこともある。

　Aさんの場合，医師が症状コントロールのための医療的処置を変えずに，人のタッチによるケアをとり入れたことで，様態が良い方向に向かったのではないだろうか。医療と看護に加えて，人によるタッチやケアが良いタイミングで入ったことで，統合的なケアとしてAさんの心身に働きかけたように思う。

　世界保健機構（World Health Organization, 1987）は，人間の健康ということを考えるとき，身体的，心理的，社会的側面に加えて，スピリチュアルな側面も含むことを提唱している。WHOガンの緩和ケアに関する専門委員会（1983）は，

「スピリチュアルな因子は，身体的，心理的，社会的因子を包含した，人間の『生』の全体像を構成する一因子とみることができ，生きている意味や目的についての関心や懸念と関わっている場合が多い」と報告している。

また，死に逝く人をたくさん看取り，学術的にまとめたキューブラー・ロス医師（Kubler-Ross, 1971）によると，死の受容には5段階あるとしている。第1段階「拒否・孤立」，第2段階「怒り」，第3段階「取り引き」，第4段階「抑うつ」，第5段階「受容」である。そして菊井ら（2000）は，死の受容には，1）自己の死が近いという自覚，2）自己実現のための意欲的な行動，3）死との和解，4）残される者への別離と感謝の言葉，などが有り，「達成感，満足感，幸福感」も含まれると述べている。

これらの理論をとおして，Aさんの体験を推測することができる。Aさんは，数年前に盲腸がんの摘出手術をおこなった医師から，余命の告知を受けていた。長い人生を通して培った落ちつきや強さをもった方であり，緩和ケア病棟に移り，余命が短いことも覚悟されていた。しかしながら，強い痛みなど，厳しい症状を体験し，死というものへの恐怖などを感じることで，心身共に大変つらい状態であった。そのために，彼女は「死の受容」において4段階の「抑うつ」の精神状態であったと思われる。しかし，人にケアされ心身ともに楽になることで，「受容」という高い精神レベルに到達することができたのではないだろうか。

ただ薬を増やして体の痛みを軽減したり下痢をとめたりすることでは，Aさんの絶望感，孤独感，死への恐怖などは取り残されてしまったことだろう。しかし，そこに人のタッチやケアが加わったことで，「人のあたたかさ・やさしさ・思いやり」といったものを感じ，彼女の全体（いのち）が支えられ，生を全うするための自然な働きが起こったのでないかと思う。

Aさんにとっての「生きている意味や目的」といったことは分からない。もし尋ねたとしても，言葉にするのは難しかっただろうと思われる。しかし，とても苦しい時期をのり越えたことで，自分の命が短いことを知りながらも「幸せ」を感じながら生きられたようであった。心理，身体，そしてスピリチュアルな側面も含めたケアがきっかけとなって，Aさんの最後の3カ月の「生の質」（Quality of Life）が高まり，生を全うされたのではないだろうか。

このセクションでは，タッピングタッチによるホリスティック（全体的）ケアのあり方を，Aさんの事例を通して述べてみた。人がやさしくケアすることで，心身の変化にとどまらず，精神的な成長をうながし，生活全体の質まで変わること

がある。

このことは医療や看護だけでなく，17年間におよぶタッピングタッチの活用を通して，心理，教育，福祉，介護，子育て，被災者支援など，さまざまな分野での利用にもあてはまることが明らかになってきた。分野の垣根がないことも，タッピングタッチがホリスティックケアであることを示しているように思う。

IV ホリスティックケアと社会性

最後のセクションでは，タッピンタッチがホリスティックケアであることに関して，社会的側面（社会性）に焦点をおいて述べてみたい。

「社会性」は，心のケアや心理臨床といった視点からは，あまり大切でないように感じられるかもしれない。しかし，「タッピングタッチが人々に役立っていくためには，どのようにすれば良いのか？」ということを考え続けてきた私にとって，社会的な側面はとても大切なことである。

本当の意味でのホリスティック（全体性）とは，家族やコミュニティを含む，全体の健康という視点であり，人々や社会のニーズにどのように寄り添っていくのか，という課題にも繋がる。

ここでは，原発事故と放射能汚染の問題を抱えた福島の現状にふれ，その対応のあり方を考えることで全体的なケアのあり方を考えてみたい。

1）福島県の原発事故と現状

2011年の東日本大震災によって福島第一原発が崩壊し，放射能が広範囲を汚染した。現在，原発の事故現場では，毎日7,000人もの作業員がとりかかっているにもかかわらず，事故の収束には程遠く，「原子力緊急事態宣言」は解除されないままである。

原子力緊急事態ということで，放射能の被曝限度が，世界基準の年間1ミリシーベルトから，20倍の年間20ミリシーベルトにまで引き上げられ，居住や生活に問題ないとされている。そのため，膨大な数の人たちが（2012年の統計では約160万人）放射能管理地域に相当する毎時0.6マイクロシーベルトを超える地域で生活をしている。「放射能管理地域」とは，健康への被害を避けるため，医師やX線技師などの専門家が，特定の時間しかいることができないエリアのことである。

身体的には，日常的な放射線被曝による健康被害が懸念されている。チェルノブ

イリの教訓から心配されていたように，福島県内では，福島第一の事故以降，甲状腺に癌および疑いのある子どもたちは 200 人以上にのぼり，そのほとんどがもうすでに甲状腺摘出手術を受けている。また，政府が発表している人口動態統計は，急性心筋梗塞や慢性リュウマチ性心疾患など，さまざまな病気の増加を示している。

　心理的には，これまでたくさんの人たちから話を聞かせてもらってきたが，放射能による健康被害に強い不安を感じている人が多い。否定されたり，亀裂が生れたりすることを恐れて，原発や放射能に関する心配を話すことができないでいる。特に，子どもを持つ親たちは，放射能汚染の地域に住むことで，とり返しのつかないことにならないか，強い不安を抱えている。

2）ほんとうに役立つ支援とは

　簡単な説明にとどめるが，このようなシビアな状況において私たちは何ができるのだろうか？　タッピングタッチは，多くの人に知られ，被災者支援にも活用されてきたが，このような放射能汚染にまつわる厳しい状況にも役立つのだろうか？

　私自身，現地の臨床心理士やカウンセラーの協力を得て，毎年何度かに分けて，福島を訪れてきた。さまざまな研修や講座を通してタッピングタッチを教え，認定インストラクターと一緒に，仮設住宅などでの被災者支援にも関わらせてもらってきた。現在，県内での認定インストラクターも 10 名ほどになり，活躍されている。

　しかしながら，どのようにサポートしていけば良いのか模索状態である。どのようにすれば，本当に役立つ形でタッピングタッチを伝えていけるのか，まだ答えはないままである。現状はとても複雑で，視点によって答えもアプローチも変わってくる。

　例えば，避難生活が長く，つらい思いをされている方たちにとって，タッピングタッチは不安や緊張を和らげ，不眠を改善したりするのに役立つだろう。リラックスすることで，副交感神経が優位になれば，少なからず免疫も活性化することになる。よい睡眠がとれることで，ストレス反応も軽減し，うつや不安症の予防にもつながるだろう。

　しかしながら，放射線量の高い地域に住んで，それによる健康への不安を抱えておられるとしたら，その不安や心配を「和らげて」しまって良いものだろうか？

体の痛みと同じように,「不安」といった感情も,何かうまくいっていなかったり,避けたり改善したりする必要のあることへの心身のサインである場合もある。そのような感情によるサインを消してしまうことで,必要なことを考えたり行動しなくなったりするならば,それは手伝いにならないばかりか,害になる可能性も秘めていると思われる。

3）統合的アプローチとエンパワメント

一人ひとりの不安やストレスを考えるとき,もちろん「心のケア」も必要であるし,タッピングタッチも役立つことだろう。しかし,社会的側面も含めて全体的に考えた時,たんに不安を軽減したり,リラックスさせたりすることが役立つとは限らないことが見えてくる。

場合によっては,ケアする側の自己満足や仕事としての利益にはなっても,ケアを受ける側にとっては,害になることさえありうる。現状では,「安全意識普及キャンペーン」というものも有るようだが,十分な配慮がなければ,不安であるべき状況にリラクセーションを教え,安全でない状況に「安心」を作ることの手伝いにもなりかねない。

先に述べたように,このような状況に対してまだ答えはないが,ここでもホリスティック（全体的）な視点とアプローチが役立つと感じている。それは,表面的に,ただ気持ちを楽にしたり,不安や不眠を解消するだけの手伝いではなく,安心することで自分らしさをとり戻していくようなサポートである。分からないことや怖いことに蓋をしてしまうのではなく,自分自身の気持ちを正直に感じたり,それを話せるようなサポートである。そして,傷つけられることを恐れるのではなく,信頼感をとりもどし,率直に話し合ったり,支え合ったりできるようなサポートである。

このような支援のあり方の根底には,前述した「エンパワメント」の概念がある。「その人自身が内的リソース,知恵,才能などを生かして元気や健康を取り戻すことをサポートする」という文脈において,タッピングタッチが統合的なケアとして役立つのである。

ここでは,福島での現状やアプローチについて述べたが,このことは,他の臨床の現場にも同じように当てはまることが多いと思う。これからの心理臨床やカウンセリングというものを考えるための参考になればと思う。

V　おわりに

　本稿では「現場のニーズ，患者・クライエントのニーズに応える技の伝承」ということを重視して，タッピングタッチの話に絞ることにした。しかし，エリクソニアン催眠を学んできた私にとって，松木繁先生の催眠トランス空間論（松木，2003）はとても興味深く，その「クライエント－セラピスト間の双方向的で共感的な関係性」は，タッピングタッチにおける関係性や統合的ケアというものに共通するものが多いと感じている。

　また，高い専門性と「職人技」を必要とする催眠療法と誰でもできるケアのタッピングタッチは，違った特性があるがゆえに，補完的な関係が可能に思われる。例えば，タッピングタッチは，お互いをケアすることの大切さとその方法を多くの人に伝えることができるが，重い心の病気で苦しむ人の治療には不十分である。反対に，催眠療法は，深い心の部分を癒すことに関して，有効な方法ではあるが，十分に理論と技を修得した専門家でないとおこなうことができない。

　「治療・専門性」の催眠療法と「ケア・一般性」のタッピングタッチ。それぞれの特性や有効性を活かして利用されるとき，人々・クライエントのニーズにそった統合的なサービスが提供できると考えている。

文　　献

菊井和子・竹田恵子（2000）死の受容についての一考察―わが国における死の受容．川崎医療福祉学科誌，10-1; 63-70.
Kubler-Ross, E.（鈴木晶訳，1998）死ぬ瞬間．読売新聞社．
松木繁（2003）催眠療法における"共感性"に関する一考察．催眠学研究，47-2; 1-8.
中川一郎（2004）タッピング・タッチ―こころ・体・地球のためのホリスティックケア．朱鷺書房．
WHO（1983）ガンの緩和ケアに関する専門委員会報告．
World Health Organization (ed.)（1987／武田文和監訳，1993）がんの痛みからの解放とパリアティブ・ケアがん患者の生命のよき支援のために．金原出版，pp.5-6.

リフレクション☆乡松木　繁

　中川一郎先生が日本に帰国されて間もない2001年に日本臨床催眠学会でお会いしたのが最初だったように記憶している。アメリカで臨床催眠，特に，エリクソニアン催眠をやってこられた先生が帰国されて学会に来られるということで，私は非常に権威的な先生像を連想していたのだが，実際は非常に穏やかでフレンドリーな先生だったことを覚えている。

　その後，学会でお会いした際に声をかけあう程度の関係であったが，タッピングタッチの発表を日本心理臨床学会で行われた際に，私はこのタッピングタッチに興味をもって，どのような臨床技法か体験してみよう，もし，臨床技法としてClに役立つならば適用してみようと考えていたのだが，タッピングタッチは中川先生が書いておられるように，「ゆっくり，やさしく。左右交互にタッチすることを基本としたホリスティック（全体的）ケア」なのである。論文の中にも書いておられるように，タッピングタッチの原点となる考え方は，「その人自身が内的リソース，知恵，才能などを生かして元気や健康を取り戻すこと」，「エンパワーメント」が主軸にあって，「個人・家族・コミュニティが本来の自己を取り戻し健康になること」を目標にしたセルフケアの方法なのである。

　こうして考えると，催眠療法とタッピングタッチとは，ゴールそのものや働きかけ方がどうも根本的に異なるようにも考えられるので，鹿催研に招聘する際には中川先生自身も少し躊躇されたようである。しかし，私自身の中では，催眠療法での最終的な到達目標も，自然の中で生かされている自己自身への気づきであり，また，催眠療法過程で「自己支持の工夫」を見出す作業は，個人を「エンパワーメント」することに結果的には繋がっているので，催眠の研修会でタッピングタッチを行うことに私は全く抵抗はなかった。誤解を恐れずに断言するならば，私の中では，催眠療法も途中の過程には差があるものの結果的にはホリスティックなアプローチだと考えているのである。それは，第一部で示した「催眠トランス空間論」の考え方で示したように，その基本的な臨床姿勢は，Cl － Th 間の共感的な関係性や両者の双方向的な相互作用のあり方に支えられているので，"守られた空間" としてのトランス空間（「催眠トランス空間」）が得られれば，Clは非常に安心した安全な感覚を得られ本来の自分らしさを取り戻すと考えているのである。こうした感覚は自然調和・平和を志向する日本的 " 場 " 理論に通じるものがある。第一部でも説明したように，その " 場 " では，「自他非分離」，「（自然

の中での）動的調和」、「関係性調和」によって「自他融合の世界」が得られているように，私は感じているのである。Clが「催眠トランス空間」で実感している感覚は，人類の根源的意識（斎藤，2006）に通じるものであり，それは，清水（1990）の言葉を借りて言うならば，「生命体は『自他非分離』の"場"の中で生きていく。そして，その"場"の中では，動的秩序を自立的に形成する関係子が互いに相手に影響を与えながら互いの関係性を調和させる働きを自律的に行いながら秩序を自己形成する」として，日本的"場"の中で関係性調和の機能が働くことを説明していることに通じるものと私は考えている。そして，この"場"では「心身を調和させる作業がある一定の法則の下で行われ，それらは静止することなく動的に展開している」と清水は続けている。この清水（1990）の世界観・自然観は，私の主張する「催眠トランス空間」の目指すものであると同時に，タッピングタッチで中川先生が求める世界にも通じるものではないかと考えている。私の行う催眠療法はある意味ではホリスティックなアプローチと言えるように感じている。

文　献

中川一郎（2004）タッピング・タッチ—こころ・体・地球のためのホリスティックケア．朱鷺書房．
齋藤稔正（2006）根源的意識としての催眠—催眠理論の構築．催眠学研究，49(2); 1-6.
清水博（1990）生命を捉えなおす—生きている状態とは何か？　中公新書．

16.
トラウマ治療における臨床催眠の役割

仁木啓介

I　はじめに

　筆者は，精神科医師として幼児から高齢者まで，さまざまな心の疾患を扱うが，特にトラウマ関連の問題を抱えたクライエント（以下Cl）の割合がいつの間にか莫大に増え，現在では，トラウマセラピストとしての立ち位置が主流になっている。平成28年4月，筆者の地元で起こった熊本地震では，それまでの経験を生かして，トラウマ外来を新たに立ち上げた。ドメスティック・バイオレンス，虐待，いじめ，性被害，事故，災害，犯罪被害者やその家族，自死家族など，さまざまな人々が訪れる。Clの疾患は，単にPTSD（心的外傷後ストレス障害）ばかりではなく，その周辺症状やうつ状態，不安障害，統合失調症様状態，解離性障害（何かのきっかけで記憶を失った解離性健忘から，身体の中に何人もの人格状態を有する解離性同一性障害まで），足が動かなくなった，耳が聞こえないなどの身体表現性障害，トラウマにより，何らかの生活全般の機能不全を起こしている人など，さまざまである。単純なトラウマのみではなく，複雑で不幸な背景を持ったClも少なくはない。筆者は催眠のみならず，EMDR，SE（ソマティック・エクスペリエンシング），TFT（思考場療法），ブレインスポッティング，ブレインジムなどさまざまな心理療法を駆使して，Clの絡まった人生の糸を解くような，複雑な治療を行っている。

II　臨床催眠の位置付け

　臨床の現場でどのように催眠を利用して，治療を進めたら良いのか悩む人は多いだろう。治療者が臨床の現場で催眠を行いたいと思っても，どこで学ぶのか，どうやって学ぶのかを聞いてくる人もいる。なかには，催眠誘導は上手くできるが，

その先どのようにしたら良いか，どのように利用したら良いのか，判らないという臨床家も少なくはない。中には，催眠で相手を"操る"，"別の物に変えてしまう"などと，マジック的に考える治療者やClがいる。瞬間的には，そのようなことができるかもしれないが，恒常的には不可能であり，医療の分野では，意味は全くなく，逆にClの信頼を損なうだけである。催眠では，直接暗示や間接暗示を利用して，症状除去を行うだけではなく，治療者とClとの共有空間（松木，2005）の中で，Clが治療の場で示すものを，ユーティライゼーション（活用）をしながら寄り添い，さまざまな気付きを与える。Clとのラポールを取るためのコミュニケーション・ツールとして，または，他の心理療法との折衷療法や，他の心理療法の効果を増強する使い方がある。

　そこで，ある例をあげて説明をしよう。目の前にClがいる。この人は，自転車に乗っていて竹藪に突っ込んで怪我をしてしまった。足にささくれた竹が突き刺さり，出血して痛々しい状態である。偶然通りがかった人が，その凄まじい音と，うめき声を耳にして駆けつけた。親切な通行人は，その人を元気づけながら対応する。「大丈夫ですか」「今，救急車を呼びましたからね，もう少しですから」。足に刺さった竹は，抜けそうにもなく傷口から出血しているのを見た。通行人は，医療者ではなく，以前見たドラマの知識から，「無理に刺さっている竹を抜いたら，大出血を起こすかもしれない」と考え，持っていたタオルで傷口を抑え，救急車が来るまで，声かけして寄り添っている。すると，程なく救急隊員が駆けつけて，適切な応急処置がなされ，Clの状況を救急病院に連絡して搬送される。救急隊員は，病院に到着するなり担当の医師に対して，現在の患者さんの血圧や呼吸，出血の程度，怪我をした状況などの詳細な情報を適確にかつ迅速に伝達する。緊急手術をする医師と看護師は同時に全身状態をチェックしつつ，患者さんを手術室に移動させる。出血によるショック状態が無いか，頭や他の部位に骨折や怪我が無いか等の診察を行う。すでに，血管の確保のため点滴は繋がれ，足以外の大きな外傷は無いことが確認された。治療の優先順位が最も高い，竹が刺さっている足の治療から行われた。ズボンは，ハサミで切り裂かれ，患部の消毒を行い，局部麻酔を行って，メスで慎重に傷口を切開しながら，動脈を傷つけずに突き刺さった竹を無事に取り除くことができた。感染症を起こす可能性があるため，抗生物質の点滴も開始された。Clは，麻酔が覚めてきた足の痛みにより，自分の事故は，現実のことだったと再認識した。白い包帯が巻かれた足を茫然と眺めていると，医師がやって来て，実は，骨折も見られギプスも巻いていると説明する。行

われた治療と，これからの治療予定について説明がなされ，リハビリのために歩く練習が必要だと述べられた。

　一般的な，ある事故の場面だが，Clに対して関わったのは，医療の知識がない一般の人，応急処置ができる人，救急医療ができる人，外科手術などの根本的な治療をする医師と看護師，リハビリをする理学療法士である。Clの状態が重篤であればあるほど，多くの人の関わりがある。

　催眠も同様に，一般のコミュニケーションテクニックとしてのレベルから，より医学的な専門的なレベルまである。

①寄り添い，Clの状態を観察しながら，安心感を与える。
②不安，恐怖，過覚醒状態などの情動の不安定さががあれば，Clを適切な方法で安定化させる。
③Clが生活活動を行う上での問題（症状や行動を制限するもの）に対しての応急処置。
④Clの表面的な問題（直接的なトラウマ）の処理。
⑤根本的な問題（源家族の問題，過去のトラウマ，文脈：人生上での繰り返されるパターン）の対応と処理。
⑥Clのリハビリとしてメンタルリハーサルにて，実際に行っている場面をイメージさせ，自信を持たせエンパワーメントする。
⑦適切な未来を描くことができ，そこに向かって歩めるように手助けをする。

　催眠を臨床適応させる場合，自分が，何処まで専門的に対応できるか，どんな役割を担えるか，また，どのような状態のClなら対応できるかを判断して，催眠を適応していく。背伸びして自分の能力以上のことを行うと，Clに二次外傷を負わせる可能性があるので，細心の注意が必要である。常に，主役はClであり，トラウマを扱う場合には，医療モデルとして扱う。公認心理師が国家資格化され，2018年には，国家試験が行われる。これからの心理師は，より医療の現場での活躍が中心になる。医師や看護師とのチーム医療の中で，臨床催眠を含む心理療法をいかに活用できるかが，心理師の役割を左右すると考える。

Ⅲ　心的外傷による心の反応への理解

　心的外傷により，全ての人が心的外傷後ストレス障害（PTSD）になるわけで

はない。熊本地震を例に取って説明すると，膨大な数の人が同じ地震を経験した。その瞬間は，恐怖を感じない。ただビックリして，何があったのか，どうしたのか，脳は情報収集しようと躍起になる。そこで混乱したり，取り敢えずの行動に移そうとするが，足がすくみフリーズして動けなかった人（解離・麻痺），しばらく呆然として（麻痺），何をしたら良いか混乱し，パニックを起こした人（過覚醒），倒れそうなタンスを全身で必死に押さえていた人（過覚醒），家族を連れ，家を飛び出した人（過覚醒），避難所には何とか逃げてきたが，どのように逃げてきたか思い出せない人（解離性健忘）。震災で繰り返し経験した，"地震の揺れ"，"地震の前に感じた地鳴りや音"，"物が割れる音"，"叫び声"，"一斉に鳴り出す携帯電話の緊急地震速報"，"戸棚やタンスが倒れる場面"，などの聴覚，視覚，運動感覚，嗅覚などのさまざまな感覚と，恐怖や無力感などの情動が条件付けられる。さらに，ニュースや人から聞いた地震に関する情報や被害，実際に被害状況を見たり，災害後の不自由な経験などにより，トラウマが強化される。それが後の，感覚刺激としてのトリガーになる。それらのトリガーで，単に地震を思い出して，不快感を示すレベルから，当時の恐怖体験が何倍にも増大した状態でのフラッシュバック，または，「何だか狭い空間や夜が怖い」などの恐怖症がみられる。単に地震のことを思い出すことは，フラッシュバックとは言わない。フラッシュバックを起こすと，当時の地震の場面にタイムスリップして，さまざまな感覚を想起する（侵入現象，再体験）。また，ショックを受けている期間に，不適切な情報を取り込み，他人の悲惨な状態を自分と置き換えることで，さらに病態を悪くする人もいる。熊本地震は，3日間の間に，震度7が2回，震度6が5回もあり，その後，余震は，4千回を超した。前震のショックが治まりきれないところでの，立て続けの地震は，熊本県民に無力感と不安感を植え付け，回避という反応で，地震に遭った家に入れなくなり，避難所生活者と車上生活者を膨大に増やした。また，熊本県民は，シンボルである熊本城を擬人化して，壊れた城を見て，自分の身に置き換えて心をさらに痛めた。

　前述の再体験（フラッシュバック）回避は，トラウマからタイムラグをもって現れるが，トラウマ直後の反応には，解離・麻痺，過覚醒の2つがある。つまり，解離や心の麻痺を起こし動けないタイプと，過覚醒状態で動き回るタイプである。過覚醒がより高まると，恐怖を声高に表現し震えたり，錯乱状態になることもある。解離を示す人は，ただ固まり，凍り付いているかもしれない。心の麻痺を示す人は，他人事のように状況を淡々と説明するだろう。過覚醒や麻痺の状態を維

持することで，自分も被災しているにも関わらず，警察官や消防士，医療者や行政職員は，不眠不休で地震直後から活動ができた。

　誰にでも起こるPTSR（心的外傷後ストレス反応）から，病態水準が最も重いPTSDまで，過覚醒，解離，麻痺，侵入現象（再体験）は，スペクトラムを持って存在する。したがって，震災直後に，過覚醒，解離，麻痺，侵入現象（再体験）があるからと言って，必ずPTSDと言うわけではない。安心で安全な生活環境で，生活をしていると，PTSRは次第に落ち着いて来る。しかし，症状が激しくなり生活が左右される程の状態に進展して，PTSDに移行していくものも一部ある。また，長期に過覚醒状態で活動をしていた人達は，身体に大きな負担をかけおり，それは永遠にできるものではなく，約5カ月を過ぎてから，次第に頭痛や喉の違和感，高血圧，食欲不振などの，身体化症状が出現したり，意味も無く涙が止まらなくなったり，まるで電池切れのように，身体が動かなくなり（Clは「空っぽ」と言う表現する），うつ病のような症状を呈する。さらには，動けなくなった自分を責め，生きる意欲までを失い「死にたい」と希死念慮まで訴える人が，時を置いて出現してくる。

IV　臨床催眠のバリエーション

　前述の例を使って，臨床催眠をどのように使用するかを，カテゴリー分けして説明する。

1）一般人が，外傷を負った人に遭遇した場合の臨床催眠

　治療が必要なClが現われた場合，どんな人が居合わせるかによって対応が異なる。通行人が，一般人か医療者かによっても違うだろう。一般人であっても，救急対応の研修会に参加したことがあれば，より適切な対応ができるかもしれない。一般人が，無謀にも突き刺さった竹を，強引に引き抜いてしまった場合，大出血を引き起こし，命を危険に曝すことになるかもしれない。つまり，自分は今，何ができるかを知り，自分の役割の範囲で行動し，その後，より専門性がある人に引き継ぐことである。通行人には，さまざまな勇気が求められる。事故現場を目の辺りにして，救急車を呼ぶ勇気，外傷を負った人に声をかける勇気，冷静に判断して血を流している人に声をかけ，安心させ寄り添う勇気，タオルで出血部位を圧迫止血する勇気である。その通行人は，何もできないかもしれないが，勇気

を持って，「私に，何かお手伝いができることがありますか」と声をかけると，できる役割があるかもしれない。通行人が沢山いる場面での事故では，集団心理が働き，誰かが救急車を呼ぶだろうと，呆然と眺めていたり，自分は救急車を呼ぶことができるのに「誰か救急車を呼んで」と叫んだり，救急対応ができるにも関わらず，フリーズして何もできない人や，目を背けて通り過ぎる人もいるだろう。外傷を負った人に，ただ寄り添うだけでも，安心を与えることができる。そこで，適切な声かけができたら，不安やショックでダメージを負い混乱している人に，少しでも安定させることができるかもしれない。外傷を負いショック状態の人に，不適切な働きかけをしてしまうと，まるで洗脳されたように，不適切な言葉や認知が，そのままClにインストールされる。外傷を負った人の心の奥底に，傷を負わせてしまう。

　ここのカテゴリーでは，非専門的な対応が主になるが，催眠の基本的技術を使いながら，Clに寄り添うことが主になる。これは，とても大切な対応で，全ての心理療法に繋がる技術である。Clに，「私は，何もできないかもしれないが，ただ寄り添うことはできる」というスタンスで接近し，催眠を利用したコミュニケーションテクニックを主軸とした対応をする。Clの目を見ながら，Cl全体を周辺視で観察し，Clの身体の些細な動きや変化を捉え，ペーシングやイエスセットという催眠の技法を使って働きかける。動作や表情などの非言語的なメッセージにも気付きながら，Clの希望することや，代わってできることがないか尋ねる。疎通性が高まってくると，Clの不安や緊張状態は柔らぐ。一人ではないという意識付けを行うと，安心感も広がって行く。すると，外傷による過覚醒状態や興奮のレベルが下がってくるだろう。「何もできないかもしれない」と言いながらも，実はトランスを利用しながら，水面下で多くのことを行なうのである。

　催眠の誘導は，経験と知識がなければ，寄り添う程度に止める。刺さった竹を無謀に引き抜くような，トラウマに直接触れる対応は，行ってはならない。場合によっては，大出血をおこして，Clに再外傷を負わせ，取り返しが付かなくなる可能性があるからである。特に，記憶が曖昧だったり，感覚の麻痺やトラウマに見合う二次的な反応がない場合には，解離という状態かもしれないので，特に慎重に扱う。筆者は，全国ニュースになるような，犯罪被害者や家族にも対応しているが，その場で泣いたり怒ったりして，情動を表に示す人よりも，不自然なほど普通に，淡々と状況を説明して対応する人の方が，心のダメージが大きいように思う。解離や麻痺というストレス対処行動を利用して，被害者は，今を耐えて

いる。それを解除したら，被害者の生活は破綻したり，自殺という不幸な結果を導くかもしれない。筆者は，情動を表面に出さない人に対して，特に慎重に扱うように心がけている。

2）救急隊員による応急処置レベルでの臨床催眠

Clにとって，心的外傷の衝撃やショックが大きい場合，一時的に心は無防備な状態になりやすくなり，さまざまなものが心に直接飛び込み，影響を及ぼす。筆者は，大手の保険機関の顧問医をしているが，交通事故被害に遭った後，不適切な対応や言葉かけにて，誤った認知を取り込んだり，まるで洗脳されたかのように症状化を示し，難治の経過を示す例を経験している。心的外傷を負った人に，早急に心理的な対応が必要である。しかし，慎重にかつ適切に行う必要がある。Clに，明らかな責任がない場合，早期に自責の念を否定しなければならない。Clに寄り添うと，孤立感は柔ぎ，"サポート"という繋がりが意識付けられる。すると，その後の経過は軽減するし，Clの自殺対策にもなる。不適切な働きかけや，異性のClに対して，不用意に身体に触れてはならない。新たなトラウマを植え込むことになるかもしれないので，慎重にClを扱う。したがって，異性のClへの催眠誘導は，非接触的なものを選択する。

トラウマを持つ人は，自責感を持ちやすい。トラウマの原因が，明らかに他人にあるにも拘わらず，「自分が悪い人間だから」「自分が何かしたから」「自分が相手にさせたから」と，無意識に自分側に原因を見いだそうとする。その理由は，コントロール不能なトラウマの原因を,「自分が適切に判断すれば，避けることができる」とマジック的に思い込むことで，過去や未来のトラウマを，自分のコントロール下に置きたいという無意識の願望に由来する。「自分が何かをしなかったら」，もしくは「何かをしたから」，トラウマを受けたと思うことは，それを回避できる"カギ"を持つからである。しかし，多くは不適切な認知が多く，その後のClの回復に支障を及ぼす。

例えば，"秋葉原での連続通り魔事件"に巻き込まれた通行人の場合，「自分がオタクじゃなかったら」，「自分がその時学校を休まなかったら」，事件に遭わなかったと考えるClがいる。確かに，その時間その場所にいなかったら，事件には遭遇しなかったかもしれないが，必ずしも"通り魔事件"は，秋葉原のみで起こるものではなく，偶然に遭遇しただけである。いくら，自分が注意しても，将来また"通り魔事件"に絶対遭わないという保証はない。

トラウマで，心が不安定なClに，安心感や安全感を持たせ，落ち着くように導くが，自責の念は，Clが安心感や安全感を持つのを阻んでしまう。「子どもが殺されたのは自分の責任」と考える親や，「自分が悪い人間だから，罰でレイプにあった」という被害者にとって，"自分が良くなる"こと自体が許せないので，安心感は持てなくなる。したがって，前述した「早期にClの自責の念を否定する」理由がここにある。

Clへの臨床催眠的対応は，自責の念を否定する"種まき"を，働き掛けの随所に散りばめながら，安定化へ導いて行く。

次に，身体の応急処置として，Clの実際の身体の痛みへの対処がある。しかし，痛みを完全に取ってしまうことは，逆にClの不利益になってしまう。本来，痛みは，身体の危険信号である。痛みが全くなくなってしまったら，病院での身体治療の場面で，身体のどこに問題があるの判らなくなるからである。例えば，ある子どもが，親に連れられ，救急外来を受診した。ただ痛いと泣きじゃくるのみである。医師がどこに触れても，痛いと訴える。お腹だろうと思って検査をしていたら，本当に痛いのは頭だったと判明し，それまでのさまざまな検査や診察の時間が無駄になり，本格的な治療が遅れてしまうのである。原因や問題がハッキリしている場合を除き，痛みが完全に判らなくなってしまうような対応を，ここではすべきではない。壮絶な痛みの場合においてのみ，無痛暗示や人工的な解離や麻痺を起こさせて，痛みのレベルを少し軽減させる程度が適当である。

人が今，命を繋ぐのに，最低限必要なのは，肺と心臓が適切に働くことである。救急隊員は，人工呼吸を行い，酸素を投与して肺の機能を補助する。心臓に対しては，心臓マッサージを行ったり，AED（自動体外式除細動器）を使い心臓の動きを取り戻し，点滴にて血液の循環量を保ち，救急病院に搬送する。出血があれば，止血も当然行う。

臨床催眠では，Clの呼吸状態をペーシングしながら観察する。呼吸は浅いか深いか，呼吸のリズムはどうか，何か呼吸状態に違和感はないか，楽に普通に呼吸をしているのか。両肩が内側に入った姿勢のため，呼吸が制限されていたり，肩で息していないか，身体がもっと酸素を欲している感じはないか，呼吸スタイルは胸式か腹式かなど観察する。その状態が簡単に改善できるかどうか，臨床催眠の最中に介入も行う。不安や恐怖による呼吸スタイルもある。背を丸め肩を内側に入れ頭を下げ，顎を胸に付け，浅い呼吸をする態勢は，何かから身を守る，Clの対処行動による姿かもしれない。その姿勢やスタイルの意味を理解せずに，強

引に変化させると，さらなるパニック状態を引き起こすかもしれないので，慎重にそれらを扱う必要がある。筆者は，Clが示す状態や反応は，不適切なものであるかもしれないが，Clにとっては，必要で意味がある状態や反応であると考え，催眠のトランスの中の共有空間で，その意味を理解し寄り添うことで，少しずつより良い変化へと導いて行く。今の医療では，Clが発熱したからといって，高熱でない限り，解熱剤の投与は行わない。熱は身体を守る反応だからである。咳は辛いが，肺から痰や異物を出そうとする反応であるし，痛みは，身体のどの場所が悪いのかを教えてくれるサインなのである。心臓の鼓動は，心と連動している。Clの頸部を注意深く観ると，プクプクと脈打つのが確認できるかもしれない。そっとClの手首に触れると，その鼓動や手の温度や汗の状態を知ることができる。過覚醒では交感神経が緊張状態しているので，末梢血管は細くなり，手足は蒼白で冷たく，脈と呼吸は速くなり，瞳孔は開く。逆に，リラックスして副交感神経が活発になると，手足や顔面に血流が多くなり，ピンクに変化し，脈や呼吸はゆっくりとなり瞳孔は小さくなり，胃や腸も動き出す。それらの身体の反応を観察することで，Clの今の状態がより良く判る。交感神経，副交感神経どちらが優位なのかモニタリングしながら，臨床催眠で，これらの神経のバランスを整えていく。

3）救急病院レベルの臨床催眠

　救急病院の担当医師と看護師は，救急隊員からClの事故の状況や状態などの情報を得て，呼吸や血圧を含む，全身の状態を精査しながら，ショック対策や薬物をいつでも投与できるように，血管に点滴を繋ぎ，優先度が高い治療から開始する。まずは，刺さった竹を摘出することから行うことになり，局部麻酔にて外科的に切開が施され，動脈を傷つけることなく無事に竹は取り除かれた。Clには，もう一方の足に骨折があることもわかり，ギプスも巻かれた。その後は，理学療法士によるリハビリ治療も行われる予定になった。

　臨床催眠を含む特殊な心理療法では，精神状態の不安定さを，緊急に安定させることができる。安定化の一例だが，EMDRの研修トレーニングにコンテイナーテクニックがある。脳の両側刺激を行いながら，心の中の未処理の問題をイメージした箱の中に入れ，蓋を閉め安定させる方策である。筆者は，催眠を併用して，未処理の問題だけではなく，痛み，悲しみ，不安，ありとあらゆる情動や苦しい場面，場合によっては加害者のイメージや記憶も，緊急処置として箱の中に取り

あえず入れる応急処置を行い、その後、癒やしのイメージや感覚を感じてもらうことで、さらに安定化させる。そのほか、催眠を使った自律訓練法やイメージ療法、呼吸法、マインドフルネスなど、数多くの方策がある。また、TFTやブレインジム、SEなどでも、Clを直接安定化させることができる。必要な心理療法を数種類組み合わせたり、催眠療法との折衷療法も治療効果をあげる。

　一時的にでも、Clは安定化すると、客観視できるようになる。不安定になる切っ掛け（トリガー）や、その背景となる問題が、次第に見えて来る。Clと一緒に、その問題についてアセスメントをしながら、切っ掛けに対する対処法や根本的な治療の方策を模索するのである。つまり、トラウマが原因で、さまざまな精神症状や身体化症状が引き起こされるが、表面的な症状対応だけでなく、適切で効率的な治療のために、ケースフォーミュレーション（事例定式化）を行うのである。

　重篤な症状には、抗不安薬や抗うつ剤などの薬物治療も併用する。特に、背景にうつ状態があり、自殺の可能性が高い場合には、心理療法のみを過信せず、抗うつ剤を併用すべきである。Clに自殺の危険性があるにも関わらず、抗うつ剤が投与されず、自殺既遂した例の医療訴訟において、治療者が敗訴した例があるので、希死念慮が激しいケースでは、速やかな医療機関との連携が必要である。

　心的外傷を受けた場合、なるべく早期に適切な対応を行い、加えて保護的な環境があれば、救急対応だけで治まる者もいる。ある女子大生のケースでは、夏休みを故郷の熊本で過ごしていたが、性被害を受けてしまった。その後、パニック発作と恐怖感が強く、自らネットで調べ、筆者の所に治療に訪れた。Clは、涙を流しながら恐怖や被害時の状況が苦しいと訴え、情動が溢れ、本来の生活が困難な状況に陥っていた。来週で夏休みは終わり、上京して一人暮しの大学生活を再開するので、治して欲しいと訴えた。しかし、薬での治療は、なるべく避けたいという希望だった。Clの語りに寄り添いながら、軽いトランスを利用し、自責に対する認知を改善しつつ、治療者である筆者は男性だけど、この診察室という狭い空間で、安心して一緒に居ることができることを認識してもらった。男性全てを怖がる必要はないと述べながら、加害者と社会の男性との間に線を引き、区別することを行った。次に、応急処置として、前述のコンテイナーテクニックを使って、催眠下にて、EMDRの両側性刺激も利用して、頑丈な箱に全てを入れ込んだ。さらに箱の中にある傷ついた部分を、箱の外から"癒やしの明かり"でラッピングして、24時間寝ているときも起きているときも、癒し続けるような仕組みを作り、心の奥の押し入れにそっとしまい込み、応急処置は終えた。Clは、来院時

とは全く別人のような表情に変化した。東京に戻る前日に，2度目の治療を行った。あれ以来すっきりしていて，これで何とか大学も大丈夫そうだと笑顔になっていた。箱への入れ残しがないかをチェックして，"箱ぐるみでの癒やし"を強化した。冬休みに熊本に帰ってくるまでは，そのままにしておくように伝え，次回，本格的な治療を行うこととした。服薬は必要ないが，お守りに2錠（2回分）の抗不安剤を財布に入れておくようにした。冬休みに帰郷して，再受診したが，ラッピングされた箱は，そのまま押し入れにあり，逆に守られている感じで安心だったという。薬は，使用はせず，お守りとして，持っているだけで安心に過ごせた。今のままで，被害を受けた場面を直接処理しなくても，大丈夫だとClは述べるため，今後，何か問題が出てきたり，気になることがあれば，本格的な治療を行うことを告げ，押し入れの箱をさらに癒し，箱の包みをクリスマスのギフトラッピングのように綺麗に包んで治療を終結した。

4）本格的な治療としての臨床催眠

　一時的な外傷で，身体機能に影響がなく，基礎疾患もない場合は，応急処置のみで可能だが，病気の存在がはっきりすれば，本格的な継続的治療の対象になる。良性の疾患では，ゆっくりとした治療スケジュールだったり，Clが休みを取れるタイミングで集中治療を行う。悪性の癌や，いつ破裂するか判らない動脈瘤などは，早期に対処しなければ命に関わる。

　心的外傷により，症状を繰り返し，生活活動に影響を及ぼす場合や，Clが生きてきた歴史に埋没している，過去の心的外傷に原因する恐怖症や不眠，病的な拘り，性の同一性の障害がみられる場合など，治療対象となる状態やトラウマのターゲットは，さまざまである。

　基本的にトラウマ治療は，ジャネの外傷後ストレスの3段階治療モデル（Vam der Hart, Brown & van der Kolk, 1989）に準ずる。

1段階：安定化・症状思考治療・外傷記憶の生産の準備。
2段階：外傷記憶の同定，探索，調整（トラウマ治療）。
3段階：再発防止・残余症状の解放・人格の再統合・リハビリテーション（ストレス対処行動の獲得）。

　1段階から順に3段階に向けて，治療が進められ，基本的には，まずは安定化か

ら始める。しかし，実際の臨床場面では，自責が強く，安定化が困難な例がある。また，大きな音や特定の男性を見てパニック発作を起こす場合には，ストレス対処行動の獲得が優先される。複数のトラウマを抱えている例では，複数のトラウマを同時に扱うこともある。その場合，数種類の安定化と，扱いやすいトラウマを切り分け，安定化と処理をセットにしながら，同時に処理を行う。複雑なものであれば，トラウマ処理を応急的に行い，安定化をして，再び処理をして，リハビリテーションを取りあえず行い，再び安定化に戻るなど，3つの段階を行ったり来たりする。つまり，3つの段階は，縦の階層にあるのではなく，三角形の輪の位置付けとして治療段階を捉えるのが現実的である。

また，PTSDに対する催眠治療においては，SARIモデル（Phillips & Frederic, 1995）を基本にする。

S：Strengthening and stabilization. 自己の強化と安定化を行う。
A：Activating. リソースを活性化しながら，トラウマにも同時に焦点を当てることで解離を軽減させる。
R：Reconect. 切り離された精神的衝撃体験を持った自我状態と再び繋がり症状を解決する。
I：Integrate. それまでの作業で行ったものを個人に統合する。

当然，ジャネの治療モデルとも共通する部分があるが，高石らは，SARIモデルには，安全と安定，トラウマへのアクセス，トラウマ体験の処理，統合と新しい自我，の4つのゴールがあり，催眠にて，自我強化，リラクセーション，情動調整，年齢退行法，自我状態療法，年齢進行法，力動的催眠による自己探求，自律訓練法，バイオフィードバック，などさまざまなテクニックが応用されると記している（高石・大谷，2012）。

トラウマ治療の中核は，外科手術で，悪い腫瘍を切り取るように，トラウマそのものにアクセスしていく。

トラウマ治療には，前述した3つの段階の治療があり，安定化を優先的に行う。しかし，過覚醒や侵入現象や再体験による症状を抑え，安定化だけでされば，とりあえずは，それで十分だという人もいる。つまり症状を起こしても，コントロールさえできたら良いというレベルのCl。トラウマに触れたり，想起することを避け（回避），根本治療をするのにもっと時間を要するCl。解離や麻痺により，記

憶が欠落していたり，感情が麻痺して，表面的には何でも無いように見えるため，トラウマの存在が判らないCl，トラウマに，物理的にアクセスできないCl，治療に対して今は必要ではないとモチベーションがないCl。Clの状態により，根本治療を行うタイミングが異なるので，単にPTSDがあるからといって，画一的な治療はできない。

　7年前に，連続強盗強姦の被害を受けた女性で，裁判も淡々とこなし，ふつうの結婚をして，元気な子どもを授かり，平凡な生活を送っていた。ある日，バイト先で，加害者に似た男性を見た瞬間，突然フラッシュバックを起こし，当時の恐怖が涌きだし，包丁を持って店の裏で震えパニック状態に陥った。封印してきた情動が噴き出した瞬間だった。催眠とEMDRを組み合わせた治療にて，速やかに状態は改善した。

　ある犯罪被害者の家族は，「子どもが苦しい思いをして亡くなったのに，自分だけが楽な生活は許されない」，「あの時のことを忘れてはいけない」，「これは自分への戒めだ」と自責の念により，「あえて苦難を抱えて生きたい」，「全てクリアにしたくない」と考え治療に躊躇する。また，子どもは亡くなり裁判も終わったが，「子どもが亡くなったという実感が湧かない」と何年も，喪の作業ができないため，トラウマの治療までたどり着けないClもいる。回避，麻痺，解離により，根本的な治療開始が遅れたり，中断したりすることがある。喪の作業を含む，喪失体験や被害についての充分な心理教育を行いながら，Clが抱える問題や，症状の出所を吟味して切り分けながら，治療を進めて行く。Clの治療ゴールが，心の問題を何割か残すことで，逆にそれが生きる糧となる場合がある。あるケースでは，催眠を使って，診察室の片隅に置かれた椅子に，自死した娘が雲の上から降りてきて，母親であるClと対面した。何故勝手に死んだのか，Clは，問いただしたりした。娘の所に一刻も早く行きたいという母親に対して，娘は，自分の代わりに生きて世の中を見て，将来自分の所に来た時に，その内容を報告するという使命が与えられた。娘が居ない世界で生きることは辛いが，それが自分の娘に対する償いと理解して，娘に別れを告げた。

　トラウマを受けた時に，Clがどのように反応したのか知ることで，対処法が変わる。PTSDにも，過覚醒タイプと麻痺や解離のタイプの2種類あることが，脳科学研究から判ってきた（Lanius, Williamson, Bluhm, 2005）。前述した，被災時の反応でも，過覚醒や解離・麻痺を人は示し同じだった。PTSDのClが，心的外傷を受けたその時に，どのように反応して，どのようになったのを情報を収集し，

その時の問題点を臨床催眠の中で扱うのである。催眠の誘導には，さまざまな方法があるが，まずは，観念運動を使い，Clが催眠にどのように入っていくのか，そのスタイルを利用して，非言語的に治療を行う。過覚醒で動き回った人に対して，カタレプシーという腕が硬くなる誘導法を使い，じっと宙で留まっている腕や手を見て，落ち着かせたり，フリーズして固まった人に対しては，腕浮揚という，腕が風船のように軽くなり，宙を自由に漂う姿を楽しんでもらって，心を安定化させる。また，家族で離ればなれになったり，心と身体がチグハグになっている人には，腕の開閉を使い，両手が身体の前で，合掌するかのように，両手がくっついていく様を見てもらう。これらの手の動きをメタファとして，Clの問題点を非言語的に解決する。観念運動なので，Clの手が不自然な動きをするかもしれない，腕浮揚で腕が上手に上がらなくても構わない，その腕がもしも外側に開いたら，上がるかもしれないし，何かにつっかえて上がるのを邪魔しているかもしれない。腕の上がり方は，Clのライフスタイルを表している場合があり，治療者の介入は，Clへの非言語的なアドバイスになる。催眠の中でも，筆者は，象徴的なたとえ話をして，Clに気付きを与えたり，Clによってさまざまな方法を使って，トラウマに対処するが，内容はその場その場ですべて対応は異なる。一つ共通するのは，Clが示す状態や述べられた言葉を，筆者は，臨床催眠の中で常に利用している。

　1点を見つめてもらい，催眠誘導する，凝視法がある。ブレインスポッティングを応用すると，どこを見つめるかにより，Clの治療内容を変えることができる。見つめる場所により，外傷記憶にアクセスしたり，リソースにアクセスしたりできるのである。つまり，治療者は，ハンドルやアクセル・ブレーキを持って，自由度のある臨床催眠を行うことができるようになる。

　外科手術を行うためには，麻酔が必須である。Clは，麻酔がなかったら，到底手術には耐えられない。臨床催眠の役割として，麻酔のような役割や，他の心理療法を行うための橋渡しだったり，他の心理療法を強化したり，他の心理療法を行った後での安定化がある。PTSDを治療するために，リソース（心的資源）を喚起する必要があるが，その探索にイメージや感覚を使って，退行催眠を利用して，過去の自分を再発見するのにも使う。また，自分が克服するために，必要なスキルやパワーを得るために，自我状態療法を使ったり，虐待を受け，過去の時間に取り残されている自分を救いに行く場合もある。安心安全を自分で，いつでも行えるように，自己催眠を訓練する場合もある。

5）リハビリテーションレベルの臨床催眠

　手術などの，直接的な治療が終わったら，縫合した傷口を清潔に保ちながら，抗生物質を投与して，安静にさせ傷の回復を待つ。

　筋肉の拘縮や関節が固まらないように，理学療法士によるマッサージが施され，状態の回復を見ながら，運動療法が開始される。

　筆者は，リハビリテーションとして，①ストレス対処行動の獲得，②同じような外傷場面を乗り切る方策，③未来の安定した自己像を描くことができる，の3項目が必要だと考える。ストレス対処行動として，セルフケアのテクニックを学ばせることが，安定化にも繋がり重要である。その中には，上述以外にイメージや感覚を使った自己催眠，また催眠以外の心理療法として，TFT，ブレインスポッティング，ブレインジム，EMDRで使われる「安全な場所」「4要素のエクササイズ」なども，筆者はよく安定化や治療に使用する。催眠を使ったメンタルリハーサルで，心的外傷場面と類似のシチュエーションに遭遇した場合，前回の外傷を再現することなく，より適切な行動を取り，乗り切れるようにする訓練を行う。また，未来の安定した自分のイメージを進行催眠と組み合わせて，EMDRの"未来の鋳型"も利用して，描けるようにする。未来の自己の姿を描くことができたら，臨床催眠として，過去の健康だったときの自分――現在の自分――未来の自分を繋ぎ，その間を埋める作業を行う。過去と理想的な未来をレールで繋ぐことができたら，現在の苦しい状態は，単なる通過点でしかなくなる。未来のゴールに向かって，電車が動き出せば，自殺を考えるClに対し予防策にもなる。

V　臨床催眠の導入について

　臨床催眠を行うには，Clとの治療契約とインフォームドコンセントが必要である。幸いなことに，筆者のClの多くは，専門家からの催眠療法を目的とした紹介や，ネットで自分自身や家族が調べて，トラウマ治療に訪れる。他にもEMDRという心理療法もするらしいと，大量の情報を持っている。そのため，Clが抱く催眠についてのマジック的な部分を，まずは払拭する。その後，催眠やその他の心理療法について適切な情報伝え，必要に応じて催眠療法ばかりではなく，必要だと筆者が判断した心理療法で，治療を進めることを説明する。催眠には，さまざまな方法やスタイルがあることも述べるが，その都度説明を行うと伝えている。

　ある交通事故のケースだが，Clは，自動車事故のショックでフリーズして運転席から動けなかった。交差点での事故で，トラックの運転手だった加害者男性は，

被害者の女性をお姫様抱っこをして,近くの会社の談話室に連れて行った。本来は,救急隊が来るまでは動かすべきではないのだが,見知らぬ男性が居る畳部屋に寝かされ,身動きができず,言葉も発することができないClは,連れ去られたと思い込み,さらに,恐怖のどん底に陥れられた。不用意な身体接触や,突然の予期しない相手の行動により,Clのトラウマは,重篤なPTSDへと発展させてしまった。

催眠を受けたことがない人は,不安も多い。睡眠と催眠を混同している人も少なくない。異性に対しての催眠であるならばなおさら,まして身体が固まる,カタレプシーを使っての催眠の場合には,その状態について丁寧な説明と同意が必要である。

VI　まとめ

手術には,メスが必要である。何でも切れる素晴らしいレーザーメスを手に入れても,どこが患部で,どのように切除したら良いのか判らなかったら,宝の持ち腐れになるし,その外科医が,適当に切開しだしたら,とんでもない事態になってしまう。したがって,どんなに催眠誘導が上手くても,臨床応用ができなかったら,何も意味をなさない。治療者に求められるのは,臨床力と,瞬間瞬間で変化する,目の前のClに寄り添い,Clの情動にチューニングしながら,治療者とClとの共有空間のなかで,治療者の心の鏡に映ったClに対して,その場にClが出してきたものを,上手くユーティライゼーション(活用)しながら,Clの病態に適切に介入していく。Clのニーズと問題点,トラウマの状況と,今何を行うのかをアセスメントしながら治療を行う。その中に臨床催眠が得意とする部分があり,治療がパッケージとして上手くかみ合うと,Clは劇的に変化していく。治療者がClの変化を目の辺りにできるのが,臨床催眠の醍醐味でもある。

文　献

Grand, D. (2013) Brainspotting the Revolutionary New Therapy for Rapid and Effective Change. Sounds True.

Lanius, R. A., Williamson, P. C., Bluhm, R. L., et al. (2005) Functional connectivity of dissociative responses in posttraumatic stress disorder: A functional magnetic resonance imaging investigation. Biological Psychiatry, 57; 873-884.

松木繁 (2005) 催眠の効果的な臨床適用における治療関係のあり方をめぐって―治療の場としてのトランスが機能するためのいくつかの条件. 臨床催眠学, 6; 22-26.

仁木啓介 (2004) 第11回 ケースカンファレンス. 臨床催眠学, 5; 97-99.

仁木啓介（2005b）解離性同一性障害の催眠療法―解離のテーブルテクニックを使用した1例．臨床催眠学，6; 54-65.
仁木啓介（2006）痙攣発作とパニック発作を繰り返した解離性同一性障害の症例―観念運動シグナル法を用いて．臨床催眠学，7; 52-58.
仁木啓介（2007）「催眠を用いた解離障害の記憶の回復」のケースについての誌上スーパービジョン．臨床催眠学，8; 21-25.
仁木啓介（2008）精神科病院でのEMDR―犯罪被害者と解離性同一性障害の治療について．こころのりんしょう á・la・carte, 27(2); 263-269.
仁木啓介（2009）Q&A集（Q37 解離性障害の治療にはどんなものがありますか？ 解離性障害の治療には入院が必要ですか？）．こころのりんしょう á・la・carte, 28(2); 247.
仁木啓介（2010）人格状態交代訓練―解離性同一性障害の治療戦略その1．臨床催眠学，11; 12-21.
仁木啓介（2014）性被害の理解と対応．EMDR研究，6; 3-17.
仁木啓介（2016）心的外傷およびストレス因関連障害群に対する短時間の精神療法（第8章）．In：中村敬編：日常診療における精神療法―10分間で何ができるか．星和書店，pp.111-123.
岡野憲一郎（1995）外傷性精神障害―心の傷の病理と治療．岩崎学術出版社．
岡野憲一郎（2015）解離新時代―脳科学，愛着，精神分析との融合．岩崎学術出版社．
Paulsen, S. (2009) Looking through the Eyes of Trauma and Dissociation: An Illustrated Guide of EMDR Therapists and Clients. Charlston; Booksurge Publishing.（新井陽子・岡田太陽監修，黒田由美訳（2012）トラウマと解離症状の治療―EMDRを活用した新しい自我状態療法．東京書籍．）
Philips, M. & Frederic, F. (1995) Healing the Divided Self: Clinical and Ericksonian Hypnotherapy for Posttraumatic and Dissociative Condition. New York; Norton.
Porges, S. W. (2001) The polyvagal theory: Phylogenetic substrates of asocial nervous system. International Journal of Psychophysiology, 42; 123-146.
Schore, A. N. (2001) The effects of early relational trauma on right brain development, affect regulation, and infant mental health. Infant Mental Health Journal, 22; 201-269.
Shapiro, E. & Laub, B. (2001) Responses to Trauma EMDR―直近トラウマエピソード・プロトコル（R-TEP）．日本EMDR学会継続研修会．
Shapiro, F. (1995, 2001) Eye Movement Desensitization and Reprocessing: Basic Principles, Protocols, and Procedures, 2nd Ed. Guilford Press and Paterson Marsh.（市井雅哉監訳（2004）EMDR―外傷記憶を処理する心理療法．二瓶社．）
Shapiro, R. (Ed.) (2005) EMDR Solutions: Pathway to Healing. New York; W. W. Norton & Company.
高石昇・大谷彰（2012）現代催眠原論―臨床・理論・検証．金剛出版．

高石昇（2007）心理療法統合と催眠．臨床催眠学，8; 30-37.
Van der Hart, O., Nijenhuis, E. R. S., & Steele, K. (2006) The Haunted Self. New York; W. W. Norton & Company.
van der Kolk, B. A. (1986) Psychological Trauma. Washington D. C. & London; American Psychiatric Press.（飛鳥井望・前田正治・元村直靖監訳（2004）サイコロジカル・トラウマ．金剛出版．）
Van der Heart, O., Brown, P., & Van der Kolk, B. A. (1989) Pierre Janet's Treatment of Post-traumatic Stress. Journal of Traumatic Stress, 2(4); 379-395.
van der Kolk, B. A., McFalane. A. C., & Wesaeth, L. (Eds.) (1996) Traumatic Stress: The Effects of Overwhelming Experience on Mind, Body, and Society. New York; Guilford Press.（西澤哲監訳（2001）トラウマティック・ストレス―PTSDおよびトラウマ反応の臨床と研究のすべて．誠信書房．）
Watkins, J. G., & Watkins, H. H. (1997) Ego States Theory and Therapy. New York; W. W. Norton & Company.

リフレクション☆彡松木　繁

　最後は臨床催眠のスペシャリストである仁木啓介先生に，実際的なトラウマ場面における臨床催眠の適用の仕方を，初歩的な段階でのアプローチからより高度な専門性を必要とする場面でのアプローチまでを詳細に書いて頂いた．仁木先生は精神科病院の理事長ではあるが，臨床現場での実践，特に，トラウマ・セラピストとして活躍されている．特に，昨年の熊本地震の際には，病院も多大な被害を受けながらもDPATの活動や組織作りにも積極的に関わられるだけでなく，自身の病院にトラウマ外来を新たに立ち上げられて治療に専念されるなど地域貢献もされてきている．トラウマ治療の中心的な治療であるEMDRにも精通されているが，今回は臨床催眠に絞って論を進めて頂いた．
　仁木先生が理事長をされているニキハーティーホスピタルには私もグループスーパービジョンのスーパーバイザーとしてこれまで関わってきたが，催眠療法が効果的と考えられる事例には積極的に催眠療法を適用し，スーパービジョンにも提出されて医師・臨床心理士・精神保健福祉士で共有され研鑽を積まれてきている．そのため，論文も非常に実践的な内容で構成されており，有効に活用できるのではないかと思う．論文の詳細についての解説はここでは行わないが，トラウマ治療において催眠を臨床適用する際の"コツ"を基本的な立ち位置から，トラウマによる心の反応への理解，そして，最後に，トラウマの状況に合わせた臨床

催眠の使い方，バリエーションについて細かく解説されている。

　最初に，トラウマ治療で催眠を適用する際の基本的な流れについて実際的な事例を参考に説明が行われ，催眠的な関わりが一般的なコミュニケーションテクニックとしてのレベルからより医学的な専門性を必要とするレベルまでを段階的に示されているので，全体を先ず俯瞰することができるであろう。通常の臨床場面での催眠適用においても，催眠を使うことによって Th は何をしようとしているのか，催眠を適用した際に Cl にはどのような変化が生じると考えられるのかを全体に俯瞰することは重要な点であるが，特に，トラウマ治療においては，催眠療法の適用が急激な除反応を誘発したり，解離性症状を誘発したりして，トラウマの再体験をしてしまう結果になる可能性が高いので注意を要する点など，臨床催眠実践の経験をもとに示されていて有用である。

　さらには，臨床催眠のバリエーションというタイトルで臨床催眠をどのような場面でどのように適用するかをカテゴリー化して説明が続く。ここもトラウマ治療場面を例示しながらの説明なので非常に役立つし，数多くの事例をこなしてきた「職人」ならでは表現も多い。最初の第一段階のカテゴリーでは，一般レベルでも対応可能なコミュニケーションテクニックを主軸とした対応が推奨されるが，その中では催眠療法の基礎の基礎である「観察とペーシング」について説明がある。次の応急処置レベルのカテゴリーでは，早期に Cl の自責の念への対応を行うことの重要性が示され，催眠技法の利用という観点からは，自責の念を否定する種まきの具体的な例が示される。ここでも「ペーシング」の重要性が強調される。最後に救急レベルでのカテゴリーであるが，ここでは，かなり専門的な臨床催眠技法がトラウマ治療との併用で示される。一例としては，コンテナーテクニックや TFT や SE などさまざまなテクニックを催眠下で行う併用の勧めがあるが，このカテゴリーでの催眠テクニックはかなりの経験と修練を必要とすると思われる。いずれにしろ，仁木先生の豊富な実践の中から得た経験が細かに書かれているので参照されることをお勧めしたい。

文　献

仁木啓介（2008）精神科病院での EMDR ―犯罪被害者と解離性同一性障害の治療について．こころのりんしょう á•la•carte, 27(2); 263-269.
仁木啓介（2016）心的外傷およびストレス因関連障害群に対する短時間の精神療法（第 8 章）．In：中村敬編：日常診療における精神療法― 10 分間で何ができるか．星和書店，pp.111-123.

あとがき

　「ご縁」という言葉を使ってもおかしくない年齢になったのだなあというのが，本書を書き終えた今の素直な気持ちである。スーパービジョンでは，「布置」とか「共時性」などの言葉で事例を見たりしているのに，自分のこととなると，こころのあり様は，若い頃のままで何ら成長をした実感がなくて，「今ここに自分がいる」ことへの不思議さに，まだ，"からだの感じ"や"思い"がついてきておらず，それゆえに，さまざまな出会いへの感謝の念がうまく持てていなかったことを恥ずかしながら感じている。

　私の敬愛する師の一人である奈倉道隆先生は，講演される前に必ず演壇で合掌されてから話し始められる。講演に招いて頂いた方々への感謝だけでなく，眼前におられるフロアの方々との出会いにも感謝の気持ちを表しておられるのではないかとこの頃になってようやく気付けるようになった。私も最終講義くらいにはやれるようになっているだろうか？

　未だにスーパーバイジーや若い学生達とも一生懸命に臨床談義を闘わせたりして，まだまだ走り続けようとする自分がいるので，合掌した途端に会場から笑いが起きそうである。

　本書の執筆に協力頂いた先生方おいては，私からの無茶なお願いにも関わらず全員の先生方に快諾頂き，しかも，熱のこもった中身の濃い玉稿を頂き本当に感謝している。本文にも書いたことであるが，田嶌誠一先生をはじめとして，執筆の先生方とは本当に不思議な「ご縁つながり」があって，普段はほとんど会うこともないのに，会えばいつも臨床談義が花盛りになりその都度ごとに大きな学びを頂くのである。本書でも私自身，新たな学びにつながるいろいろな視点を頂いた。これは，退職にあたっての私への「はなむけの言葉」として受け止めて，ここを起点にさらに精進しろとエールを送って下さったのだと思い感謝の気持ちでいっぱいである。自分軸をしっかりと定め直して，さらなる発展を遂げていきたいと思う。全ての先生方に改めて謝意を表したい。

　§1では，「催眠トランス空間論」と称して，初めて自分の催眠療法論を展開させてもらった。私は長い間，催眠の治癒機制に関しては催眠独自の理論の中で議論すべきだと考えてきた。それゆえに，催眠に対する「状態論」と「非状態論」の

考えを何とか早く融合させて，催眠療法の治癒規制に関する独自の新たなパラダイム構築が必要だと考えてきた。私にとっては，その達成が私の長年の夢であったので，本書が先ずその第一歩になればとの願いも込めて執筆も行ってきた。しかし，本書だけでは，まだまだ，書き足りないことも多い。特に，最近，脳画像研究との関連で非常に興味を持っている催眠誘導過程で生じる自発的なカタレプシー状態の発生のメカニズムとその意義に対する研究，また，「催眠トランス空間」で生じている"多重"で"多層"なコミュニケーションスタイルに関する研究，さらには，まだ非科学的な側面が強いため公的な場で表明することがためらわれているが，催眠療法中における"気"の流れや滞りと東洋医学・思想との関連に関する研究，等々，まだまだ私の興味は尽きそうにない。この辺りは，日本的感覚を持ち合わせないと理解し辛いことも多いように思う。

　こうした日本的感覚がうまく通じるか甚だ自信は無いが，来年早々に，Mark P. Jensen Ph. D が編集する本，"*The Handbook of Hypnotic Techniques Book*" に，The Matsuki method: Therapists and clients working to together to build a therapeutic "place" in trance というタイトルで，また，"*The Book on Chronic Pain*" には，Optimizing the efficacy of hypnosis for chronic pain treatment: How to deal with the limitations of structured hypnotic strategies というタイトルで拙稿が上梓予定である。身の丈を超えた挑戦になるかわからないが頑張ってみようと考えている。

　先日，たまたま，催眠合宿のメンバーと高野山へ参詣した際，昔，福来友吉も修業をしたという金堂にお参りをした。私は決して千里眼実験や研究をしようとは思わないが，福来がそうした世界に足を踏み入れようとした好奇心は私も同じように持っている。なので，心情的にはそうした研究に走りたくなる気持ちも理解できる。それは，催眠という現象には，まだまだ現代の英知では及ばない未知の世界が数多く含まれているように私は感じ続けているからである。それは単なる興味本位のことではなく，催眠療法の臨床実践で得られる事実の中にはまだまだ不思議な現象としか思えないことも数多くある。こうした臨床実践の積み重ねから得られる知恵とエビデンスに基づく科学的な催眠研究とが協働できる日が来ることを私は願っている。「催眠は心理療法の打出の小槌」であることは間違いないので，次はどのようなものが出てくるのかが楽しみである。

　たまたま高野山への参詣の日は台風一過で，"三鈷の松"の下で3つの福を叶える3本松葉を合宿に参加した皆が大量に（？）手に入れることができたので，きっとこの夢は叶うものと期待している。

開業心理臨床（私設心理相談）の立場から，専任の大学教員として鹿児島大学へ赴任してから早いもので 12 年にもなる。これまでストレスマネジメント教育関連の本は京都にて出版してきたが，催眠療法に関する本の出版は，その思いの強さに反比例して，なかなか機会がなく思いを果たせていなかった。しかし，これも「ご縁つながり」で，たまたま日本催眠医学心理学会の会場で田嶌先生と話している折に，遠見書房の山内俊介社長にお声かけしてもらったのがきっかけで本書を出す機会を得ることができた。

　「満を持して」ではないが，長年の思いの第一歩になる本が出版できることは，私にとっては催眠療法への熱い思いを語る絶好の機会であり，また，鹿児島の地で私とともに鹿児島臨床催眠研究会を支えてきてくれた世話人会の人達，さらに，ゼミの卒業生やゼミ生達への感謝の気持ちを表すことにもつながり本当に良い機会を得たと思う。この機会を与えてくれて，かつ，辛抱強く執筆の後押しをしてくれた遠見書房の山内俊介社長，鹿催研の活動を支えてくれている皆さま，さらには，今年で 7 回目になった催眠合宿のメンバーの人達，催眠トレーニングの人達，そして，私の家族，全てに感謝の気持ちを伝えたい。

　また，日本臨床催眠学会の初代理事長であった高石昇先生がこの春に他界された。ご冥福を祈ると同時にこの本の出版をご報告したい。

　さらには，本書で初めて私の催眠療法の師匠である故 安本和行先生のことを書かせてもらった。私の時代の心理職養成は今の時代とは異なり，丁稚奉公のような鍛えられ方をされたものだ。自分の父親以上に近い距離で，師弟関係でのさまざまな確執も抱えながら，まるで「職人」の弟子がその師匠の技を盗むようにして修行（?）を積んできたように思う。しかし，今になってその教えの深い意味が実感できるようになった。それは少しでも本書に書き記せたのではないかと思う。故 安本和行先生のご冥福をお祈りするとともに，先生との深い「ご縁」に熱い感謝の気持ちをお伝えして稿を閉じたい。

　　平成 29 年 10 月 8 日
　　鹿児島大学役職員宿舎にて

松木　繁

さくいん

あ行
アドラー 12, 176-182
アフォーダンス 87
暗示 15, 18-20, 22, 24, 25, 29-38, 41, 44, 46, 47, 61, 62, 71, 74-81, 84, 85, 87, 102, 103, 115-117, 119, 124, 152-155, 158, 161, 164, 165, 194, 195, 229, 235
　直接症状除去— 33, 34
　臨床適用— 32-34, 38, 74
EBM 14, 15, 92
EMDR 10, 228, 236, 237, 240, 242, 244-246
意識状態 18, 21, 27, 32, 38, 40, 74, 89, 154, 209, 210
イメージ療法 45, 94-98, 101, 103, 104, 106, 107, 180, 237
うつ状態 36, 41, 122, 123, 187, 207, 228, 237
運動反応 77, 79, 199
NLP 86, 136-142, 145-149
エリクソン 10, 15, 24, 25, 27, 30, 71, 73, 86-89, 104, 110, 113, 120-131, 133-135, 138, 142, 149, 180, 195
エリクソン催眠 10, 71, 142
エリクソン的心理療法 120-125, 128, 129
エンパワーメント 226, 230
オープンダイアローグ 175-177, 180, 182

か行
解決志向アプローチ 113-115
解離 18, 19, 45, 46, 63, 71, 74, 126, 131, 132, 228, 231-233, 235, 239, 240, 244, 246
解離性同一性障害（DID） 45-48, 228, 244, 246
覚醒状態 20, 44, 230-233
鹿児島臨床催眠研究会（鹿催研） 9, 92, 119, 136, 213, 226, 249
家族療法 11, 25, 111-115, 118, 121, 125, 150, 174
カタレプシー 26, 30-32, 76, 79-81, 243, 248
観察 26, 46-48, 72, 75-78, 80, 81, 83, 85-87, 97, 116, 126, 129-132, 135, 137-142, 144-147, 149, 173, 175, 195, 230, 233, 235, 236, 246
神田橋條治 14, 15, 24, 25, 27, 52, 56, 87, 88, 132, 133, 150, 181
吃音 34, 35, 80, 83, 106
キャリブレーション 85, 86, 149, 195
共感的態度 79
共有空間 15, 18, 20-22, 24, 25, 53, 58, 70, 194, 229, 236, 243
禁煙 35
現実に介入しつつ心に関わる 106, 107, 109, 180
原発事故 222
行動療法 37, 41
壺中の天地 49, 54, 56, 59, 85
古典的催眠療法 19, 27, 29, 31, 32, 34, 38, 40, 49, 50, 61, 62, 74, 75, 77, 104, 148, 149
コミュニケーション・ツール 11, 12, 24, 25, 35, 52, 58, 61, 78, 80,

85-88, 109, 114, 118, 148, 229
コミュニケーション論 111, 112, 118

さ行
催眠性トランス 21
催眠投影技法 43
催眠トランス空間論 17, 58, 164
催眠誘導 15, 17-21, 24, 25, 30, 32, 34, 35, 38, 44, 46, 47, 52, 56, 58, 61-64, 67, 70, 71, 73-75, 78-81, 83-87, 117, 119, 125, 126, 130, 164, 165, 194, 228, 234, 241, 243, 248
システム型アプローチ 109
システム論 119, 181
失敗事例 22, 27, 31, 38, 40, 43, 48, 49, 149
失立発作 32
社会不安性障害 41, 80
社交不安障害 40
ジョイニング 115, 172, 174, 175, 182
状態論 17-19, 25, 40, 56, 247
情動調律 72, 135
情動反応 25, 26, 79
自律訓練法 10, 25, 27, 114, 151-168, 201, 237, 239
心因性の盲 19
神経症 32, 36, 37, 41, 59, 63, 88, 152, 153, 216
心的外傷 25, 38, 149, 228, 230, 232, 234, 237, 238, 240, 242, 244, 246
心的構え 67, 95, 98, 100, 103-105, 213
心理療法のパラダイム構築 9, 26
スーパービジョン 109
セラピスト・フォーカシング 187, 189, 192-194
セルフケア 129, 226, 242

喘息 51, 52, 63, 94, 152, 154

た行
体験様式 21, 26, 27, 49, 52, 62, 63, 67, 72, 88, 96, 98, 100, 104, 105, 108, 202, 208, 212, 213
タッピングタッチ 13, 214, 215, 217-227
チック 32, 33, 63
注意集中 18, 114, 152, 154, 158, 159, 161-163, 168, 201, 202
治癒機制 17, 19, 21, 23-25, 40, 53, 56, 61-63, 72, 73, 109, 143, 247
直接症状除去暗示 33, 34
壺イメージ療法 12, 45, 49-61, 89, 93, 94, 96, 101-109, 111, 193-195
抵抗 24, 28, 34, 35, 38, 41, 52, 89, 124, 205, 206, 226
転換性障害 19, 63
伝統的催眠療法 19, 27, 29, 31, 32, 34, 38, 40, 49, 50, 61, 62, 74, 75, 77, 108, 148, 149
動作法（臨床動作法） 10-12, 25, 26, 88, 196-199, 201-204, 206-209, 211-213
トラウマセラピスト 228
トラウマ治療 228, 238, 239, 242, 245, 246
トランス療法 120, 125, 126, 128-132, 134, 135

な行
乗り物酔い 33, 34
は行
パーキンソン症候群 83
PACKイメージ法 45
パッケージ化 14-16, 38
バリデーション・ワーク 86

万能感 29, 31, 33, 34, 40
被催眠体験 64-66
非状態論 17-19, 247
ヒステリー 17, 32, 149
フォーカシング 11, 45, 57, 86, 98,
　　100, 101, 103, 107, 110, 164, 183,
　　185, 187, 189, 191-195, 213
ブリーフセラピー 10, 25, 112-114,
　　118, 150, 175, 181, 182, 207
プロフェッショナル 13, 92
ペーシング 46-48, 76, 85, 86, 142,
　　144, 145, 149, 233, 235, 246
偏食 33, 34
変性意識 18, 27, 32, 38, 40, 74, 89
ホリスティック 9, 13, 60, 214, 215,
　　217, 218, 220-222, 224-227, 252

ま行
マインドフルネス 12, 161-164, 166,
　　168, 203, 237
メンタルリハーサル法 37, 41, 42, 230,
　　242
モデリングスキル 139, 142, 145

や行〜
夜尿症 33, 34
ユーティライゼーション 121, 122,
　　229, 243
離人症 43
リフレクション 59, 86, 182, 195
リフレクティング・プロセス 11, 119
リラクセーション 25, 30, 31, 37, 43,
　　46, 79, 84, 89, 153, 156, 158, 159,
　　162, 163, 165, 167, 224, 239
臨床適用暗示 32-34, 38, 74
臨床動作法→動作法

執筆者一覧
松木　繁（鹿児島大学大学院臨床心理学研究科）＝編者

田嶌誠一（九州大学名誉教授）
児島達美（KPCL；Kojima Psycho-Consultation Labo）
中島　央（医療法人横田会向陽台病院）
西健太郎（平生クリニックセンター）
笠井　仁（静岡大学人文社会科学部社会学科）
八巻　秀（駒澤大学文学部心理学科・やまき心理臨床オフィス）
伊藤研一（学習院大学大学院人文科学研究科）
清水良三（明治学院大学心理学部心理学科）
中川一郎（ホリスティック心理教育研究所）
仁木啓介（ニキハーティーホスピタル）

松木　繁（まつき・しげる）
1952年，熊本県生まれ京都育ち。
鹿児島大学大学院臨床心理学研究科臨床心理学専攻教授，臨床心理士。
鹿児島県教育委員会スクールカウンセラー，国立病院機構鹿児島医療センター嘱託心理士（診療援助），（仁木会）ニキハーティホスピタルスーパーバイザー（熊本市），鹿児島少年鑑別所視察委員会委員，鹿児島県発達障害者支援体制整備検討委員会委員，京都市教育委員会・地域女性会主催「温もりの電話相談」スーパーバイザー（京都市），松木心理学研究所顧問（京都市），日本臨床催眠学会認定臨床催眠指導者資格，日本催眠医学心理学会認定指導催眠士。

1976年，立命館大学産業社会学部卒業。同年より安本音楽学園臨床心理研究所専任カウンセラー。1996年に松木心理学研究所を開設，所長。同年より，京都市教育委員会スクールカウンセラー。立命館大学非常勤講師。2006年より鹿児島大学人文社会科学研究科臨床心理学専攻教授を経て，2007年より現職。

日本臨床催眠学会理事長，日本催眠医学心理学会常任理事，日本ストレスマネジメント学会理事。
主な著書に，「教師とスクールカウンセラーでつくるストレスマネジメント教育」（共編著，あいり出版，2004），「親子で楽しむストレスマネジメント―子育て支援の新しい工夫」（編著，あいり出版，2008），「催眠療法における工夫―"治療の場"としてのトランス空間を生かす工夫」（乾吉佑・宮田敬一編『心理療法がうまくいくための工夫』金剛出版，2009），「治療の場としてのトランス空間とコミュニケーションツールとしての催眠現象」（衣斐哲臣編『心理臨床を見直す"介在"療法―対人援助の新しい視点』明石書店，2012）ほか

催眠トランス空間論と心理療法
セラピストの職人技を学ぶ

2017年11月5日　初版発行

編著者　松木　繁
発行人　山内俊介
発行所　遠見書房

〒181-0002 東京都三鷹市牟礼6-24-12
三鷹ナショナルコート004
TEL 050-3735-8185　FAX 050-3488-3894
tomi@tomishobo.com　http://tomishobo.com
郵便振替　00120 4 585728

印刷　太平印刷社・製本　井上製本所
ISBN978-4-86616-038-2　C3011
©Matsuki Shigeru 2017
Printed in Japan

※心と社会の学術出版　遠見書房の本※

遠見書房

その場で関わる心理臨床
多面的体験支援アプローチ

田嶌誠一著

密室から脱し，コミュニティやネットワークづくり，そして，「その場」での心理的支援，それを支えるシステムの形成をつくること――田嶌流多面的体験支援アプローチの極意。3,800円，A5並

ディスコースとしての心理療法
可能性を開く治療的会話

児島達美著

世界経済や社会傾向の変動のなかで，心理療法のあり方は問われ続けている。本書は，そんな心理療法の本質的な意味を著者独特の軽妙な深淵さのなかで改めて問う力作である。3,000円，四六並

臨床アドラー心理学のすすめ
セラピストの基本姿勢からの実践の応用まで

八巻　秀・深沢孝之・鈴木義也著

ブーム以前から地道にアドラー心理学を臨床に取り入れてきた3人の臨床家によって書かれた，対人支援の実践書。アドラーの知見を取り入れることでスキルアップ間違いナシ。2,000円，四六並

興奮しやすい子どもには
愛着とトラウマの問題があるのかも
教育・保育・福祉の現場での対応と理解のヒント

西田泰子・中垣真通・市原眞記著

著者は，家族と離れて生きる子どもたちを養育する児童福祉施設の心理職。その経験をもとに学校や保育園などの職員に向けて書いた本。1,200円，A5並

森俊夫ブリーフセラピー文庫②
効果的な心理面接のために
心理療法をめぐる対話集　森　俊夫ら著

信じていることは一つだけある。「よくなる」ということ。よくなり方は知らん……。吉川悟，山田秀世，遠山宜哉，西川公平，田中ひな子，児島達美らとの心理療法をめぐる対話。2,600円，四六並

武術家，身・心・霊を行ず
ユング心理学からみた極限体験・殺傷の中の救済

老松克博著

武術家として高名な老師範から，数十年にわたる修行の過程を克明に綴った記録を託された深層心理学者。その神秘の行体験をどう読み解き，そこに何を見るのか。1,800円，四六並

読んでわかる　やって身につく
解決志向リハーサルブック
面接と対人援助の技術・基礎から上級まで

龍島秀広・阿部幸弘・相場幸子ほか著

解決志向アプローチの「超」入門書。わかりやすい解説＋盛り沢山のやってみる系ワークで，1人でも2人でも複数でもリハーサルできる！　2,200円，四六並

金平糖：自閉症納言のデコボコ人生論

森口奈緒美著

高機能自閉症として生きる悩みや想いを存分に描き各界に衝撃を与えた自伝『変光星』『平行線』の森口さんが，鋭い視点とユーモアたっぷりに定型発達社会に物申す！　当事者エッセイの真骨頂，ここに刊行。1,700円，四六並

人と人とのかかわりと臨床・研究を考える雑誌。第8号：オープンダイアローグの実践（野村直樹・斎藤　環編）新しい臨床知を手に入れる。年1刊行，1,800円

SC，教員，養護教諭らのための専門誌。第17号 スクールカウンセラーの「育ち」と「育て方」（本間友巳・川瀬正裕・村山正治編）。年2（2，8月）刊行，1,400円

価格は税抜きです